积分制管理
理论与实践

李 荣　陈国海 著

清华大学出版社
北京

内 容 简 介

积分制管理是中国本土化企业管理实践经验的结晶。通过产学研合作和大量例证，本书从人性、人心、人格、文化、技术等多个维度系统阐述了积分制管理的内容和精髓，探讨了积分制管理工具激励员工的有效机制和方法，充分论证了积分制管理落地实操在文化建设、团队建设、领导力开发、组织变革、幸福组织建设、招聘选拔、培训开发等方面的作用。中国积分制管理已经被国内外数万家单位使用，取得了良好的效果，其应用范围也从原来的企业扩大到政府机构、医院、学校、社区、家庭、军队和非营利机构。

本书特别适合对积分制管理感兴趣或者正在接受培训和实施积分制管理的企业管理者阅读，也可以作为高校商科学生和 MBA、EMBA 研究生的自学读物，还适合对积分制管理感兴趣的管理咨询师和对中国本土化管理模式感兴趣的学者和企业家阅读。

本书封面贴有清华大学出版社防伪标签，无标签者不得销售。
版权所有，侵权必究。举报：010-62782989，beiqinquan@tup.tsinghua.edu.cn。

图书在版编目（CIP）数据

积分制管理理论与实践 / 李荣，陈国海著. —北京：清华大学出版社，2020.11（2024.12重印）
ISBN 978-7-302-56696-0

Ⅰ.①积… Ⅱ.①李… ②陈… Ⅲ.①企业管理—人事管理—研究 Ⅳ.①F272.92

中国版本图书馆 CIP 数据核字（2020）第 203275 号

责任编辑：邓　婷
封面设计：刘　超
版式设计：文森时代
责任校对：马军令
责任印制：丛怀宇

出版发行：清华大学出版社
网　　址：https://www.tup.com.cn，https://www.wqxuetang.com
地　　址：北京清华大学学研大厦A座　　邮　编：100084
社 总 机：010-83470000　　邮　购：010-62786544
投稿与读者服务：010-62776969，c-service@tup.tsinghua.edu.cn
质量反馈：010-62772015，zhiliang@tup.tsinghua.edu.cn

印 装 者：三河市东方印刷有限公司
经　　销：全国新华书店
开　　本：170mm×240mm　　印　张：22.5　　字　数：289 千字
版　　次：2020 年 11 月第 1 版　　印　次：2024 年 12 月第 5 次印刷
定　　价：88.00 元

产品编号：089772-01

序言

2017年，我两次赴湖北荆门参加了由湖北群艺集团组织举办的153期积分制管理班和157期积分制管理落地实操班。通过近八天的培训学习以及与积分制管理创始人李荣老师的深入交流与碰撞，我收获良多，深刻明白和感受到了积分制管理的无穷魅力。同时，我深刻地认识到，积分制管理作为一种新兴的管理工具，之所以能够在近几年被国内外众多企业认可并实施，关键在于它成功地解决了企业传统管理模式下无法实现的对员工的可持续激励问题。积分制管理的核心在于对员工的有效激励，这跟我之前编写的《组织行为学》《管理心理学》《人力资源管理学》《薪酬管理》（均由清华大学出版社出版）等教材颇有关联，这也正是我愿意与李荣老师一起编写这本书的原因之一。区别于西方管理学，区别于绩效考核的360考评、KPI、目标管理、平衡记分卡、OKR，积分制管理解决了西方组织公民行为、传统绩效考核方法无法解决的难题，颇具中国特色。在中国需要坚定理论自信和文化自信的当下，实践先行的积分制管理应当引起理论界的密切关注，这是我愿意与李荣老师一起编写这本书的另外一个原因。

本书是一部系统介绍积分制管理的本质与基础，积分制管理与现代企业团队建设、领导力培养、组织变革、组织文化建设、组织公民行为、员工身心健康、人力资源大数据应用之间关系的专著。全书总共分为十一章，第一章主要介绍了积分制管理是什么，具体如何操作，与传统管理方式的区别有哪些，以及心理学视角下的积分制管理等内容；第二章主要介绍了积分制管理建立在自私、爱攀比、好面子的人性基础上，并阐释了积分制管理如何利用这些人性发挥作用；第三章主要介绍了积分制管理可根据员工的个体差异，对员工的价值观进行塑造、转变员工的态度并将态度转化为具体行动；第四章主要从激励理论中的需求理论、公平理论、期望理论与行为强化理论阐释了积分制管理能够满足员工的个性化需求，切实起到激励效果；第五章主要阐述了积分制管理如何从团队激励、团队决策、高效团队建设三个方面促进企业团队建设；第六章主要介绍了积分制管理背景下如何进行领导选拔、塑造领导行为、培育与增强企业领导力；第七章主要介绍了积分制管理的实施能够通过增加变革动力、减少变革阻力来促进组织变革，推动组织朝着幸福型组织、健康型组织和学习型组织发展；第八章主要阐述了积分制管理中的"家文化""孝文化"能够成为组织文化落地的重要抓手，推动组织文化的顺利变革；第九章主要阐述了积分制管理如何激发员工的组织公民行为和避免其负面效应；第十章主要介绍了如何通过积分制管理让员工的身心健康起来；第十一章主要阐述了积分制管理与大数据相结合，可以更好地促进企业经营和人力资源管理。

  为收集更多的企业实际案例，我带队到一些已经实施积分制管理的企业进行了参观调研，这些企业包括广东顶固集创家居股份有限公司、广东巴德士化工有限公司、中山市中立电子有限公司、广州市中通生化制品有限公司、百尊美业、深圳圣心科技集团、深圳市贝贝特科技实业有限公司、广东茂名三环药业有限公司、温州华得利鞋业有限公司、蓝鲸控股集团有限公司、江苏金旺包装机械科技有限公司、晋城银行、山西运城同德医院等，它们的支持与配合为本书的编写奠定了重要基础。

中国积分制管理学院副院长陈俊平先生为帮助我们顺利地调研热心地与相关企业协调，其间与我有多次的关于积分制管理的思想碰撞，令我受益匪浅。本书由我负责拟定全书的框架，李荣老师和我总纂统稿，中国积分制管理学院副院长单兴万先生协助统稿，我的研究生及科研助手们参与了本书的编写和修改工作，他们是区浚、卢翠平、曾礼萍、陈双、王凌娟、杜瑶、缪琪美、关俊文、余卓君。同时，本书还得到了广东外语外贸大学商学院、湖北群艺集团的大力支持和帮助。在此，我对所有支持本书编写工作的单位和同仁表示诚挚的感谢！

陈国海
香港大学心理学博士
广东外语外贸大学商学院教授
广东省人力资源研究会常务副会长兼秘书长
2020 年 8 月 8 日

第一章 永恒不变的激励话题 /1

第一节　激励的发展历程 /2
第二节　积分制管理——激励的新手段 /16
第三节　心理学视角下的积分制管理 /32
参考文献 /37

第二章 基于人性假设的积分制管理 /41

第一节　人性自私，我承认 /42
第二节　积分排名与攀比 /52
第三节　积分排名与面子 /60
参考文献 /68

第三章 万变不离积分：员工个性差异管理 /71

第一节　个性差异与积分制管理 /72
第二节　员工价值观的培养之道 /83
第三节　积分制管理：员工态度转变的助推器 /89
参考文献 /99

第四章 积分制管理与员工激励 /101

第一节　需求层次理论与积分制管理 /102

第二节　公平理论与积分制管理 /115

第三节　期望理论与积分制管理 /125

第四节　行为强化理论与积分制管理 /135

参考文献 /143

第五章　积分制管理与团队建设 /145

第一节　积分制管理与团队激励 /146

第二节　积分制管理与团队决策 /157

第三节　积分制管理与高效团队建设 /165

参考文献 /171

第六章　积分制管理与领导 /175

第一节　积分制管理与领导选拔 /176

第二节　积分制管理与领导行为塑造 /188

第三节　积分制管理与领导力培养 /196

参考文献 /202

第七章　积分制管理与组织变革 /205

第一节　积分制管理——新的管理模式导入 /206

第二节　积分制管理——管理工具推动组织变革 /216

第三节　积分制管理与组织发展 /227

参考文献 /236

第八章　积分制管理与组织文化建设 /239

第一节　积分制管理中的文化内涵 /240

第二节　组织文化落地的抓手 /251

第三节　积分制管理与组织文化变革 /259

参考文献 /263

目录

第九章 积分制管理与组织公民行为 /267

第一节 组织公民行为知多少 /268

第二节 积分制管理与组织公民行为的关系 /279

第三节 积分制管理下的组织公民行为诱导机制 /288

参考文献 /292

第十章 积分制管理与员工身心健康 /295

第一节 员工身心健康,企业管理之难 /296

第二节 积分制管理让员工的身心健康起来 /306

第三节 巧用积分制管理 /317

参考文献 /322

第十一章 基于积分制管理的大数据应用 /325

第一节 大数据与人力资源管理 /326

第二节 基于积分制管理的人力资源大数据 /338

第三节 基于积分制管理的人力资源大数据运用 /343

参考文献 /347

第一章　永恒不变的激励话题

激励是人类古老的行为之一。凡是有人群活动的地方必有激励，激励是人群管理的核心和最重要的职能，也是管理心理学研究的永恒话题（刘文军，2009）。

在远古时期，人类的力量太过弱小，为了对抗外界侵害或者为了获取更多的食物，人们便联合起来组成一个个群体，自发或通过推选产生群体领导者。在这些群体中，领导者需要处理一个特别重要的问题就是通过何种方式分配劳动成果可以最大程度地激发组织成员的积极性，进而获取更多的食物。为此，领导者在分配食物时，对于付出越多的人，给予的食物越多，进而激励他们更加努力地工作，这或许就是人类最原始的激励方式了。

工业化革命之后，随着社会生产力水平的提高，出现了新的生产组织形式——企业。然而，如同远古时期的群体一样，企业也不可避免地面临着如何调动成员的工作积极性的问题。可以说，只要存在组织，就会产生激励问题。那么，人们对于激励是如何认识的呢？

第一节　激励的发展历程

激励问题是组织管理的核心问题。如何激发个体积极性、保持组织活力，这是每一个组织领导者必须思考的问题。激励机制是人类群体得以维系和延续的重要基础。因此，认识激励的发展历程对于领导者制定与执行激励政策的重要性不言而喻。

一、激励问题的历史溯源

激励是持续激发动机的心理过程，是一个心理学的概念，激励理论是伴随着西方心理学的发展而发展的（何成森，1997）。激励诞生于人们对人和社会的深度解读的基础之上，是人类认识自我的过程。回顾人类

第一章 永恒不变的激励话题

发展的历史长河,无论是在西方还是东方,人们对于激励问题的思考贯穿于社会发展的每一个阶段,东西方文化的差异造成了人们对激励问题的认识有所不同。

(一)诞生于人性哲学土壤之上的西方激励思想

古希腊哲学家亚里士多德曾经说过:"劳动的目的是为了获得闲暇。"换言之,人们努力工作的终极目标是使自己摆脱工作的束缚。这句话听起来似乎有些前后矛盾,实则是从哲学的角度解释了激励的动因所在,表明了人们努力工作的激励因素是解放自我。当下社会上的热门词汇,如"实现自我价值""实现财务自由""实现时间自由"等,均表达了人们内心对"解放自我"的渴望。可以说,早在两千多年前,亚里士多德就已经洞察到了驱使人们努力工作的深层原因。

14世纪之后,欧洲文艺复兴运动反对中世纪的禁欲主义和宗教观、强调个性解放的主张,强有力地冲击了中世纪黑暗腐朽的封建宗教束缚。在文艺复兴时期,资产阶级思想家认为人的私利是个人行动的内在动因,应重视人性、肯定人的价值,从而鼓舞广大人民群众勇于追求个人价值的实现。

紧随其后的资产阶级大革命进一步解放了人们的思想,即认为人的一切行动都可以从人的"逐利"本性加以解释。17世纪的英国政治家、哲学家霍布斯认为,"对于每一个人,其目的都是为着他自己的利益的",即人的自然本性是"自爱心""自利心",人是彻头彻尾的利己的存在(陆阳等,2012)。到了18世纪,法国思想家爱尔维修认为,利益是社会生活中支配人们行动的基础因素。他提出,"为了穿衣、为了养活自己和家属,总之为了享受与肉体需要的满足相联系的快乐,工匠和农夫才思想、想象和劳动"(沈俊,1998)。毫无疑问,爱尔维修将人们的工作动机归结为个人欲望。事实也正是如此,激发员工工作积极性的首要条件是企业提供的报酬至少能够满足让员工生存下去的基本需要，而这也是最低层次的个人欲望。

对人性进行深度剖析后，西方伟大的先贤们注意到了对个人利益的追逐是人们一切行为的内在驱动力。每个人参加劳动的目的无外乎为满足自身各种各样的需求，无论是物质层面的需求，还是精神层面的需求。以亚当·斯密为代表的古典经济学家们则提出了"经济人"概念，即人是理性的，人的行为动机源于对经济的追求，每个人都追求自身最大的经济利益，人们工作的目的是为了获取报酬，为此，需要用金钱与权力、组织机构的操纵和控制，使员工服从并为组织效力（邹碧海，2009）。可见，对人性问题进行不断探讨是现代西方激励思想形成的基础。

（二）"百家争鸣"中的中国激励思想

春秋战国时期，社会动荡不安，各诸侯国林立，为了谋求自身发展，各国都在积极推行变革。这一时期，由于社会大变革，众多学者热烈争辩、著书立说，阐述各自的思想和政治主张，创建了不同的学派，形成了"百家争鸣"的局面。不同学派的学者都对宇宙、社会、万事万物做出了解释或提出了主张，这些主张之中或多或少蕴含着激励的思想。在中国，"激励"一词最早出现在司马迁所著的《史记·范雎蔡泽列传》中："欲以激励应侯。"这里，"激励"一词的意思是进行激发、使其振作。不同于西方人从人性的角度去解读激励问题，中国古人对于激励更多是从社会治理的角度进行阐述。

孔子作为儒家思想的创始人，提出了许多涉及激励问题的管理思想，其中较为突出的是"义利观"和"惠民思想"（高贤峰等，1997）。孔子的"义利观"首先肯定了所有的人都有追求富贵的欲望——"富而可求也，虽执鞭之士，吾亦为之"（释义：假如富贵是可以合理求到的，即使是给人执鞭的下等差事，我也愿意去做），即承认追求富贵是每个人的正常欲望。在此基础之上，孔子进一步强调了以"礼义"制约"利"的重要性——"见

第一章 永恒不变的激励话题

利思义,见危授命,久要不忘平生之言,亦可以为成人矣"(释义:见到利益能够想想是否合乎道义,在危急关头能够挺身而出,虽然长期生活在贫困之中也不忘平生所立的誓言,也可以称作完人了),即把"义"作为自己的行为规范,把"义"作为人们对"利"的取舍标准,告诉人们要注意激励的方向,这是非常可贵的(俞文钊,2006)。同时,孔子的"惠民思想"强调统治者要对被统治的劳动者施以宽惠,即施行德政,包括在经济上实行惠民政策,在政治上宽刑罚、重教化,以此来使民众富裕、国家富强。如果把孔子的"义利观"看作是激励的方向,那么"惠民思想"就可以看作是激励的手段。孔子的"义利观"和"惠民思想"与老百姓的切身利益息息相关,可以说是中国激励思想的雏形。

不同于儒家以"仁义"治国、以"礼义"规范人们行为的主张,法家主张"以法治国",即通过"刑罚"来规范人们的言行。韩非子就曾提出"赏罚分明"的治国理念,其在所著的《韩非子·二柄》中明确提出:"为人臣者陈而言,君以其言授之事,专以其事责其功。功当其事,事当其言,则赏;功不当其事,事不当其言,则罚"(释义:让群臣陈述其言,按照其言让其办事,然后按照其事责成其成功。如果大臣功效卓著,言行一致,就赏赐他;如果功效甚微,言行不一,就诛罚他)。这是说君主治国时,对于臣子的奖惩要按照其言行与功绩是否一致来衡量,进而激发臣子的责任心与积极性。

道家学派则提出了功利主义激励观,即追逐利益为人之本性的利益观。《管子·禁藏》中有"夫凡人之情,见利莫能勿就,见害莫能勿避"(释义:凡人之常情,见到利益没有不追求的,见到害处没有不想躲避的),这句话说明了所有人不分贵贱,都存在趋利避害的本性。在利欲论的基础上,《管子》中还提及了相应的基本方法:"得人之道,莫如利之",即要给人以利益,正确地掌握"利"这个杠杆,由此就能做到"不推而往,不引而来",充分发挥人的积极性。只有满足了人的需要,才能使人付出努力,甚至使人能够自愿地放弃某些个人需要(袁闯,1998)。

此外,中国古代兵法中也蕴含着朴素的激励观。《孙子兵法·始计》中就提到了"赏罚分明"等"七计"(主孰有道?将孰有能?天地孰得?法令孰行?兵众孰强?士卒孰练?赏罚孰明?)是影响战争结果的重要因素。《三略》中的"军无财,士不来。军无赏,士不往"(释义:军队没有钱财,士兵就不愿来。军队没有奖赏,士兵就不勇往直前)直接说明了奖赏对军队建设的重要性,士兵之所以愿意冲锋陷阵,不仅仅是因为拥有家国情怀,可以获得丰厚的奖赏也是外在推动力。但是行军打仗除了要对将士论功行赏外,惩罚也不可缺少。《六韬》中的"尊爵重赏者,所以劝用命也。严刑重罚者,所以进罢怠也"(释义:加封官爵,加重奖赏,目的是为了劝勉官兵奋勇效命;实行严刑重罚,目的是为了督促疲怠的官兵坚持战斗)表明了正面激励与负面激励会对士兵行动产生不同的激励效果。

例证 1-1　望梅止渴

建安三年(公元198年)三月,曹操领兵第三次南征张绣,结果被张绣与刘表联军击败,只好撤退。时值盛夏,连续赶路的军士们口干舌燥、疲惫不堪,行军速度渐渐慢下来。曹操急于赶路,见此情形,心中十分着急。如何使军士们振奋起精神、快速赶路呢?忽然,他灵机一动,立刻传令下去:"前方有一片梅林,赶快去吃刚熟透的梅子吧!"军士们听到前面有梅林的消息,立刻觉得舌底生津、精神大振,奋马扬鞭,很快便到达了目的地。

(资料来源:南朝宋·刘义庆《世说新语·假谲》)

治国理政与行军打仗虽说有很大区别,但本质都是为了激发组织与个人的主动性,最终实现组织的行动目标。企业的管理亦是如此,通过深入了解员工的心理活动，洞悉他们的内在需求，利用员工的逐利行为，可推动他们为满足自身需求而积极努力工作。

二、近代企业管理中的激励方式

企业管理问题存在于企业发展的每一个阶段，对于管理者而言，如何有效地激励员工使其创造更大的价值始终是绕不开的一个问题。对于员工而言，他们一方面希望自己付出的劳动能够得到管理者的认可，得到相应的奖赏；另一方面，出于人的惰性、私利性，他们总是希望自己能尽可能"偷懒"，以最少的投入获取最多的收益。那么，通过什么方式可以有效地激发员工的工作积极性呢？在近代企业的发展过程中，激励员工的方式在不同的时期是有所区别的。

（一）以"大棒"为主的激励方式

以"大棒"为主的激励方式是指以恐吓和惩罚作为激励人们努力工作的主要措施，具体包括扣罚奖金和工资、降职、调岗至冷岗位、批评责骂、业绩考核惩罚和辞退等。此种激励方式主要适用于那些自觉性较低、安于现状和丧失斗志的员工，是奴隶社会与封建社会时期常见的激励方式。例如，在中国古代帝王修建大型宫殿等大规模的集体劳动中，这种激励思想就表现得淋漓尽致。以恐吓与惩罚为主的激励思想在20世纪以前是普遍存在的（刘正周，1998）。近代欧洲资本主义兴起之后，为了获取更多的利润，企业主往往通过制定严格的规章制度，压迫工人进行工作。在资本主义发展早期，新兴的企业主还保留着封建领主的陋习，在管理上通常采用粗暴的方式对工人进行监督，增加工人的劳动时间，为自己获取最大的利润。在近代企业管理中，采用以"大棒"为主的激励方式虽然能够起到一定的惩戒效用，但是其效用会随着惩罚次数的增加而减少。也就是说，每一次惩罚的力度都必须比上一次更大，才能取得效果。当惩罚到极致时，企业主与工人之间的矛盾会加深，从而引起员工的反感与对抗,如欧洲早期"工人运动"的爆发。

(二)以"胡萝卜"为主的激励方式

此起彼伏的工人罢工运动让早期的管理者逐渐意识到,仅凭原始的"大棒"方式,并不能够有效地调动员工的工作积极性。因此,管理者亟须使用新的激励手段刺激员工提高工作效率和业绩。20世纪初期,美国古典管理学家泰勒通过长期对生产现场活动的亲身观察,认识到缺乏科学管理是造成工人"磨洋工"、劳资冲突和工作效率低下的主要原因。为了更好地激励员工,泰勒设计出一种具有刺激性的报酬制度,即差别工资制,工人干得越多,拿的工资越多。泰勒的这种科学管理思想建立在"经济人假设"的基础上,即每个人都是追求自身经济收入最大化的"经济人",只有物质利益(金钱、地位和良好的工作条件等)才是激发其工作积极性的重要动力。因此,企业应该用物质利益去刺激工人的工作积极性,即实行以"胡萝卜"为主的激励方式。

"胡萝卜"喻指企业给予员工的奖励,这种奖励往往是金钱或其他物质激励。在企业管理范畴中,"胡萝卜"的含义被引申为有效的赏识和激励机制,主要包括职务晋升、岗位调整、权力分配、工资奖金和生活补贴增加等。这种激励方式适用于把追求物质利益放在第一位的员工,在使用初期能够收到立竿见影的效果。但随着社会经济的发展、激励对象需求内容的变化和层次的提升,这种激励方式的效果将呈递减衰败状态,有时甚至为零。当物质不是员工追求的重点时,给予再多的"胡萝卜"也起不到相应的激励作用,此时采用新的激励方式势在必行。

(三)以"精神奖励"为主的激励方式

不可否认,金钱的确是激励员工的有效方式,一个稳固的报酬计划对吸引、留住员工能起到一些作用。但是,物质激励并不是唯一有效的激励办法,而且,很多时候,若使用不当,不仅起不到激励的作用,反而会引起反作用。原因很简单：一方面，金钱所起到的激励作用没有长久性，额外得来的金钱会很快地被员工花掉，并快速地被遗忘，这与管理者所希望实现的长期性、永久性激励的目标是背道而驰的（滕飞，2013）；另一方面，若长期使用较高的薪资或奖金等刺激和激励员工，会使企业的人力资源成本越来越高，不利于企业的生产经营。

为了研究影响人们工作效率的因素，20世纪30年代，美国哈佛大学的心理病理学教授梅奥率领研究小组在美国芝加哥郊外的霍桑电器工厂进行了长达8年的系列实验，也就是著名的"霍桑实验"。实验结果表明，人际关系及非正式群体规范对员工的工作效率具有重大的影响，员工激励方式应以人性为出发点，员工的社会及心理因素是决定其工作满意度和生产力的主要因素，只有当员工的社会及心理需求得到满足之后，才能提高员工的生产力。霍桑实验之后，企业的管理者们开始注重员工的心理需求，除了使用传统的"大棒＋胡萝卜"的激励方式外，开始给予员工"精神"奖励，如对员工的成绩表示认可、打造组织发展愿景、引导并鼓励员工实现自我价值等。

三、现代企业管理中的激励难题

现代企业面临的运营风险、管理难度和复杂性不断加大，企业组织效率和活力难以得到最大限度的释放。如何采用科学的激励方法盘活人力资源、激发组织活力是提升企业生命力和竞争力的重要管理任务。每一个成功的企业都应有一个完善的员工激励机制，用以调动员工的积极性、主动性和创造性，保证组织目标的实现。但是，很多企业似乎并没有做到这一点，员工激励问题始终是大部分企业面临的一个管理难题。以下几大问题是现代企业普遍面临的激励难题。

（一）员工频繁离职

随着人才市场的日益成熟，人才流动逐渐成为常态，与之伴随的员工频繁离职现象也越来越普遍。按理说，员工因发展需要离职是企业管理中的正常现象，但是，如果公司每年招进来的新员工待的时间都非常短暂，抑或是企业骨干员工陆续离职，那就属于异常现象了。一般情况下，导致员工频繁离职和中高层管理人员非正常离职的原因，除了经常加班、事务繁多之外，更多的诱因是薪酬偏低、缺乏上升空间、竞争环境不公平等。也就是说，员工离职无外乎是企业的管理模式出了问题，不能有效地激励员工，没有让员工充分理解和认同公司的价值观。对此，马云曾经指出："员工的离职原因很多，只有两点最真实。一是钱没给到位；二是心委屈了。"以上这些原因，归根到底就一句话：干得不爽。

员工的离职意向与企业给予员工的认可度和员工对工作的满意度紧密相关，实际上就是企业对员工的激励是否落到了实处，是否满足了员工的需求。与其承担由员工高离职率带来的企业人力资源管理的成本负担，企业倒不如将更多的关注力放到员工激励上。根据美国劳动力市场的调查研究：在员工离职群体中，约20%的员工属于必然离职，80%的员工属于可避免离职（刘聪，2013）。可见，企业管理者在利用激励手段改善高离职率方面有很大的发挥空间。激励的难点在于企业对员工个人发展承诺的兑现、工作竞争环境的营造、员工人文关怀的落实等，管理者只有在以上方面均有所突破，才能避免企业陷入员工频繁离职的艰难处境，进而为企业和员工的发展创造基础条件。

（二）奖励方案设定了，业绩却下降了

很多管理者认为，给下属设定一个很有"吸引力"的奖励方案就可以充分调动员工的工作积极性，然而结果往往事与愿违——奖金发了，业绩却并没有达到预期的效果。事实上，期望值过高的激励方案会使员工的压力过大，以致超过其承受能力，导致员工产生可望而不可即的心理，即"反正我们再怎么努力也达不到目标的，那么就按照以前的方式完成多少是多少吧"。如何设定奖励方案的最佳压力点是一门艺术，需要管理

第一章 永恒不变的激励话题

者熟知员工的心理预期值。此外，奖励分配缺乏公平性也会使激励效果大打折扣。比如在某些国有企业中，管理者对员工进行物质奖励时总是优先考虑如何维护职工队伍的稳定，要照顾各方面的利益，表面上十分公平合理，但实际上并没有做到按劳分配、多劳多得，激励缺少公正性（张克磊，2014）。"利己""嫉妒"是人的天性，分配不公平会直接打击员工的工作积极性，催生员工的消极怠工情绪。

（三）如何授权

充分授权是对群体的最佳激励。一般来说，人都有进取心，都追求成就感。一个人的职位越高、权力越大，他掌握的资源也就越多，也就越有可能取得更优异的成绩。对于在某方面做得比较好的人，管理者可以适当给予其更高的权力。这样，基于获得成就感，他自然会投入更高的热情，调动更多的资源以做出更优异的成绩（方杰，2013）。对于企业来说，对下属适当授权，一方面可以将管理者从烦琐的事务中解放出来，专注于重大事件的处理；另一方面，授权能够有效地激励员工努力工作。员工有自我主张和获得他人认可的愿望，对员工授权体现了公司对员工的信任，这是符合人性的管理。另外，授权对下属的成长也非常有利，员工获得授权后会更加关注自我实现、自我提高。需要注意的是，授权的关键在于权责合一，而目前企业在经营管理的授权活动中存在诸多问题，如授权不足、授权不当、授权后监管不力以及权责不明等，这些问题的存在显然不利于加强和保持企业的竞争优势（王昌林，2006）。

例证 1-2　事事躬亲，未必尽责

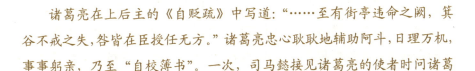

诸葛亮在上后主的《自贬疏》中写道："……至有街亭违命之阙，箕谷不戒之失，咎皆在臣授任无方。"诸葛亮忠心耿耿地辅助阿斗，日理万机，事事躬亲，乃至"自校簿书"。一次，司马懿接见诸葛亮的使者时问诸

积分制管理理论与实践

亮身体好吗？休息得怎么样？使者对司马懿说："（诸葛亮）夙兴夜寐，罚二十以上，皆亲览焉；所啖食不至数升。"使者走后，司马懿对人说："孔明食少事烦，其能久乎！"果然，不久后，诸葛亮病逝军中，蜀军退师。诸葛亮为蜀汉"鞠躬尽瘁，死而后已"，但蜀汉仍最先灭亡，仔细分析可知这与诸葛亮不善于授权不无关系。

西汉著名丞相陈平曾言："宰相者，上佐天子理阴阳，顺四时，下育万物之宜，外镇抚四夷诸侯，内亲附百姓，使卿大夫各得任其职焉。"作为领导必须学会正确授权，诸葛亮作为蜀汉丞相，多才多艺，工作勤勤恳恳，每日起早睡晚，各种事务都要亲自处理、亲自过问，"自校簿书""罚二十以上亲览"以致积劳成疾，过早离开人世。现代社会，领导的工作千头万绪，极为繁杂，如果领导干部事无巨细、事必躬亲，即使有三头六臂，也会应接不暇，结果难免事与愿违，所以领导必须学会正确授权。

（资料来源：张向前，2003）

（四）如何赋能

较之传统的企业组织管理模式，赋能更能激发员工的潜能与活力，增强员工的竞争优势。7-ELEVEN 便利店可谓给员工赋能的企业典范，它将在加盟的过程中总结出的帮助便利店成长的有效方法系统地赋能给便利店的经营者、物流中心与生产企业，极大地提高了便利店的运营效益和效率。如何才能通过科学、合理的赋能，激励员工积极向上、奋发有为？重中之重就是给予员工发展的空间，进而激发员工的积极性，促进员工的成长和企业的发展。为此，企业管理者应注重从结构性赋能、领导赋能和心理赋能三个层面做出努力。具体而言，就是在优化组织结构，发挥团体优势；改善领导方式，创新管理思维；鼓励员工认识自我，激发员工工作积极性等方面力求突破。当然，管理中的赋能并不等于一味地授权，一味地授权不仅达不到激励的效果，也会使员工无法管理好自己，甚至会使小问题积累成大矛盾，对此管理者一定要足够重视，做到适量、适度授权。

（五）员工晋升受阻

很多企业管理者认为，企业本身设定有完善的晋升渠道，每一位员工在努力工作之后都可以得到提拔。但是，事实并非如此，忽视员工的个人发展、职业晋升渠道单一、缺乏专业培训和深造机会已成为中小企业的通病。在人才选拔方面，不少企业没有顾及员工的个人发展规划，选拔过程中主观随意、任人唯亲的行事作风严重挫伤了员工的积极性。而且，企业拥有完善的晋升渠道并不意味着员工就可以顺利通过晋升渠道实现个人发展目标，这是许多管理者容易忽视的问题。企业管理者对员工晋升的考量和对员工的提拔一定要建立在了解员工需求和立足企业长远发展的基础之上。

晋升途径规范化不足极大地限制了员工的工作积极性，以至于难以达成激励员工、促进员工与企业共同发展的目标，这是目前诸多企业在管理中存在的一大问题。有鉴于此，管理者一定要规范员工晋升途径，明确地指出其所在岗位的未来晋升方向，这是通过晋升实现激励的第一步，也是最为关键的一步。员工职业晋升的种类相对丰富，主要包括行政职位晋升、技术职称晋升、专业等级晋升三类。在规范晋升途径的过程中，管理者还需要针对不同的晋升类型设定晋升的阶梯和标准，为员工创造机会，鼓励其发挥潜能，进而创造更大的价值。需要说明的是，通过职位晋升激发员工的能动性，以实现激励作用的方式固然有效，但作为管理者一定要拿捏好尺度，否则会使晋升手段失去激励作用，既无法调动员工的工作动力和活力，更无法使其创造更大的价值和效益。

（六）忽视了"新生代"员工的特性

当前，"80后"和"90后"作为新生代员工，已成为企业劳动用工的重要资源和主导力量,与其父辈相比,新生代员工具有"四高一低"的特点,即受教育程度较高、职业期望值较高、物质和精神享受要求较高、消费水平较高和工作忍受力较低(迟帅等,2012)。管理者若忽视新生代员工的变化,而是一味地采用老旧的管理方法,依靠传统的物质激励方式,往往达不到预期的效果。长此以往,新生代员工流动性大的问题最终会造成企业人力资源不稳定的局面,增加企业用人的培训和管理成本。

传统管理模式强调绝对服从和集权管理,而新生代员工自主性较强,执着于追求自由和个性发展。传统管理模式重视规章制度对员工的约束力,老一代员工在对企业的忠诚度和责任感方面表现得尤为突出,而新生代员工在工作中遇到问题和挑战时,倾向于推卸责任,担当意识比较薄弱。此外,同前几代人为了生存而努力工作的事实相比较,新生代员工更注重工作的体验,他们难以忍受路途遥远、频繁加班,比较关注个人的感受,而这些也正是传统管理模式所忽视的问题。简而言之,传统的管理模式对新生代员工的管理存在先天性的不足,为更好地管理新生代员工,激发他们的积极性,管理者应高度重视新生代员工的特点和诉求,以期在管理上有所调整和优化。

在新生代员工管理方面,员工动力不足是企业的一大痛点。要解决这一问题,激发新生代员工的工作动力、提高其积极性和创造力是企业管理者应该深入考虑的问题。新生代员工的突出特点决定了其管理模式对创新性的高要求和对公平性的高标准,落实到具体的管理中,就是建立适应新生代员工特点的激励制度和方式,引导员工积极向好的方向发展。例如,对新生代员工的激励,除了要有物质的奖励之外,也应重视精神的奖励,对其积极行为给予公开的表扬和肯定。对新生代员工的肯定,除了业绩的考核之外,也应关注员工的建言,重视其在集体建设中表现出的主人翁精神。对新生代员工的领导,除了业务的指导之外,还应加强对其的关怀,为员工创造舒适的工作环境,营造积极的工作氛围。只

第一章 永恒不变的激励话题

有基于新生代员工自身特点建立的管理模式、激励制度，才能最大程度地调动其原动力，提升他的工作效率。

例证1-3 顺丰集团的"新生代员工"管理

顺丰自1993年成立以来，一直保持着优良的口碑，以优质服务、重视客户体验而著称。新生代员工占顺丰员工总人数的70%，这些正值"当打之年"的年轻人是顺丰口碑的缔造者和坚守者。他们中的大多数人为一线员工，每天处于不同的环境，与不同的人员打交道，无论是收派员、仓管员还是客服人员，都在自己的工作中承担着较大的责任和压力。如何让"新生代"一线员工在看似重复的工作中体会到乐趣？如何让他们对企业产生归属感？如何让他们感受到被认可、被重视，从而增强自信心？顺利解决这些问题是企业留住人才的关键。顺丰对员工的管理以"尊重"为前提，通过很好地将员工的需求同企业的战略统一起来，让员工的未来真正融入企业发展之中。

基于"尊重"的理念，顺丰的人力资源策略形成了组织架构扁平化、福利平台特色化、员工上升通道多元化等具有特色的管理制度，而且，顺丰是在结合员工特点的基础上进行人力资源项目、政策的设计，力求尽最大可能满足每一个员工群体的诉求，使制度能够不断得到完善和优化。顺丰对新生代员工管理的创新点主要体现在：①"医食住教"的关爱。通过与政府、学校、医院等机构的合作，全面体现顺丰对新生代员工在"医食住教"等方面的关怀。②活动多样。通过推动各种项目，吸引员工积极参与管理，让企业管理中出现更多的"员工之声"。③成长通道助力员工实现梦想。在顺丰集团，大部分高管都是在内部竞聘上任的，一线员工成长为点部主管的超过90%，成为分部经理的达到90%，成为高级经理的有70%左右，成为总监的占60%～70%，甚至还有达到更高层级的。

（本案例源于网络并经作者加工整理）

第二节　积分制管理——激励的新手段

企业的竞争，归根结底是人才的竞争。员工工作积极性的大小关系到企业的生死，在这一方面，传统的管理模式和激励方法在过去很长的一段时间内发挥了巨大的作用，极大地提高了企业的生产效率。但是对于企业而言，无论是用何种激励方式激励员工，首先需要解决的一个难题是如何衡量员工的工作成果、确定其工作行为是否有效地为企业创造了价值。在实际工作中，某些员工看似非常敬业，成果累累，却无益于企业。比如，某些销售人员通过不诚实的承诺或强势推销等手段误导客户，虽然完成了公司的营销目标，短期内为公司创造了业绩，但从长远来看，这些行为却影响了公司的声誉，给公司带来了损失。此时，管理者就不能简单地根据工作成果对他们给予奖励了，而采用何种管理办法、通过何种方式识别员工的劳动成果进行激励也就显得尤为重要。积分制管理作为一种全新的管理方法，具有很强的可操作性，可以对员工行为进行全面的考量，全方位地调动员工的积极性，有效地解决管理中面临的各种难题。

一、积分制管理概述

（一）积分制管理的含义

积分对于社会公众而言并不陌生，人们平常所接触到的积分主要是消费型积分。消费型积分的产生基于忠诚的客户对企业发展的重要性，它是一种利用人们的"累积消费就有回报"的心理需求（有积分可以打折、兑换礼品、参加抽奖、享受增值服务等）刺激顾客消费的营销模式。消费型积分在人们的日常生活中随处可见，商场购物、理发店理发、话费充值、坐飞机等都可以获得相应的积分，但是，积分制管理中的积分与我们所熟知的积分是两个完全不同的概念。

积分制管理是用奖分和扣分的形式对员工的个人能力和综合表现进行量化考核，并用软件记录和永久有效，将积分排名高低与各种福利和资源挂钩的一种新型管理体系（李荣等，2017）。在内容上，积分制管理体系由员工积分挣分平台和积分使用平台两部分组成。

积分挣分平台通过固定积分平台将员工的学历、职称、技术专长、个人特长等转化为一定积分，对员工的基本能力予以肯定，同时通过动态积分平台对员工的日常工作、生活行为习惯进行"痕迹管理"，让每个员工的行为和贡献都留下永恒的痕迹，时刻鞭策员工。在日常工作方面，动态积分平台以奖扣分的方式记录从产品生产直至售后服务全过程中一系列的员工工作行为，甚至还包括员工的各种违规和违章行为，如迟到、早退、下班不关电脑等。在员工做人方面，动态积分平台的记录范围覆盖了文明礼貌、孝顺父母、好人好事等方面。通过积分挣分平台，员工在日常工作和生活中的各种行为都以"分"的形式被记录下来，企业不仅可以全方位地记录员工的业绩，还可以衡量员工的个人素养。

在积分使用平台，员工所挣的积分最终都要按名次与评选先进挂钩，与工资以外的各种福利挂钩，如年终奖金、员工配股等各种物质奖励。领导者通过灵活运用积分对员工进行奖励，可以有效地调动员工的工作积极性。

（二）积分制管理的五大特点

从积分制管理模式的作用机理看，其产生背景是如何激励员工，如何调动员工的工作积极性，如何让员工创造的价值被企业所认可并获得相应回报（刘良军，2015）。积分制管理在许多方面超越了传统的管理方式，其特点主要表现在以下五个方面。

1. 管理过程中以"正向激励为主，负向激励为辅"

情感事件理论（Affective Events Theory，AET）认为，员工会对工

作中的事情产生情绪反应，这种情绪反应会对员工的工作满意度和工作绩效产生一定的影响（秦尊文等，2017）。积分制管理充分地认识到了情绪管理对员工工作的影响，强调激励主要以奖励为主，管理的范围越大，员工的奖分越多，甚至只奖不扣，以尽可能地通过正向激励的方式调动员工工作的积极性。

2. 积分终身有效

积分的终身制是指积分制管理中，员工从入职开始到最后离开工作岗位为止，其在公司所有的积分记录都将被完整保存。在积分制管理模式下，企业会通过积分软件给每位员工建立一个账户（也称为"行为银行"），员工的表现越好，积分越高；在企业的工作年限越长，积分越高。积分终身有效，使用后不清零、不作废，从而使激励效果最大化。此外，依托于积分软件建立的"员工行为"数据库囊括了企业所有员工的言行举止，在大数据技术的支持下，企业将对高绩效员工的行为特征进行量化分析，基于分析结果制定员工行为准则和选拔标准，从而帮助企业建立高效的管理机制。

3. 以积分名次高低作为奖励的依据

在积分制管理体系中，员工积分的名次与评选先进和各种福利等直接挂钩，而员工积分的数量与评选先进和各种福利等不存在直接的关系。如此一来，在企业管理中，与积分数量直接挂钩的开支不会增加，这在一定程度上可以帮助企业控制和减少部分的成本。此外，以员工积分的名次作为奖励依据还可以督促员工在集体中力争上游，形成一个良性的竞争氛围，这有利于企业整体文化氛围的形成。

4. 权限下放，实现组织分权管理

对人与对事的全方位、无死角的行为奖励和认可决定了积分制管理（奖分和扣分）环节会比较琐碎，记录和审核的工作量会比较大（李荣等，2017）。因此，实行积分制管理要求领导者必须将权力下放，由全体管理层完成各个层次的积分审核、记录与激励。这种管理模式客观上将企业的管理权力分散、下移,从而形成了"参与式"管理模式,有利于各级管理层之间以及管理者与员工之间建立良好的信息交流模式,方便企业内部信息的传达。

5. 全方位考量

积分制管理的管理范围大到员工的任务完成情况,小到员工办公桌的清洁卫生,力求尽可能地把员工做事、做人的行为都纳入日常管理的范围中,这是与以往的管理模式有所不同的地方。传统的管理模式基本上只考核员工在公司的行为方面,对于员工离开公司后的行为不再考核,更不会考核员工日常生活中的行为,因为员工的这些行为不会给公司带来直接的经济效益,因此企业领导者通常不会就其进行奖励。但是,积分制管理突破了这个范围,强调全方位地考量一个人的行为习惯,力求"扬善抑恶",激发员工的社会责任感。

(三)积分制管理的神奇之处

拿破仑说:"人可以为绸缎勋章而亡",这句话直接明了地解释了激励对军队的重要作用。对于积分制管理来说,积分就犹如"绸缎勋章",它不仅能够有效地激发员工的工作积极性,还能给企业带来巨大的改变,它的神奇作用表现在以下几个方面。

1. 调动员工的积极性

企业的生存发展离不开员工的积极性与创造性。如何有效地激发员工的积极性,使员工更加忠诚于企业,尽心尽力地完成工作是每一个企业领导者希望解决而又经常不得要领的问题。传统的绩效管理往往只注重结果,忽视了目标实现的过程和细节,对员工的努力和付出反馈得不及时,影响了员工的工作积极性。就积分制管理模式来看,它根据人的能力差别设置一定的基础积分,对员工的个人能力予以肯定,体现了企业对个人能力的尊重。在此基础之上,积分制管理鼓励员工持续努力以赢得后期不断的加分。员工的所有付出都可以通过积分软件及时得到反馈，这会让员工感受到命运掌握在自己手中。此外，积分制管理中"积分不清零，永远存续"的设置可以将员工的个人成长进步与企业的发展壮大有机地结合起来，增强员工对企业的归属感，提高员工的积极性。

例证1-4 中通生化：以积分制管理调动员工的积极性

广州市中通生化制品有限公司成立于1996年，是一家较早涉足于化妆品生产的OEM企业。公司按照GMP制药标准建设了一个拥有10万级无菌化妆品的OEM、ODM生产基地，拥有年产6 000吨洗涤类和3 000吨膏霜类产品的生产能力。经过多年发展，该公司目前已成为一个全方位发展的现代化化妆品生产企业。该公司于2002年12月通过ISO9001：2000质量管理体系认证，于2011年通过ISO9001：2008、ISO22716、GMPC（US）管理体系认证。

中通生化于2018年1月开始实施积分制管理后，员工的积极性发生了很大的变化。引入积分制管理前，机修组的员工下班后就马上吃饭去了，没有人主动做第二天开线的准备工作，如果机器设备没有提前调试好，就会影响第二天早晨的生产进度。实施积分制管理后，员工下班以后会主动检查生产线状况、调试好机器设备，准备好第二天早晨开工的生产线，因为这样不仅能够提升生产效率，员工还可以因此获得积分奖励。另外，如着装、现场整洁等问题，如果员工按照公司规定完成，也会有相应的积分奖励，否则就会进行扣分。再如，公司确定的损耗标准是千分之三，如果当天损耗没有超过该标准，员工就可以获得相应的奖分，否则就会有相应的扣分。同样地，在办公室里，以往大家分工明确，各自做各自的事情，一些公共事务需要领导安排、指定才有人去做。但引入积分制管理后，如公共卫生的清扫等事务都可以通过积分奖扣来吸引员工主动

第一章　永恒不变的激励话题

承担，情况大有改善。现在，看到公用饮水机没水了，有些女生也会主动从一楼搬水上去；办公区脏了，员工就会主动拿拖把进行打扫。

（资料来源：群艺集团积分制管理心理学课题组调研记录）

2. 有利于创立健康的企业文化

何为企业文化？简单地说，企业文化是企业在长期经营过程中形成的精神面貌，对企业成员具有感召力和凝聚力。员工的工作作风及生活习惯是企业文化的一个重要组成部分，因此，企业文化的建设应强调培养员工健康良好的行为方式。实行积分制管理后，凡是好的、积极向上的行为都可以得到奖分，不良的行为都要扣分，这种持续的奖分和扣分会不断地向员工传递信号。久而久之，员工的不良习惯和行为就会受到约束，而良好的行为和习惯会得到巩固和发展，进而形成健康良好的企业文化。

例证 1-5　积分制管理促进健康企业文化的形成

深圳圣心科技集团旗下设有八家子公司，经营范围为智能化产品、智能球泡灯、智能面板灯、智能灯条、灯带、筒灯、工矿灯、隧道灯等工业照明及道路照明产品的研发、生产、销售以及绿色照明推广，产品销往欧、美、中东及东南亚等地。该集团目前拥有LED国家专利二百多项，产品全面通过UL、TUV、CB、CE、RoHS认证和ISO9001国际质量体系、ISO14001环境管理体系及T28001职业健康安全管理体系认证，致力于打造中国半导体照明产业自主知识产权的民族品牌。

圣心科技集团于2018年10月开始实施积分制管理。实施积分制管理后，员工的一切健康行为和良好习惯都会受到公司的积分奖励。企业通过这些奖分激励对员工的行为进行引导，培养了员工许多良好的习惯，极大地促进了公司健康企业文化的形成。比如，公司从上至下都严守不贪不占、不吃回扣、不拿公司利益做人情的正能量文化；管理干部及采购人员收到供应商、客户礼品或红包后，都会主动报告或上交；员工逢节假日主动给父母购买礼品、物资；负责人带头行善，鼓励大家积极参与社会公益活动等。同时，积分制管理的实施也帮助集团形成了优秀的"加班文化"，如集团规定员工主动加班可以按平时 20 分/小时、节假日 30 分/小时的标准进行奖分。员工为了挣得更多的积分，都自发主动地到公司加班，而不用领导督促。若节假日有工作，员工也会选择放弃休息时间，主动到公司把工作干好。

（本案例源于网络并经作者加工整理）

3. 增强制度的执行力

企业从来都不缺少制度，缺少的是对制度的贯彻落实。一个企业的管理效率体现在管理层意图的实现与员工的配合程度上，如何确保管理者意图的落实是每一个企业家都关注的问题。当员工阳奉阴违时，强行扣钱或者直接开除员工的方式虽然能够起到震慑员工的作用，但同时也会引起员工的恐慌与反感。在积分制管理模式下，员工的各种不良行为都会被扣分，这与直接扣钱的方式相比，会使员工感觉更人性化，同时又能使员工接收到遭受处罚的强烈信号，且可用于处理各种违规行为。相应地，员工符合企业价值观、遵守规章制度的良好行为可以获得不同程度的奖分，这种从正反两个方面进行激励和约束的做法，大大提高了制度的执行力。

例证 1-6　积分制管理增强企业执行力

在引入积分制管理模式之前，山西中通管业有限公司如同其他所有中小企业一样，始终被企业经营管理的种种烦恼所困扰，公司内部各项规章制度相当于一纸空文，不能真正得到强有力的贯彻执行。正如中通管业总经理王付荣所言，尽管经常参加社会上的各种培训课程，但久久都不能找到一本"管理真经"。在这样不利于公司长期发展的背景之下，

第一章　永恒不变的激励话题

山西中通管业有限公司在2019年4月引进了积分制管理模式，结果不仅克服了传统管理方法的弊端，还培养了员工良好的行为习惯，让员工们主动自愿地去做事，提高了员工的执行力，使企业得以快速、健康发展。

（资料来源：群艺集团积分制管理心理学课题组调研记录）

4. 降低企业管理成本

成本与收益是每一个管理者做决策时最关注的问题。积分制管理不仅可以达到激励员工的目的，同时依托于系统软件采用"无纸化"办公还可以降低企业的管理成本。积分不需要花钱买，也不需要政府部门审批，是一种可以无限使用的奖励资源。同时，由于所有奖励都要与积分名次挂钩，这使得各种开支都可控制并且在预算范围之内，公司可以做到把钱花在刀刃上，增加的开支只占所增加效益较小的比例（李长军等，2016）。

二、积分制管理对传统管理方法的改进

做大做强，这是每一个企业老板的终极目标。然而，大多数中小企业都面临着许多管理难题。在企业创建初期，企业家通常会选择以下四种管理模式：一是强调家族血缘关系中的内聚功能来实现对企业的亲情式管理；二是强调朋友间的亲密合作来实现对公司的友情化管理；三是强调更多地调动员工人性的内在作用的温情化管理；四是强调老总个人独裁的随机化管理（李荣，2010）。虽然这些管理模式在企业发展的过程中都或多或少地发挥了积极的作用，但是，随着企业规模扩大、人员增多及业务范围扩展，这些"粗放式"管理模式有可能成为企业发展的瓶颈。为了进一步推动企业发展，企业通常会进行变革，引进目标管理、绩效管理等方法，而积分制管理模式在体系设计上超越了传统的管理思维，可以有效地解决管理中面临的以下几方面问题。

（一）解决了员工的原动力问题

原动力是促使人们从事某种活动的内在动机，解决了员工的原动力问题，便可以有效地激发员工的工作激情。按照动机的起源，可以将原动力分成生理需求驱动下的原动力和社会满足感（即心理需求）驱动下的原动力两方面。许多企业将物质激励（尤其是金钱）作为激励员工的主要方式。然而，不讲究方式、不考虑员工内在行动的动机，一味地"滥发钱"的做法，不仅不能有效地解决员工的原动力问题，反而会助长"唯钱是图"的风气，而积分制管理中积分与"金钱"间接挂钩的设置则有助于引导员工树立正确的工作价值观。同时，积分是员工荣誉的一种体现，是企业对员工的一种认可。可以说，积分制管理通过积分挣分平台与积分使用平台，准确地把握了员工渴望获得社会认可的心理需求，调动了员工的内在积极性，解决了员工工作的原动力问题。

（二）解决了企业长效激励难题

所谓的企业长效激励机制，其实就是指企业采用具有助长作用的激励机制，激发员工的工作热情，从而有效地提升员工的工作绩效，实现企业赢利的激励行为。传统的绩效管理方式当中，绩效考核的时限短则一个月，长则五年、十年。在绩效考核时限内，只要员工的工作绩效达到了规定的目标，便可以获取相应的奖励。在考核期结束后，员工的业绩重归于零，不再具有效力。因此，到了每年年末，人才市场上通常都会出现一个离职高潮，这与重在短期激励的企业管理模式密切相关。而积分制管理中，员工获得的积分终身有效，使用后不清零、不作废，这将员工的贡献与企业的长期发展融合在了一起，有效解决了企业的长效激励难题。

（三）解决了以人为本的方法问题

追求尽可能多的利润是企业经营的目标，而员工是企业利润的创造者。因此，一切以人为本，采用人性化的管理模式，进而提高员工的工作效率成为企业管理的精髓所在。实行以人为本的管理模式首先应该考虑的是人的需求、感情和满意度，应以研究人的个性、情绪和思想为起点，充分肯定和发挥每个员工的价值，创造充分的条件以激发每个员工的内在潜力、主动性和创造精神，使他们树立共同的价值理念，陶冶他们的情操，激发他们的斗志，从而令他们能够心情愉快地投入工作（陈怡，2011）。在传统的管理方法中，为了督促员工，企业总是免不了采用扣钱、罚款等令员工反感的手段，甚至会采用通报批评等伤及员工"颜面"的方式。而积分制管理通过奖扣分的方法将管理信息传达给员工，这在尽可能减少对员工工作情绪的不良影响的基础上，达到了引导员工积极工作的目的，充分地体现了以人为本的管理理念。

例证1-7 积分制管理将"以人为本"根植于心

山西飞宇达建设工程有限公司是山西省规模较大的综合性工程施工企业之一，成立于2007年12月，主要从事铁路、公路工程施工，工矿工程建筑施工，土石方工程，房屋建筑工程，市政公用工程，地基与基础工程，钢结构工程，园林绿化工程，防水防漏工程，防腐保温工程，水利水电工程，机电安装工程，河湖整治工程，工程机械设备的维修、租赁，建筑材料、有色金属、铝制品、铁制品、煤制品的销售。

公司秉承晋商"诚、信、义"的经商文化，始终坚持"成为建筑行业的排头兵"的企业愿景；坚持"以人为本，打造精品，服务社会"的企业宗旨；坚持"诚信合作，和谐共赢"的企业理念；坚持"攻坚克难，勇往直前"的企业精神；坚持"以身作则，强化执行"的企业作风，坚持"团结协作，忠于职守"的团队意识。

以前，公司没有真正将文化融入管理，没有真正体现"以人为本"，而是将太多的关注力放在了管事上。因此，为扭转员工"应付式"的认知意识，提高其主观能动性，公司从2013年开始引入积分制管理。

山西飞宇达建设工程有限公司的积分项目主要包括"德、能、勤、绩"

四个方面，积分种类为：一是固定积分，包含员工的学历、职称、职务、技能、工龄、特长所对应的积分；二是业绩积分，它和个人日常工作挂钩，主要是对各岗位工作内容进行工作分解，设定每个积分指标的分值，根据贡献率设计，使各岗位每月的业绩积分终值相同，同时对于超额完成的可量化工作进行超额奖分；三是平时积分，此项的奖扣分与所有法律、道德范畴认可的好人好事或坏人坏事的统计对应。积分制管理的实施既体现了能者多劳、奖优罚劣的考评机制，又营造了公开、公平、公正的竞争氛围，通过将积分制游戏化，员工可以快乐地挣积分。此次改革解决了企业的"管人"问题，满足了员工的新需求，全方位地调动了员工的积极性，使得公司中的每一个人都将"以人为本"的企业文化逐步根植于心。

（资料来源：群艺集团积分制管理心理学课题组调研记录）

（四）解决了大数据应用的问题

无论是目标管理中目标的分解设定还是绩效考核中绩效的评定，都涉及一系列复杂的管理目标、管理范围的设定等内容，同时也将员工局限在了部门之内。积分制管理则摆脱了这些管理范围的限制，它使企业员工可以充分地展现自身的能力，可以参与完成跨部门的任务，可以积极地为企业出谋划策，帮助企业提高效率，增强企业活力。此外，目标管理、KPI绩效考核等传统的管理方式主要关注业绩目标考核，通过设计详细全面的指标对员工的行为进行考核，但是，它们都仅限于对业绩的考核。而积分制管理方法将共性的规章制度和奖扣标准有效地结合起来，将管理范围延伸到了"应知应会，公序良俗"，涵盖了每位员工的所有行为和表现。而且，积分制管理巧妙地将员工管理与大数据进行了结合，采用软件记录员工的工作行为和绩效表现，通过奖扣分的形式对员工进行综合评价，以积分总和进行排名，根据名次对员工进行奖励，调动员工的工作原动力。在实施积分制管理的过程中，管理者可针对员工的工作情况、工作态度、工作能力、工作绩效等为员工画像，进而采用具有不同侧重点的高效管理方式，这可以在很大程度上节约管理成本。此外，这种基于员工画像的管理方式可以使得管理者对员工的管理趋向精细化，更加具有科学性，最终打造出高效的工作团队。

（五）解决了组织公民行为的落地问题

组织公民行为的概念最早是由印第安纳大学的 Organ 教授于 1983 年提出的，它是指不在正常报酬体系规定范围内的员工自觉行为。这种行为属于员工个体行为，它有助于提高组织功能的有效性。积分制管理实施的过程中，大部分员工会主动尝试去做工作范畴之外的事情，因而产生一些积极的个人行为。例如，在完成自己的工作后，帮助同事完成工作任务；在公司团建活动前期，积极参与筹备活动等。此外，随着积分制管理在团队管理中的应用，员工对工作条件、工作内容、评价体系的满意程度上升也会提高员工组织公民行为出现的频率。这是因为员工满意度的上升意味着员工的需求得到了最大程度的满足，从而激发了员工的工作积极性，继而使他们做出利于企业发展的行为。换句话说，组织公民行为反映出的是员工的工作态度，并且会深层次地影响员工的工作行为和员工对企业的态度。因此，员工的组织公民行为越多，员工越有可能为企业发展做出有益的贡献，越有助于促进企业的长远发展。

（六）解决了组织变革的阻力问题

为了紧跟社会经济和科技的发展趋势，建构科学化的管理机制，诸多企业都将目光投向了组织变革，并为此投入了相当多的人力、物力和财力。然而，组织变革面临多层阻力，如企业层面的组织管理层参与度不高、管理制度匹配度不高、企业文化不适应等，员工层面的对变革了解不足、担心个人利益受威胁、变革与自身价值理念有冲突等，这些问题最终会使得多数企业的组织变革以失败告终。而在应用积分制管理的过程中，管理者提前经过专门的培训和深入学习，本着"以人为本"的基本理念，制定出科学的管理制度，鼓励员工积极参与组织管理过程，并重视与员工展开多种形式的沟通，采用奖扣分的激励形式鼓励员工争先创优，使得组织变革在相对平和的环境中进行，员工在逐渐适应和习惯的过程中融入变革进程，助推企业组织变革顺利进行。从某种意义上讲，积分制管理与组织原有的管理制度和管理方式并不冲突与对立，而是营造了推动组织变革的环境和氛围，为组织变革解决了阻力问题。

三、积分制管理的落地方法

俗话说，知易行难。积分制管理不仅仅是一种理论，更是一种实践行动指南。积分制管理的落地实施是一项系统性工程，其关键在于改变管理层的思维模式。具体而言，积分制管理的落地实施首先需要管理者进行系统的理论学习，在宏观上建立一个全面的知识体系，在此基础上通过典型案例分析进一步深化对积分制管理的认识和理解。同时，通过现场观摩和亲身体验，加强管理层对积分制管理的认识，以更好地将这一套管理体系贯彻到管理过程中，实现对员工的科学管理、积极引导和客观评价。

（一）理论学习法

积分制管理体系的落地效果取决于领导者对员工心理的洞悉程度，一个普遍的共识是，理论学习对于掌握某项知识技能具有非常重要的作用。对积分制管理进行系统的理论学习，有助于领导者在较短的时间内全面理解积分制管理中个人心理、群体、组织等的变化状况，从宏观层面上形成系统认识。积分制管理不仅仅涉及管理的知识，还涉及心理学的知识，甚至还涵盖了人性等哲学知识。因此，要融会贯通地学习积分制管理，还需要掌握管理学、心理学、人性学以及行为科学等领域的理论知识。通常情况下，理论学习可分为以下三个步骤。

第一章　永恒不变的激励话题

第一步，从自己擅长的领域开始。每个人通过多年的学习和实践都已明确了自己擅长的领域，我们可以有目的地阅读与该领域相关的一些书籍或者浏览相关的学习网站，掌握相关的理论知识。

第二步，循序渐进。学习任何知识都是需要经历一个过程的，就如同建造一座房屋一样。在掌握一些基础的理论知识后，要逐步深入并发散地学习其他领域的相关理论知识。

第三步，理论和实践相结合。实践是提高个人能力的重要途径。通过实践，每个人都可以学到许多在书本上学不到的东西，得到思想性、经验性和规律性的收获。

积分制管理理论是需要企业全员进行学习的，在使用理论学习法时，需要注意以下三点：（1）要给予足够的重视和引导，因为缺少相应的重视和引导会使员工的理论学习与其所掌握的知识技能脱节。（2）重视中基层员工理论学习的同时，提高对高层的要求，否则会出现员工素质越来越高，而管理者的素质停滞不前的现象。（3）对整个学习过程给予监督，因为在学习过程中，总有一些员工由于各种各样的理由学到一半而放弃，因此需要企业建立相应的监督机制，也可对坚持学习理论知识的员工进行适当激励。

（二）案例学习法

积分制管理理论的形成与完善是建立在不断实践的基础之上的。2001年，该理论创始人李荣先生下海创业，通过在日常的经营管理过程中不断地摸索，他独创出一套全新的管理方法——积分制管理。此后，李荣先生根据不同企业在积分制管理的落地实操过程中碰到的问题对该管理模式进行了补充完善，逐渐使其成为适用于各行各业的管理模式。与此相对应，在积分制管理体系学习过程中必须深入学习成功企业的案例。"他山之石，可以攻玉"，管理者通过分析经典的、成功的案例，学习他人的管理经验和方法，可以有效地强化对积分制管理体系的认知，为积分管理的成功落地做好充分的准备。通常情况下,案例学习法可分为以下三个步骤。

第一步,准备案例。选择的案例既要典型又要贴近公司实际。在案例教学中,员工是主角,管理者在分析案例前要将准备好的案例提前告知员工,让员工了解案例内容并要求员工查找一些相关资料,提前做好发言准备。

第二步,讲解、讨论案例。管理者对准备好的案例做适当讲解后,接下来就需要员工之间进行讨论了。讨论案例是案例学习过程的中心环节,管理者可将全体员工划分成若干个小组进行讨论,同时要设法调动员工的主动性,引导员工紧紧围绕案例展开讨论。

第三步,总结案例。在员工对案例进行分析、讨论、得出结论之后,管理者要进行归纳总结,做出恰如其分的评价。管理者要针对案例中的主要问题进行强调,帮助学员加深对案例的理解。同时,管理者需要对员工讨论得不够深入、不够确切的内容做重点讲解。此外,管理者还要特别指出通过案例分析和讨论,员工应吸取什么样的经验教训。

在使用案例学习法时,需要注意以下两点:(1)选择适合学习需要的高质量案例。这一点要求选择的案例既要真实准确并具有代表性和实用性。所选案例必须与公司自身和员工的工作实际相结合,力求通过案例教学,切实加深员工对积分制管理的理解。(2)案例分析不能只停留在表面,要深入透彻。案例教学的重点在于通过对案例的分析,让员工了解积分制管理是怎样的一种管理方法,它是如何实施的,具体有哪些要求,需要怎么做等。因此,对案例进行深入透彻的分析是至关重要的。

(三)交流学习法

萧伯纳曾经说过:"如果你有一个苹果,我有一个苹果,彼此交换,我们每个人仍然只有一个苹果;如果你有一种思想,我有一种思想,彼此交换,我们每个人就有了两种甚至多于两种的思想。"交流对思想的形

第一章　永恒不变的激励话题

成十分重要，在积分制管理落地的过程中，员工或多或少会碰到一些问题和挑战，这时敞开心扉与上司或同事沟通交流，通过思想的不断"碰撞"，或许会产生意想不到的效果。此外，参加积分制管理学术论坛、学习班、分享会等也有助于人们交流积分制管理经验，快速掌握积分制管理的精髓。通常情况下，交流学习法可分为以下两个步骤。

第一步，由经验丰富者启动交流。首先，由成功实施积分制管理并取得较好效果的企业的管理者代表分享自身在应用积分制管理模式方面的相关经验；然后，让这些企业的优秀员工代表谈一谈自身对于积分制管理的看法和感受，并由他们对将要交流的内容做适当的引导。

第二步，进行现场交流。参与交流的人员将自己在参加交流之前准备的对积分制管理体系中不太清楚、需要解答的问题提出，与大家交流探讨。

在使用交流学习法时，需要注意以下三点：（1）注意交流中语言的应用，使用幽默的语言可以使人更具有感染力，利于交流。（2）要注重对交流中关键内容的记忆和交流之后的及时总结。（3）交流学习是一个缓慢的过程，员工在学习的过程中一定要保持平和的心态。

（四）现场观摩法

"纸上得来终觉浅，绝知此事要躬行"，无论书本的描绘如何精彩、如何引人入胜，终究还是需要实践的考验和事实的验证。通过现场观摩，到企业中去、到员工中间去，管理者可以切身体会积分制管理在实际应用中的现实情况、真实效果和需要注意的问题，以及积分制管理在不同的场合、情境之下该如何应用，以真正做到心中有分寸、手里有尺度。通常情况下，现场观摩法可分为以下两个步骤。

第一步，现场观摩人员到达被观摩企业后，被观摩企业负责将本企业及观摩项目的相关资料发放到所有观摩人员手中。

第二步，由被观摩企业主要负责人简要介绍本企业及观摩项目的情况，待介绍结束后，带领观摩人员对观摩项目进行现场观摩，并对观人员观摩时提出的问题做出解答。

在使用现场观摩法时,需要注意以下三点:(1)被观摩企业的选择。应优先选择那些已经成功实施积分制管理多年,并与自身情况比较相似的企业。(2)保障观摩人员的人身安全。需要求员工在现场观摩和参加会议时听从安排,不得在规定区域外随意走动。(3)观摩人员人选的确定。企业需要确定参加观摩人员的数量和层次,以使观摩效果达到最大化。

第三节 心理学视角下的积分制管理

行为主义心理学创始人华生(J.B.Watson)认为,管理过程的实质是激励,即通过激励手段诱发人的行为,他把S(刺激)—R(反应)作为解释行为的公式(程许先,2017)。成功的管理是建立在对人性的透彻了解的基础之上的,是通过激励手段满足被管理者的心理需求,进而实现组织既定目标的活动过程。积分制管理是一种全方位的激励制度安排,它在深入了解人性的基础之上,通过积分对员工的行为和业绩进行量化考核,激发员工的热情,解决员工工作的原动力问题。相应地,积分制管理心理学建立在管理心理学的理论基础之上,它基于心理学的视角对积分制管理模式和方法进行"溯源",探讨积分制管理的内在规律,借此帮助管理者全面了解和掌握积分制管理的精髓。

一、积分制管理心理学的含义

积分制管理心理学基于心理学的视角,结合行为科学、人类学、社会学、管理学、经济学等学科的理论知识对积分制管理实践进行深入的研究,揭示人们在积分制管理过程中的心理活动和行为规律,为管理者正确运用积分制管理激发员工潜能提供理论和方法指导。积分制管理心理学的精髓可以用"人性""激励""导向""快乐"四个词来概括。

第一章 永恒不变的激励话题

（一）人性：积分制管理心理学的基石

近代英国经验论心理学思想家戴维·休谟（David Hume）说："我们承认人们有某种程度的自私；因为我们知道，自私是和人性不可分离的，并且是我们的组织和结构中所固有的"（关文运，1980）。社会之人，必有所欲，具体表现为食欲、情欲、利欲、名欲、权力欲等（张宽政，2013），这些潜在的欲望是人的行为的内在驱动力。古人云，"天下熙熙，皆为利来；天下攘攘，皆为利往"。身处社会中，每一个人的行为举止无不受"利欲"的驱动，具体表现为人的攀比心理及趋利避害等行为。积分制管理承认人性是自私的，每个人都有追逐功名的欲望，进而通过摸准员工的利益诉求点，有针对性地予以满足，从而激发员工的工作积极性。毫无疑问，人性是积分制管理的着力点，是积分制管理心理学的基石。

（二）激励：积分制管理心理学的焦点

何为管理？科学管理之父泰勒认为，"管理就是确切地知道你要别人干什么，并使他用最好的方法去干"。根据泰勒的观点，管理不仅仅是将管理者的目标导向准确地转达给被管理者，即被管理者目标导向的形成过程，而且还包括了激励被管理者所采用的方式手段。积分制管理主要是借助积分的奖扣所传递的管理信息对员工的工作、言行进行引导，以积分名次与各种福利相挂钩的形式对员工进行激励，最终实现企业管理的目的。从心理学的角度看，积分制管理始终聚焦于员工激励。在实际操作中，积分制管理通过奖分的方式调动了员工工作的原动力；"积分不清零，永远有效"的计分模式实现了员工与企业同命运、共发展；管理中倡导"多表扬，少批评"的激励方式充分顾及了员工的"面子"，有效地解决了企业管理中的激励难题。

（三）导向：积分制管理心理学的应用方法

人生而有之的人性是人的本源所在，是人区别于其他生物的特性，是所有人普遍具有的属性。人心，指人的心地、人们的情绪与愿望等（张建国，2010）。人性与人心彼此交融，却又独立存在。对管理学来说，对人性的假设是其最基础的理论假设。因为在管理中，管理者所采取的行动都由其对人性的认知和其自身的人性所决定。正如埃德加·沙因所说，人性假设在很大程度上决定了组织对于激励、报酬和其他人事问题的政策。因此，要改进管理，就要从人性的源头上进行思考。而人心为人性基础之上的意识建设的结果，容易受外在环境的影响，所以每个人所处的环境的差异导致了人心各异。人性亘古不变，而人心却时刻变化着，二者相互作用，共同支配着人的行为。

企业对员工工作行为进行引导时，应将重点置于准确地了解员工的心理，这样才能更好地把握员工的行为，其中一个重要的途径就是签订心理契约。心理契约是个体和组织间的内隐协议，协议中指明了一方希望另一方付出的内容和可以获得的内容。心理契约理论作为理解员工态度和行为的核心要素（Neil Conway et al.，2002），对理解员工与组织的雇佣关系有着重大的贡献（Aaron Cohen，2012），而实施基于心理学视角的积分制管理对巩固雇佣关系大有裨益。违背心理契约会破坏建立雇佣关系的基础，当员工感知到组织未充分履行责任时，会直接降低工作满意度，进而采取相应的行为选择策略。企业管理者应对心理契约的作用机制有所认识并予以关注。

随着积分制管理模式的实施，企业员工的心理和行为会逐渐改善和优化，这时需要企业对积分项目等进行相应的调整，以适应员工新的需求。积分制管理心理学主要是从心理学的角度剖析积分制管理引导员工行为的内在机理，在此基础之上总结出影响员工行为导向的应用方法，即通过了解积分制管理当中员工的心理变化规律，进而正确运用积分来引导员工的行为。

（四）快乐：积分制管理心理学的研究目的

追求快乐是人的天性，这源于人们趋乐避苦的本能。一个成功的管理者不仅需要洞察人性，而且应该掌握丰富的心理学知识。在管理活动中关注员工的心理，从员工的心理出发，让管理回归人性，这是最有效的管理方法，也是管理的最高境界。积分制管理不是通过条条框框的积分（奖分和扣分）规则对员工进行"束缚"，而是通过建立一个积分挣分平台，让员工的所有努力都可以获得相应积分，让其感到得到了企业的肯定，满足员工心理诉求。

企业的第一挑战来自于人才。当今社会，人才竞争日益激烈，我们已经进入了争夺人心的"心"时代。经营企业就是经营人心，得人心者可以得天下、得财富。那么，怎样才能得到人心呢？幸福，只有幸福才是赢得人心的"吸铁石"，幸福就是生产力和核心竞争力。因此，发展幸福企业（即实现员工快乐工作、企业与员工共同富裕和共同发展、企业受人尊敬和健康"长寿"，从而满足员工不断增长的幸福需要的企业）的趋势已势不可挡（卢俊卿，2014）。积分制管理中的"快乐会议"及各种激励方案的实施，有利于把员工积极工作的情绪调动起来，让他们体会到"人人皆可为尧舜"，命运掌握在自己手中的感觉，从而产生幸福感和归属感。因此，积分制管理有助于企业管理层将幸福企业的管理理念落到实处。

二、作为管理者，你需要掌握积分制管理

企业规模扩大到一定程度后往往会面临效率低下、部门间相互推诿不愿承担责任、员工抱怨增加等问题。这些问题在初具规模的民营企业中尤为常见，即通常人们所说的企业"管理瓶颈"现象。按理说，企业的领导者应该将注意力放在企业战略层面上，而在这种情况下，企业的领导者需要花费更多的精力来协调部门间的工作，加强决策的执行监督力度，以致严重分散了管理层的注意力。

积分制管理的出现为企业的发展注入了新的活力，它可以有效地解决企业管理面临的"瓶颈问题"。而要正确地使用积分制管理，每一位领导者都需要从心理学的角度理解它的运行原理。因此,掌握好积分制管理心理学,才可以真正开辟出一条管理新途径,充分地发挥积分制管理的作用。掌握积分制管理心理学对领导者来说具有以下几方面好处。

(一)企业选人、用人要知心

世界上最复杂的事情莫过于"人事",领导者最头疼的工作莫过于"管人"。在一个组织中,无论是管人、管事,还是管钱、管发展,其本质都是"人"的问题。人管得到位了,领导自然就成功了(杨莉,2012)。客观地说,人管不好,通常是领导者没有掌握好识人、用人的技巧。积分制管理通过软件系统记录员工的基本信息、工作状况及外在行为等海量数据,通过大数据技术,将员工的特点进行量化,形成"人才画像",从而帮助管理者识人、用人。人是复杂多变的,因此仅仅依靠软件系统刻画出来的信息进行人才管理是远远不够的,管理者还需要掌握一定的心理学知识。而积分制管理心理学根据积分制的实际运用情况,从心理学的角度全面剖析员工的心理活动,为领导者选人、用人提供了内在的理论依据。

(二)企业管理效率提升的利器

毫无疑问,企业的领导者能够从普通大众之中脱颖而出,必然有着他人无法企及的优点,这些优点或体现于业务技能,或体现于管理能力,抑或体现于对人性的洞察深度。在企业的日常管理活动中,领导者或多或少知晓管理心理学并在日常管理工作中有所运用。但是,大多数的领导者并未从理论上系统地掌握管理心理学的精髓。积分制管理是建立在对人性的洞察的基础之上的,因此企业运用积分制管理心理学对员工进行管理时,对领导者的管理心理学掌握程度有着相对更高的要求。积分制管理在实际应用中通过积分实现人际关系的调整和激励动机的调动,进而增强组织凝聚力,提升企业的管理效率,实现企业效益的最大化。可以说,积分制管理心理学对企业日常的经验管理而言，就好比是润滑剂对机器一样重要，掌握了它，领导者才能在企业管理中游刃有余地运用积分制。

（三）高效领导者领导艺术的必备知识

领导者在组织中扮演着生产者、工作任务指挥者和协调者的角色，他们与员工之间除了具有一般的生产关系之外，还存在着社会关系。因此，在不影响自身与员工社会关系的前提下处理好工作中的生产关系，对于领导者来说是一门艺术。西方管理心理学认为，一个高效的领导者必须能够根据不同的情况，采用不同的管理模式。用通俗的话说就是，"制度是死的，人是活的"，就事论事有时候不仅达不到预期的效果，反而会破坏领导者与员工的关系。情景理论认为，领导的效率如何，既不取决于领导者个人的品质、才能，也不取决于某种固定不变的领导行为模式，而是取决于领导者所处的具体环境，也就是取决于领导者、被领导者和环境条件这三者的具体配合（刘毅等，2003）。通过积分奖扣条例，积分制管理将工作、生活中的场景进行了情景化，领导者可以根据不同的场景对员工的积分进行奖扣。此外，积分制管理执行过程中对个别事项设立了奖扣分区间，具体分值由领导者根据现场情景按照不同的奖扣分标准进行奖扣。但是，到底该奖扣多少分，即奖扣分值的把握，建立在领导者对人性的理解之上。换而言之，应用积分制进行管理之前，领导者必须具备一定的管理心理学知识。

参 考 文 献

[1] AARON COHEN. The relationship between individual values and psychological contracts, values and psychological contracts[J]. Journal of managerial psychology, 2012, 27(3): 283-301.

[2] NEIL CONWAY, ROB B BRINER. A daily diary study of affective

responses to psychological contract breach and exceeded promises[J]. Journal of organizational behavior, 2002, 23: 287-302.

[3] 埃德加·沙因. 组织心理学 [M]. 马红宇, 王斌, 译. 北京: 中国人民大学出版社, 2009.

[4] 陈怡. 浅谈"以人为本"的人力资源管理 [J]. 中国外资月刊, 2011（06）: 250-250.

[5] 程许先. 积分制管理在企业绩效评估中的应用 [J]. 商场现代化, 2017（15）: 129-130.

[6] 迟帅, 金银. 新生代农民工群体特征研究 [J]. 当代青年研究, 2012（05）: 76-80.

[7] 方杰. 人力资源管理中的非金钱激励 [J]. 企业改革与管理, 2013（06）: 56-57.

[8] 弗雷德里克·泰勒. 科学管理原理 [M]. 北京: 科学出版社, 1980: 157.

[9] 高贤峰, 李永春. 现代组织行为学 [M]. 北京: 中国财政经济出版社, 1997: 69.

[10] 何成森. 孔子、孟子激励观述评 [J]. 安徽农业大学学报（社科版）, 1997（01）: 42-44.

[11] 李长军, 尹涛. 浅析积分制管理与企业实践 [J]. 企业管理, 2016（S2）: 414-415.

[12] 卢俊卿. 幸福企业才是最好的企业 [M]. 3版. 北京: 北京大学出版社, 2014.

[13] 李荣. 积分制管理: 创造广告界奇迹 [J]. 广告大观（综合版）, 2010（09）: 68.

[14] 李荣, 聂志柏. 中国积分制管理 [M]. 武汉: 长江出版社, 2014: 288.

[15] 李荣，张广科. 积分制管理概论 [M]. 北京：清华大学出版社，2017：3.

[16] 李荣，张广科. 积分制管理概论 [M]. 北京：清华大学出版社，2017：8.

[17] 刘聪. 企业社工干预员工离职问题探索——基于泉州JY公司的案例 [D]. 福州：福建师范大学，2013.

[18] 刘良军. 以积分制管理促进员工忠诚度 [J]. 企业文明，2015（01）：66-67.

[19] 刘文军. 略论企业研发人员激励的策略组合 [J]. 技术经济与管理，2009（04）：57-59.

[20] 刘毅，王国庆，何爱民. 管理心理学 [M]. 成都：四川大学出版社，2003：276.

[21] 刘正周. 管理激励 [M]. 上海：上海财经大学出版社，1998：20.

[22] 陆阳，庄新田. 金融企业激励与风险管理 [M]. 北京：北京大学出版社，2012：5.

[23] 秦尊文，徐志宽，彭雪莲. 一种新的绩效管理模式——对企业积分制管理的研究与思考 [J]. 湖北社会科学，2017（02）：70-76.

[24] 沈俊. 爱尔维修自爱说述评 [J]. 阜阳师范学院（社会科学版），1998（03）：43-45.

[25] 滕飞. 优秀中层这样当 [M]. 北京：中国华侨出版社，2013：85.

[26] 王昌林. 企业授权激励与物质激励 [J]. 重庆工商大学学报（社会科学版），2006：68-71.

[27] 杨莉. 选人用人提拔人 [M]. 北京：中国纺织出版社，2012：1.

[28]（英）休谟. 人性论 [M]. 关文运，译. 北京：商务印书馆，1980：625.

[29] 袁闯. 管理宝典：管子与中国文化 [M]. 开封：河南大学出版社，

1998：70.

[30] 尹振杰. 积分制管理在工程监理企业管理中的应用研究 [D]. 南宁：广西大学，2018.

[31] 俞文钊. 现代激励理论与应用 [M]. 大连：东北财经大学出版社，2006：70.

[32] 张克磊. 浅析国有企业员工激励机制 [J]. 人力资源管理，2014（11）：256.

[33] 张宽政. 人性论 [M]. 北京：线装书局，2013：61.

[34] 张向前. 领导应当学会授权艺术——从诸葛亮不善授权说起 [J]. 管理科学文摘，2003（03）：48-49.

[35] 邹碧海. 实用管理心理学 [M]. 重庆：重庆大学出版社，2009：15.

第二章 基于人性假设的积分制管理

管理是协调他人的活动并实现组织目标的过程（钟立娟，2006）。由于每个人的情绪、感情、欲望各不相同，因而产生了各种不同的管理形态。从古到今，任何一种管理方法、管理制度、管理理论都自觉或不自觉、明确或潜在地以某种人性假说作为基础。可以说，管理与人性密不可分，管理建立在对人性的认识之上。因此，企业在日常管理活动中对人性不可不察，而积分制管理也正是基于此产生和发展起来的。

第一节 人性自私，我承认

为什么有些人总是爱占别人的便宜？为什么有些人总是在别人背后"捅刀子"？为什么有些人总是见利忘义？自私的基因难道是与生俱来的吗？从古至今，对于"自私是人的天性"这一观点的辩驳之词从未停止过，有人说，自私是万恶之源；也有人说，自私推动着社会的进步。到底何为自私？我们是该"消灭"自私？还是该承认人性生来自私，从而利用好自私的人性？这些问题非常值得我们深思。

一、自私的"基因"

在谈及人的自私行为时，古希腊喜剧作家普劳图斯说道："每个人都应照顾自己的利益，这是最简单的道理。"而法国著名的启蒙思想家伏尔泰在解读个人的行为时，也感慨道："自私是永远存在的。"或许，人生来就带有自私的天性。如果我们无法将自私的"基因"剥离，那么不如承认它存在的合理性。理解这一点，对于企业的管理者来说尤为重要。

（一）自私的真相

何谓自私？从狭义上理解，自私可以简单地解释为"看重个人利益，不顾他人利益"（《现代汉语词典》），这也是我们生活中常见的对自私的理解。但从广义上来说，自私是人们基于个人的需求做出的行为。由此可以看出，两者最大的差别在于：前者是指面临个人利益与他人利益冲突时，个体尽管在行动前已经意识到了自己的行为可能会损坏别人的利益，但仍为了自己的利益不择手段；而后者泛指个体为了满足自身的需求所做出的所有行为，而不管其做出这些行为时有无意识。

生活中很多被我们称之为自私的行为，如"不扶老人""路遇小偷，视而不见"等，并没有包含"损人"的成分。换句话来说，这些行为并不符合狭义的自私的概念，但是我们仍旧将它们归为自私行为，认为做出这些行为的人都是自私的。相反，有些"损人利己"的行为却并不一定被人视为自私的行为。比如，某人出于利己目的随手扔了一个香蕉皮，恰巧绊倒了被警察追捕的歹徒，这样的行为符合自私的狭义概念，人们却根据这一行为的结果视其为"见义勇为"的举动，认为此人值得嘉奖。可见，"自私"的狭义概念具有一定的局限性。因此，为了更好地诠释自私行为，本书中所提及的自私均指广义的自私。

（二）趋利避害：自私的本源

1. 趋利避害的本质

趋利避害，即"趋向有利的一面，避开有害的一面"。其中，"利"可以概括为"需要待满足，是人心之所喜爱，行动之所趋"；"害"特指"人心之所恶、所畏惧的，行动之所避"（李春民，2005）。趋利避害不仅是人的本能，也是一切动物与生俱来的本能。所有动物都有求生的欲望，趋利有助于个体获得生存下去的资源，避害可以使得个体的生命得以延续。只不过与动物相比，人类的趋利避害行为具有主观意识，表现得也更为彻底、更为理性。从这个意义上讲，趋利避害、维持个体的存在是动物产生一切行为的潜在的最大驱动力，是动物最本质的需求。因此，基于本能的趋利避害行为不能直接与人的"善恶价值观"直接挂钩。那些直接将"趋利避害"视为万恶根源的人显然并没有意识到趋利避害产生的根源，他们批判的是糅合了人类社会价值动机和判断的"趋利避害"

行为。那么，我们又该怎么看待"趋利避害"本能上衍生出来的行为呢？

2. 趋利避害的进化结果——自私

正如其他动物一样，人类趋利避害的行为也是由对死亡的恐惧及对生存的渴求开始的。在人类漫长的进化史中，人类和其他动物一样面临着捕食者及自然灾害的威胁，出于求生的本能，人类本能地躲避潜在的危险，追求更为优越的生存环境，由此产生的行为都是对外界自然环境产生的本能反应，并没有夹带着社会动机。

随着社会生产力的发展和科学技术的进步，人类面临的外部威胁已经极大地被弱化。当人与自然的生存关系渐趋稳定之后，人与人之间的竞争关系就变得日益显著。简单地说，当外部自然环境威胁被弱化之后，获得更多的物质财富和资源成为每一个个体关注的焦点问题。从根本上来说，资源的有限性与欲望的无限性之间的矛盾导致了人与人之间的相互竞争。在这种情况下，人的"趋利避害"行为更多地表现为物质生活方面（乃至精神生活方面）的利己行为，而当个体已经意识到追逐个人利益会损害他人利益却仍不择手段时，其行为便是我们日常所说的"自私"行为了。可见，自私因趋利避害而生，本身并没有所谓的"善恶"之分，真正把自私带入"恶"的方面则是个体的意识，与人的本性无关。

"天下熙熙，皆为利来；天下攘攘，皆为利往"，在商业竞争中，人性自私的一面表现得尤为明显，各个主体都在追求自己的利益。但在日常生活中，人们违背趋利避害的本能，做出利他行为的现象也并不少见，如捐款、见义勇为。这些行为是否和人性的自私相矛盾？实则不然，利他的本质也是自私。人作为社会化的动物，利他行为能让个体更好地融入群体，而且，个体在做出利他行为时，也会产生愉悦感。因此，我们首先必须承认，人的所有行为，哪怕再高级、再伟大，都能够被还原到生物性上，因为这是基础。人对于不同的关系，采取不同的方式，该自私的时候自私，当利他的时候利他，所有行为的目的都是在追求利益

第二章 基于人性假设的积分制管理

最大化。零和博弈时自私，正和博弈时利他，因时而异，因人而异。

（三）否定还是承认人性自私

明末清初思想家黄宗羲在《明夷待访录·原君》开篇提到："有生之初，人各自私也，人各自利也"，直接阐明了人生来就带有自私的天性。18世纪时，法国启蒙思想家卢梭在《爱弥儿》中也提到："人类天生的唯一无二的欲念是自爱，也就是广义上说的自私。"但是，有一部分人认为人性本不自私，自私是随着私有制而产生的，并不是天生的。那么，自私到底是不是人的本性？我们到底该不该承认人性自私？

或许是因为"人不为己，天诛地灭"的观念过于极端，抑或是因为生活中损人利己的自私行为太过常见，人们一提到自私，内心就会直接将其判定为"人性之恶"，甚至认为"自私"只能利己，不可能利他。如此说来，自私这种"邪恶"的本性不应该为高尚的人所有，故大家不承认或者不愿意承认人性自私，也就不足为怪了。然而，如同前文所述，自私本无"善恶"之分，人都有利己的动机，主观的利己行为并不都是建立在个体不顾他人利益的基础之上的，至于行为的后果造成的他人利益受损并不是个体做出合理利己行为的初衷。

将自私的根源归于私有制，这种看法表面上是正确的，至少从狭义的自私概念来说，确实如此。但是，狭义地看待自私行为终究是不全面的。此外，难道"天下为公"的制度环境下就不会存在自私的行为了吗？其实不然，人都有一定的惰性，都渴望不劳而获，而且"大锅饭"的公平分配方式也会助长一些人的机会主义行为，催生自私行为。自私在私有制中表现得更为明显，其根源并不是私有制，而是人类趋利避害的天性。

如果说自私是人性的弱点，则承认人的自私性是正确认识"人性弱点"的开始，也是改造"人性弱点"的起点。承认人的自私性，并不是意味着要大力弘扬损人利己的行为，而是鼓励人在采取利己行为时维护他人的利益，不得损公肥私。认识人性自私的动机，承认人性的自私，其根本目的在于引导人的行为向善良的方向发展。在企业管理中，积分制管理的理念并不规避人性自私问题，恰好相反的是，它在承认人性自私的假设基础之上，否定损人利己行为，肯定并鼓励员工利己利公的行为。

二、自私的效应

自私到底能给个体带来什么？又能给这个社会带来什么？如前文所述，自私是趋利避害天性的进化物，其产生的首要目的在于获得生命的延续，这是自私行为最基本的效应。除此之外，随着人类社会的发展，在个体不同的主观意识指导下，人的自私行为趋向复杂化。一方面，个体的自私行为在欲望驱使下，直接导致"拜金主义""唯利是图"风气盛行，危害集体和社会利益；另一方面，在一定程度上合理的自私行为又推动着社会的进步发展。

（一）精致的利己主义者

趋乐避苦、自爱自保是人的天性，人在采取行动时会自觉地遵从个人利益，因而利己之心的存在是合理的。当然，这并不是说我们认可所有的自私行为。对于全然不顾他人的利己行为，我们是坚决反对的，尤其是精致的利己主义者做出的极端利己行为。那么，何谓精致的利己主义者呢？

2008年，北大中文系钱理群教授在北京大学110周年民间纪念会上发表演讲时提到："我们现在的教育，特别是我刚才说的，实用主义、实利主义、虚无主义的教育，正在培养出一批，我概括为'绝对的、精致的利己主义者'，这是什么意思呢，所谓绝对的利己主义者，就是一己利益成为他们言行的直接驱动力，为他人做事，是一种投资。所谓'精致'指什么呢？他们有很高的智商、很好的教养，所做的一切都合理合法，无可挑剔，他们惊人地世故、老到、老成，故意做出忠诚姿态，很懂得配合、表演，很懂得利用体制的力量来达成自己的目的。"按照钱教授的定义,所谓的精致利己主义者是指那些经过精心打扮,竭尽全力追求个人利益的学生(焦迎娜,苏春景,2019)。由此进一步延伸,更为广义的精致利己主义者可以理解为:通过伪装掩盖自己真实的意图,以合理合法的手段,有意侵害他人或集体、国家和人类社会整体的正当权益而谋求一己狭隘权益的人。比起一般的利己主义者,精致利己主义者不仅难以察觉,对社会的危害也更为严重。

一个理性的利己主义者,通常不会肆意行动,他会考虑所采取的行为所引致的后果,即该行为的机会成本。倘若他的行为会招致其他人对他的不满,引发对他不友好,甚至抵制,也就是说,他获得个人利益的成本很高。这样一来,便与他利己的目的相悖,也就不符合利己主义者"锱铢必较"的特征了。因此,虽然一般的利己行为对社会有所危害,但是这种可以被人觉察到的行为会引发他人抵制,极大地降低了利己行为的危害程度。

然而,与一般的利己主义者相比,精致的利己主义者往往戴有一副精美的面具,他们精于表演、精于应对、精心钻研、精明算计,他们的行为难以察觉。更有甚者,能够以精妙的伪装赢得他人的认可与支持,让他人在不知不觉中成为他的"帮凶"。此外,从精致的利己主义者的行为来看,他们往往了解规则、善用规则,行动隐蔽,手段合理合法,因此,虽然他们的行为损害了他人的利益,受害者却无法通过相应的法律手段对他们进行惩处。这时,消除精致的利己行为的危害只能靠他们内心的道德底线。然而不幸的是,他们似乎并不存在所谓的道德底线。

例证 2-1 江歌案——自私冷漠比杀人更令人唾弃

2016年11月的一个凌晨,在日本留学的青岛女孩江歌在东京中野区的公寓门前被杀,犯罪嫌疑人是其室友刘鑫的前男友陈世峰。凶案发生时，刘鑫先江歌一步进门得以幸存，江歌在门口被杀害。

回顾案发经过，当陈世峰的刀子砍向江歌时，刘鑫在屋内听到江歌的呼救声，不仅不开门，还从里面把门紧紧反锁。凶案发生后，刘鑫百般撇清自己的责任，对江歌的母亲避而不见。她不但不出席江歌的葬礼，不致哀感恩，甚至拉黑了江歌母亲的微信，并威胁对方若继续在微博上爆料，就不再配合警方的调查。

虽然从法律的角度看，杀人犯不是刘鑫，她的冷漠和自私却刷低了我们对人性的认知下限，射穿了人们心中的道德底线。

（本案例源于网络并经作者加工整理）

（二）主观为己，客观利公

不可否认，产生精致的利己主义者的根源在于人类自私的天性，但是从"利己"到"精致的利己主义"这一跨越的关键环节在于个人的利益价值追求观，而利益价值追求观是由人的社会生活环境所塑造的。自私之心、追求个人利益驱动着人的行为，但是这些主观的行为并不都是损人利己的，有些行为是利己利公的，可以对社会的发展起到积极的推动作用。

在经济学理论中，"理性人"假设是一个非常重要的假设条件，它是对亚当·斯密的"经济人"假设的延续。"理性人"假设认为，当社会生活中的个体不受感情的影响，理智地追求自身经济利益的最大化时，在市场规律的作用下，社会资源会得到最优化的配置。"理性人"有两个特点：一是自私，即人们的行为的最大目的是利己；二是完全理性，即每个人都趋利避害地对即将面临的方法与目标进行选择（高鸿业，2011）。虽然社会生活中并不存在"理性人"，但不容置疑的是，自私行为存在一定的"外部效应"，即个人的利己行为和利公效果并不一定是对立的，某些利己行为甚至还具有利公的效果。需要指出的是，这里所说的自私和社会生活中人们所说的自私行为并不一致。这里的自私是在符合社会法律法规、道德行为准则的情况下，个人为了实现自身利益的最大化而采取的行动。或许这些行动对于个别人来说，其效果并不是最好的，甚至还会影响到他们的利益，却能够提高整个集体的效益。比如，公司内部规定只奖励贡献最突出的个人，此时某人为了获得这个奖励，选择加班加点地工作。因为奖励仅限于一个人，此人获得奖励意味着"损害"其他人的利益。可见，出于利己的动机，在私下采用合理的方式谋取个人利益并不意味着损害集体的利益。因此，在解读人的行为时，不能直接将人的合理的利己行为判定为违背道德，进而一概而论地否定自私行为。

三、积分制管理：化私为公

从某种意义上来说，管理学即人学，管理学就是经营人的科学（聂志柏，2017）。因此，对于人性的探索，对于"私心"的正确理解，是有效激励员工的基础。自私既然是人的天性，我们便不可能从根本上将它消灭掉。承认人的"私心"的合理性，正确分辨和利用人的合理利己行为是企业管理中关于激励的一项重要内容，积分制管理方法便是从人性出发，深入揣摩和洞察"私心"的一套合理的科学管理方法。

（一）积分制管理的人性观点

这个世界上的每一个人都是自然属性和社会属性的统一体。就自然属性来说，人和其他动物一样，都具有趋利避害行为以及吃、穿、住、行、性等本能需求。此外，人是生活在关系之中的。无论是谁，只要具有健全的感知能力，就无法否定自身社会关系存在的现实性（阎刚，1999），这就是人的社会属性。社会属性是人区别于其他动物的根本特征。

在人的自然属性中，趋利避害是人的本能，每个人都有维持个体生命的欲望。心理学研究表明，欲望是驱动人一切行动的原动力。从根本上说，欲望本无善恶之分，实现欲望的方式却有善恶之别。谈及人性时，不同于孟子的"性善论",荀子认为"人性本恶",主张人不经过教养是不会向善的。然而,无论是"性善论"还是"性恶论",需要说明的重要的一点是人性的"善""恶"到底从何而来。从根本上说,人的自然属性本无善恶之分。善恶源于人趋利避害时所采取的行为,因此我们不能简单地从善恶的观点去看待趋利避害衍生出来的"私心"。但是,自古以来,在管理学中,人们却往往做不到公开正视和承认人的私心(马晓璐,2012)。

只要是人,就要生存,就有欲望,就有私心。私心固然是万恶的根源,但它也是个人积极进取的内在推动力。事实上,人类社会正是在个体和群体合理地为达成自己或集体的欲望而采取行动的驱动下,不断地向前发展的。难以想象,倘若没有了利己之心的心理驱动,还有什么能够使人积极努力工作呢?以时下比较流行的"佛系青年"为例,作为国家发展的中坚力量,他们凡事崇尚"随遇而安,事事平常心",没有梦想、没有欲望、克制消费、勉强活着是他们的生活常态。试想,若所有人都这么"佛系",国家还有未来可言吗?因此,对于我们自身来说,首先要具备生存下去的欲望,有了欲望就有私心。存在私心并不可怕,可怕的是没有合理的私心,以及不知道如何管理自己的私心。

(二)积分制管理的制度设计

积分制管理作为一套科学、实用的管理方法,其最大的特点就是从人性出发进行制度设计。那么,积分制管理的制度设计是如何体现"人性自私"的呢?主要包括以下几点。

1. 利用私心,激发干劲

积分制管理区别于其他管理方法的一个特点是,它不仅在工作中点对点地认可员工的有效劳动,还对员工日常生活中助人为乐等点点滴滴的正能量行为给予认可,紧紧地将员工的个人利益与集体利益结合在一起。在承认人存在"私心"的基础上,积分制管理模式设计了"积分不

第二章 基于人性假设的积分制管理

清零""积分动态调整"等关联积分和员工利益的管理机制和放大机制,形成了员工和企业的利益共同体(李荣等,2017)。

在积分制管理模式下的积分与各种福利挂钩,与员工的利益密切相关。员工想要获得各种奖励,必须时刻保持自身积分的排名优势。积分永久有效体现了企业对员工的长期付出的认可;动态调整机制反映的是企业对员工在某一时期、某一方面付出的认可。这种动态的排名机制可以激发员工的"私心",进而使其产生无穷的力量。

2. 积分奖惩,引导自私

人的私心可以分成三种:第一种,利己利人,如员工积极主动地帮助同一小组的同事完成生产任务,不仅利己,对他人也有益处;第二种,损人利己,如在工作中占其他员工的便宜、窃取公司商业机密、欺骗客户等;第三种,利己无害他人,如为了提高自己的能力,参加学习班、技能认证考试等。在积分制管理中,正视和承认员工的"私心"并非准许员工做出"损人利己"的行为,而是提倡员工做出"利己利人""利己无害他人"的行为。因此,只要员工的行为确实增进了他人、集体、社会的利益,无论其行为是出于"私心"还是"公心",积分制管理制度都会通过奖分给予认可,鼓励其积极向上,多做有益的事;对于员工损人利己的行为则会进行相应的"扣分",通过扣分的方式起到警示员工的作用,在此基础上配合其他惩处手段解决员工假公济私、损公肥己等投机行为。

3. 监督奖扣分权力,约束管理者的私心

在积分制管理中,积分奖扣标准不仅按照企业的整体状况设置了执行参考标准,而且还赋予了管理者一定的奖扣分浮动范围。这种人性化的设计方式充分地考虑到了某些具体工作的特殊性,有助于激励员工的积极性。但是,管理者也有私心,也有可能滥用自己的奖扣分权力,因此,积分制管理根据奖扣分标准规定了不同层次管理人员的奖扣分权限标准和奖扣分任务。例如，一个经理单次的最高奖扣分权限为 30 分，每天至少要完成 3 人次的奖扣分任务，每周需要完成奖分 200 分、扣分 20 分的奖扣分任务（李荣，2017）。管理人员如果没有完成任务，也会受到相应的扣分惩罚。

第二节　积分排名与攀比

攀比源于对比，有对比则知不足、知羞耻，然后才见贤思齐，甚至超越他人。攀比之心，人皆有之，有的人深陷其中无法自拔，有的人泰然处之。人为什么要攀比？攀比又有什么作用？说到底，人们的所有努力都是为了使自己过得更好，攀比只不过是这一目的的具体体现。积分制管理将员工积分进行排名，借用员工的攀比心理，进而提高企业效益。

一、争强好胜，攀比无处不在

俗话说，"人往高处走，水往低处流"，向高处看、跟高处的人比是人之常情，有了对比才知不足，才有前进的目标。在实际生活中，每个人都渴望证明自己、展现自己，获得他人的赞扬。在争强好胜的心理驱动下，人们总是在经意或不经意地和别人攀比。那么，我们应该如何看待攀比行为呢？

（一）自然法则：争强好胜，优胜劣汰

在弱肉强食的丛林法则之下，许多动物种群中的弱者在谋求生存的搏斗或逃生中被自然无情地淘汰掉，人作为一种高级动物，也逃离不了"物竞天择，适者生存，优胜劣汰"的自然规律。

人类在发展早期并不处在食物链的顶端，人类的生命安全时刻受到狮子、老虎、熊等肉食动物的威胁，而动物捕猎时不可能将全部猎物杀死，只会猎杀其中较为弱小的，因此，只有身强力壮、跑得比其他人更快的才能存活下去。

时至今日，虽然人类的生命基本不再受到其他动物的威胁，但是竞争的基因深刻地留存了下来并通过攀比等行为表现出来。所谓的攀比，是指人将自己的具体情况和条件与他人（或者群体）相比之后，采取措施拉近或扩大差距的行为。从动物行为角度来看，攀比是展示个体能力的一种表现形式，是种群个体之间的一种竞争行为。最初的攀比是动物求生本能驱动之下的一种行为，并没有所谓的好坏之分。

（二）欲壑难填：攀比的动力

正是人的生存需求，把人逼上贡献取酬的劳动道路；正是人的进取欲望，把人推上显露才能的竞争轨道；正是人的利己本性，把人卷进攀比的沉浮漩涡（刘志斌，2005）。生活的累，一半源于生存，一半源于欲壑难填。当人类摆脱生存的困境时，能够"囚禁"其自我的便是永无止境的欲望了。攀比行为由求生本能驱动下的种群竞争行为衍生而来，而人的欲望是其永存的动力。

攀比是一种比较常见的心理现象。从日常生活来看，攀比通常以"自我意识"和"虚荣心"为基础。"自我意识"和"虚荣心"较强的人，具有追求虚荣、想要引起他人普遍注意等不正常的社会情感和心理状态，表现在行动上则是盲目攀比、好大喜功；过分看重别人的评价；追求"别人有的我要有，别人没有的、时尚的东西我也要有"，以显示自己和他人享有"公平"的待遇，甚至比他人更好，从而获得心理满足等。在心理学中，攀比心理被界定为偏负性的心理特征，即个体发现自身与参照个体发生偏差时产生负面情绪的心理过程。通常，产生攀比心理的个体与被选作参照的个体之间往往具有极大的相似性，导致前者过分夸大被尊重的需要，虚荣动机增强，甚至产生极端的心理障碍和行为（马剑涛，2010）。在期待他人认可自我的心理驱动及获取更多物质财富的欲望之下，每个人都自觉或者不自觉地产生攀比行为。简单地说，人的欲望和需求是攀比行为的内在驱动力。

（三）攀比无处不在

生活在这个社会上，每个人能力各异，所处的环境各不相同，奋斗成果和生活条件也千差万别，这在客观上给人们提供了攀比的参照系。每个人都有比较之心，都会以他人作为比较对象来评估自己各个方面的情况，也都会或多或少地感受、参与、纠结于攀比。可以说，凡是人所拥有的东西，都会使人不自觉地产生攀比心理；凡是有意识的人，都会不自觉地将自己与他人进行对比。

攀比在我们的生活中无处不在，如女人之间互相攀比自己的先生和孩子；男人之间互相攀比职务高低、面子大小；小孩之间互相攀比谁的玩具多、谁的父母更有钱；同学之间互相攀比衣着、成绩高低；员工之间相互攀比工资、年终奖金；家庭之间互相攀比房子、车子；等等。近年来，随着网络的发展和全面普及，不知不觉中，一些人的攀比行为已经从现实世界转移到了网络世界，他们在微博、朋友圈、QQ空间"晒"自己的各种"光辉事迹"，如美食、豪车、房子、出国游、收入。互相攀比的行为已经深入社会生活的各个领域，无论是否对此有所察觉，我们都无可避免地参与其中。

二、攀比效应

英国教育学家赫伯特·斯宾塞说："攀比无所谓对错，要看攀比的内容是什么。如果互相攀比学习、能力等，就会促使人上进；如果比吃、穿、用的档次，就会导致人颓废。"攀比犹如一把双刃剑，利刃是否伤人全在于持剑人的行动。正视攀比效应是正确对待攀比行为的前提。那么，攀比效应有哪些呢？

（一）攀比行为的正向效应

攀比属于比较方法的一种，它与其他比较方法的不同之处在于，攀

第二章 基于人性假设的积分制管理

比是向上比,而不是向下比(林昭棠,1988)。不甘人后、积极向上是正常、普遍的社会心理现象。费斯廷格的社会比较理论认为:人们有一种需要,即知道自己的观点正确与否、合适与否,以及对自己能力的大小做出评价。但是,很多时候并不存在那种可以赖以判断和评价自己的客观标准和手段,这时人们就通过把自己的观点、能力以及自我的其他各个方面与他人进行比较来评价自己(余丽琳,1989)。因此,人与人之间通过攀比认识自我就属于正常的现象了。

毫无疑问,社会生活中,每个人都渴望自己过得更好,希望自己能够有所进步,获得他人的尊重和认可。在理性意识驱使下的正面积极的攀比,往往能够引发个人积极的竞争欲望,产生克服困难的动力,产生正向的攀比效应。在企业的日常经营管理中,通过树立典型,鼓励他人向优秀员工看齐,激励员工奋发上进,进而提高企业的生产效率,这就是一种正向的攀比行为效应。倘若人们安于现状,甘做井底之蛙,何谈进步?因此,我们应该认可并鼓励人们在理性意识下进行攀比,找差距、补差距、共进步,推动个人与社会的健康发展。

(二)攀比行为的负向效应

在这个物欲横流的世界里,追名逐利、争强好胜、盲目攀比之风盛行,引发的负向效应正在侵蚀着人们的心灵,使人们陷入思维的死角,产生巨大的精神压力,导致自我评价极端化。盲目攀比最大的问题在于使个体缺乏对自身和周围环境的理性分析,一味地沉溺于攀比之中无法自拔,对人对己都极为不利。大多数盲目攀比者都是拿自己的缺点和别人的优点比,拿自己的弱项对抗别人的强项,甚至拿自己和多人比较,如和张三比学历、和李四比业绩、和王五比收入等。可是,"金无足赤,人无完人",这么比较下来,结果必定是处处不如人。比不上别人时,个体就会烦恼自己的运气没有他人好,抱怨自己的工作没有他人好,怨恨自己没有他人那样的机会,等等,引发的消极情绪没完没了,心情永远处于低落的状态,以致影响正常的工作和生活。

大体上,盲目攀比的危害主要有如下三点:(1)盲目攀比会导致强烈的嫉妒心理,让人失去理智、失去爱心,甚至生出诋毁他人之心,最终造成个人人生价值观的扭曲,害了自己,也害了别人。(2)盲目跟风攀比会导致社会资源的浪费。(3)盲目攀比影响社会风气。盲目攀比的结果是万事不如人,由此个体必定会产生自卑心理,严重时甚至会导致个体迷失自我。例如,盲目跟风地攀比消费,不仅会给家庭带来经济负担,还会严重浪费社会资源。

例证 2-2　石崇王恺斗富

西晋初期,王公贵族生活奢靡。石崇在担任荆州刺史期间,敲诈勒索,搜刮民脂民膏,积攒了无数的钱财、珠宝,成了当时最大的富豪。

石崇回到洛阳后,听说晋武帝的舅父王恺是当时洛阳屈指可数的富豪,有心跟他比一比。王恺家里用麦糖洗锅,石崇就用蜡烛当柴烧;王恺出门时在道路两旁用成千上万匹紫丝布做成长40里的挡风墙,石崇便用织锦花缎摆出50里长的华丽步障;王恺用赤石脂抹墙,把房屋装饰得富丽堂皇,石崇看到后就用香椒泥抹墙,把家里的墙弄得芳香扑鼻,胜过王恺。王恺不肯认输,向自己的外甥晋武帝请求帮忙,晋武帝就把宫里收藏的一株两尺多高的珊瑚树赐给了王恺。没想到石崇看后,直接拿起身边的铁如玉将珊瑚树敲碎,让仆人回去抬了几株高三四尺、光彩耀目的珊瑚树……

正是石崇、王恺这样的世族大家攀比成风,使得社会风气骄奢淫逸达到极致,才导致了西晋建立短短几十年便灭亡了。

(资料来源:刘义庆,1996)

三、积分排名引发的攀比行为

积分制管理将员工的能力与行为表现进行了量化,建立了类似于竞技体育的积分排名机制,通过树立榜样和典范,刺激员工学习和模仿,起到激励员工积极向上的作用。积分排名可为员工之间相互比较提供依据,激发员工的攀比欲望,在管理者的合理引导下,鼓励员工充分发掘自身的潜力,提高企业的生产效率。

(一)积分的"光环"效应

积分排名如同荣誉榜一样,高积分代表着名誉与奖励,犹如一个"光环",激励员工为获得上榜的机会而积极努力工作。

1. 积分的示范效应

积分制管理的一个重要作用是对员工各个方面的表现进行综合考量。在积分制管理体系下,积分排名越高代表员工的付出越多,为公司创造的价值也就越多,那么员工所享受的福利待遇就越多。通过统计软件,企业将员工的积分按部门分业务进行各项排名,利用排名准则引导员工行为以实现预定的管理目标。积分的示范效应是指在排名的压力及员工从众心理的影响下,积分靠后的员工以"明星员工"(即积分靠前的人)为榜样,学习他们的良好行为习惯。

2. 积分的攀比效应

有时,个体会由于比较标准不完善等因素对自身认识不足,因此必须从他人的行为中找到参照系统,从而正确地认识自我。在积分制管理排名机制下,员工方方面面的表现都得到了"刻画",人与人之间的差距得以清晰地展现出来,这有助于员工精准地进行自我画像。此外,为了获得更好的福利待遇,每位员工都希望自己的积分名次能够排在部门的前列、公司的前列,这会在企业中形成一种处处可以挣积分、人人都想挣积分的攀比氛围。而且,积分的实时认可、排名的动态变化也能够有效地刺激员工不甘人后、争强好胜的心理，激发员工的攀比行为。

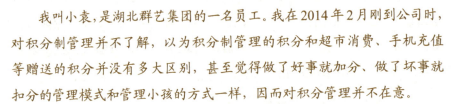

例证 2-3　积分改变了我

我叫小袁，是湖北群艺集团的一名员工。我在 2014 年 2 月刚到公司时，对积分制管理并不了解，以为积分制管理的积分和超市消费、手机充值等赠送的积分并没有多大区别，甚至觉得做了好事就加分、做了坏事就扣分的管理模式和管理小孩的方式一样，因而对积分管理并不在意。

当我参加了员工快乐会议，看到许多同事站到舞台上领取各种奖励、获得表扬时，羡慕之心油然而起。特别是在目睹了部分员工因积分排名靠前获得出国旅游、晋升、购车补贴的福利之后，我的内心为之一振，因此下定决心：将来有一天，我也要站在领奖舞台上。经过一年的努力，我的积分达到了五万多分，名列部门第三，但是距离部门第一还有很大的差距。为了缩短差距，我每天起早贪黑，比别人付出得更多，终于在 2017 年实现了积分排名部门第一的目标，获得了出国旅行的机会。

（资料来源：群艺集团积分制管理心理学课题组调研记录）

（二）如何看待积分排名引发的攀比行为

积分制管理不仅仅是通过积分对员工的行为进行量化，更重要的是通过积分排名激发员工的竞争意识，让员工知晓自己在部门、企业中的位置，进而明确自己的前进方向。因此，对于积分排名引发的员工攀比行为，管理者应当给予足够的重视并加以正确运用，最大限度地发挥积分排名的激励效果。

1. 优秀是比较出来的

没有对比，就无法区分差异；没有竞争，就难以进步。员工争前恐后地挣积分，表明员工重视自己的排名，具有积极进取的心态，这是一种正常的攀比现象。员工互相攀比积分，正是积分制管理的激励效果落

第二章 基于人性假设的积分制管理

到实处的体现。作为管理者，应正视并认可这种攀比行为。

2. 激发员工的攀比欲望

现实生活中，不同的人在情绪、认知、情感等方面的表现千差万别，由此形成了个人独特的价值观、人生观。除此之外，每个人的需求层次不同，甚至同一个人在不同条件下的需求层次也不同。因此，通过差异化的激励方式对员工进行激励就显得尤为重要。积分制管理针对这种差别设计了不同类别的积分排名以体现员工的能力差异，激发员工的攀比欲望。比如，通过设计"加班时数排名榜""助人为乐排名榜""研发创新排名榜"等，在各个方面激发员工的攀比欲望，调动员工的工作积极性。

（三）发挥积分排名的正向攀比效应

每个人都有自我实现的需求以及不甘人后的心理诉求，积分排名人为地对员工进行"优劣"排序的做法，可以有效地激发员工的潜能。然而，任何事物都具有两面性，积分排名也是如此。管理者应当正确地运用积分排名，引导员工采取积极健康的攀比行为。

1. 明确攀比目标

企业存在的根本目的在于创造价值，追求利润最大化，只有持续不断地创造价值才能支撑企业长期稳定的发展，而员工的价值就体现在其创造的产值上。积分制管理的一项重要内容就是对员工的产值进行量化，将员工的贡献通过积分排名显示出来。因此，员工攀比的目标在于产值，而不是"端茶倒水"类的日常行为。管理者明确了这一攀比目标，才能正确引导员工的行为习惯。

2. 积分排名与物质奖励并重

归根结底，积分排名是一种荣誉。通过积分排名调动员工的积极性是利用员工对声誉的渴求而进行的激励行为，是一种声誉激励方式。根据马斯洛需求层次理论，每个人都有生理需求、安全需求、社会需求、尊重需求和自我实现需求等若干层次的需求。人对需求的满足感具有渐进性，因而在生理需求、安全需求尚未得到满足时，人们对于自我实现需求的渴望并不强烈。积分制管理建立在声誉激励的基础之上，体现的是自我尊重和自我实现的需求。一般而言，普通员工对于生理需求、安全需求的渴望更为迫切。此时，若仅仅给予员工虚无的排名荣誉，并不能够有效地激发员工的积极性。因此，积分排名应与各种福利待遇（如年终奖、员工旅游、租房补贴、购房补贴、干股等）挂钩，声誉激励与物质激励相结合，才能从根本上激发员工的竞争欲望，引导员工的积极攀比行为。

3. 负向排名，不甘人后

人都有荣辱羞耻之心，积分的负向排名是指将员工的扣分总数进行排序，张榜公布，以起到警示的效果。负向排名相比正向排名，对员工的心灵冲击力更大。声誉水平的降低会影响员工在组织中的地位和正常社会交往，对部分员工而言，这种惩罚方式的激励效果比获得奖励更为明显。企业要利用每个人都珍惜自己的声誉、不甘人后的心理，使用负向排名机制来触发员工的危机感，从而达到激发员工潜能的目的，引导他们进行正向攀比。

第三节　积分排名与面子

在中国，凡是人际交往都绕不开面子。俗话说，"人争一口气，佛争一炷香"，为了维护自己的脸面，谁没做过几件打肿脸充胖子的事呢？面子不仅影响着人们的喜怒哀乐，还影响着人们的交往方式，甚至决定着人们的命运。在中国"面子文化"的影响下，面子问题、人情式管理终究是不能不谈的。那么，积分制管理是如何解决面子问题的呢？

第二章 基于人性假设的积分制管理

一、大家都要面子

正所谓"人脸贵似金""人要脸,树要皮",为了面子,有的人锐意进取,有的人投机取巧,有的人舍生取义……那么面子到底是什么呢?

(一)何谓面子

鲁迅曾说:"'面子'究竟是怎么一回事呢?不想还好,一想可就觉得糊涂。它像是有好几种的,每一种身份,就有一种'面子',也就是所谓的'脸'。"生活中确实如此,乍一听"面子",似乎大家都了然于胸,然而细细考问,又回答不出它的具体含义。那么,面子究竟为何物,竟让中国人如此沉迷?

"面子文化"在中国源远流长,最开始的"面子"应是指"脸面",即人的面部容貌。中国素有"礼仪之邦"的称号,中国人以彬彬有礼的风貌著称。古人对于自己的仪容仪表颇为讲究,探亲会友、上朝议政或是佳节庆典总是要沐浴、穿戴整齐后才出门。"面子文化"正是由中国人对礼仪的重视逐步深化发展而来的。

据考证,早在公元前4世纪,"面"就具有了指代个人与关系的象征性意义(胡先晋,2004)。在中国古代典籍中,"面子"一词最早出现于《旧唐书·张濬传》:"贼平之后,方见面子。"文中的"面子"意为"光荣",这一用法沿用至今。但是,"面子"的含义绝非这么简单,它蕴含着中华文化社会心理的深层意象,实际上已经成了支配中国社会运行的一种"潜规则",以至于给了面子,就是尊重了人格;扫了面子,就是侵犯了尊严(魏民,2013)。那么,"面子"究竟为何物?确切地说,面子是一种表面的虚荣,是一个人在社会交往时依据自我评价,希望自己在别人眼中具有的心理地位(王文斌,2012)。在名利观念浓重的社会氛围之下,每个人都希望获得他人的认可、展现自己的才能,因而好面子、争脸面就成为生活中的一种常态了。

（二）面子百态

为了活得"有面子"，为了赢取个人的社会地位、声望和成就，人们做面子、给面子、争面子……可谓纷繁复杂，百态尽出。

1. 做面子

做面子，即某人不具备某方面的优势，但为了获得社会的尊重或认可，通过包装来营造一种突出的社会地位、声望和成就。可以说，做面子是生活中常见的"面子现象"之一。比如，为了让自己看起来体面一点，一些人不惜重金租借豪车、豪宅，包装自我，向他人展示一种有权有势的形象，进而提高自己的社会形象。

2. 给面子

给面子，意为照顾情面，让他人在面子上过得去。为人处世，不给他人留面子的行为最容易引起是非。因而，人们常说，"凡事不要做得太绝，适当给对方台阶下"。在日常的人际交往中，与人交流谈话时，不能直接揭别人短处；拒绝他人请求时，态度要委婉；介绍他人时，强调他人的头衔；等等，这些都是给面子的表现。反之，轻视他人通常被认为是"不给面子"的，容易引起别人的反感，甚至导致对方做出敌对行为。

3. 争面子

争面子，通常是指两人或两人以上为了显示自身能力、争取荣誉而做出的各种行为。人们之所以争面子，是因为争面子可以抬高自身在他人心中的形象，获得他人的尊重，满足自己的虚荣心。在日常生活中，常见的争面子方式包括摆阔宴客、炫耀财富等。

（三）面子长存

面子是一种心理地位、一种自我心像，是自我认同和他人认同的综合。个体只有获得他人认可，再将其内化为自我满足、自我认同，才能获得面子，面子才具有意义（刘宏伟等，2011）。从需求层次理论看，面子是一种尊重的需要、一种自我实现的需求。当人们解决了基本的生存问题之后，便会转而追求更高层次的需求，即对尊重及自我实现的需求。因而，从心理学的角度来看，每个人或多或少都会对面子有所渴望，这也是面子长存的内在根源。

面子之所以在中国盛行，除了人们对面子具有强烈的心理诉求外，还和社会风气、社会文化紧密相关。中国人深受儒家思想影响，"仁义""羞耻"观念的渗透加之两千年的发展，最终形成了独特的文化心理现象——面子文化。认识"面子"，正确运用"面子"是一门学问，也是管理者必须掌握的重要技能之一。

二、面子的功效

爱面子是中国社会普遍存在的一种现象，面子反映了中国人尊重他人与自尊的情感和需要。既然大家都对面子如此看重，那么它必定有自身独特的益处。

（一）面子礼仪

重礼仪、讲道德，崇尚和谐的人际关系，追求人格上的精神美是中华民族优良传统中最具特色的基本精神之一。从古至今，"礼"历来是制约人们社会行为最重要的规范，它重视人的社会身份与角色，对人际交往中由衣饰到举止态度等小节，皆有所规定（姜彩芬，2009）。不同的场合对应着不同的社交礼仪，面子意识强的人必定会注意根据不同的场合调整自己的衣着，以避免失"礼"，给人留下笑柄，让自己在众人面前丢失脸面。

在人际交往中，顾全他人的面子是基本的礼貌，保全自己的面子则是维护自我良好形象、保护自尊的必要行为（苟萍等，2009），尤其是面对老师、长辈时，如果不注意自己的言行，信口开河、言辞鲁莽，不仅会被视为无礼，还会被斥责。因此，在与人交往时，为了维护自我和他人的颜面，人们往往会表现出谦虚、尊重他人的态度。可以说，面子文化在促进中国礼仪思想和礼仪规范的形成中发挥着巨大的作用。

面子文化是伴随着人们的交往过程产生的,是人们为了适应社会环境而逐渐形成的一种文化。随着岁月的推移,面子文化成了一种潜在的社会约束力,逐渐发展成为落实道德规范的一个载体。道德规范是衡量人们言行举止的最基本标准,每个人都不希望自己的名誉受到破坏,丢掉面子,故行为要符合道德要求,面子文化能够督促人们严格遵守道德规范(刘宏伟等,2011)。

(二)脚踏实地争面子

面子与个人认知具有千丝万缕的关系。面子体现的是个体期望呈现的自我,期望社会对自我认可的心理诉求。心理学研究表明,确立和确认自我价值是人类的基本需要,借此个体得以提升自尊并寻找到真实的自我(赵卓嘉,2013)。有些人为了实现自我并获得他人的认可,会通过投机取巧、强夺豪取的方式去争面子,但结果往往适得其反,最终失掉了自己的脸面。因此,只有脚踏实地地实现自我,才能获得他人认可,赢得面子。

从更深层次理解,面子代表着人格,甚至是尊严,也就是我们所说的"骨气"。古往今来,一些被载入史册的人物之所以能倍受人民爱戴与获得后人的敬仰,就是因为他们保住了个人乃至是国家的"面子"。比如,"持节牧羊"九年不屈的苏武;不为五斗米折腰的陶渊明;宁为玉碎,不为瓦全的文天祥;等等,他们不仅为自己挣得了"颜面",还保全了国家的"大面子",正是这样的铮铮铁骨,筑起了中华民族坚硬的脊梁。

(三)死要面子活受罪

在许多人看来,丢面子就意味着自己的才能被否定。于是,有些人为了不丢面子而"打肿脸充胖子":为了脸上有光,不顾自身能力跟风消费;为了不丢人,负债摆宴席;为了情面,吃闷亏、吃明亏,更有甚者把面子看得比生命还重要。对面子的过度追捧不仅会使人们不堪重负，还会严重腐蚀着人们的心灵，扭曲人们的价值观，严重影响性格和人格的发展。

例证 2-4　项羽乌江自刎

楚汉战争中，项羽被刘邦打败后带领八百人马突出重围，来到乌江江畔，正赶上乌江亭长划着一条小船在那里等待。亭长对项羽说："江东地方虽小，可方圆也有一千多里地、几十万人口，您还可以在那里称王。现在这里只有我这一条船，请您快上船渡过江去吧！汉军来了，找不到第二条船，就无法渡江追赶了。"项羽苦笑着对亭长说："老天爷要我死，我还渡什么江！当年我带着江东子弟兵八千人渡江往西去打天下，到如今没有一个活着跟我回去，即使江东父老同情我，拥立我为王，我也没有脸再去见他们了。"说完，项羽便拔剑自刎。因为面子，项羽选择了结束生命，也失去了卷土重来的机会。

（资料来源：陶绪，1994）

三、刷积分，挣面子

面子涉及一个人的尊严、地位。行走在职场中，每个人都渴望得到面子。在企业管理中，当员工犯错时，领导者若斥责员工，不仅会伤了员工的脸面，还会引发员工的抵制情绪。但是，倘若不加以处置，又会给其他员工造成不良的影响，影响工作的正常开展。这就是企业管理中常见的"管理困境"。那么积分制管理是如何突破这个"管理困境"的呢？

（一）面子？积分！

积分制管理完全颠覆了传统的管理模式，积分奖扣的应用实现了人性化管理和制度化管理的完美结合。积分是一个人的综合能力的体现和自我价值的外在表现形式,它不仅涵盖了员工的学历、职称、技能等个人基本能力,还有效地衡量了员工对企业的产值贡献度。毫不夸张地说,积分可以将一个人的形象完全"勾画"出来。不仅如此,积分与一个人的福利待遇、荣誉等紧密相关,代表着他在企业中的地位、成就、成功程度,是一个人的"颜面"。

(二)挣积分,争面子

在积分制管理中,员工想要提高自己的能力,获得他人和企业对自己的认可,最有效的方式便是挣得更多的积分。那么,员工怎么才能挣得更多的积分、争到更大的面子呢?首先,企业管理者要建立和完善积分挣分平台。其次,员工需要改变传统的工作心态,开动脑筋提高工作效率,任劳任怨,为自己挣得更多的积分。员工挣的积分越多,在积分排行榜上的排名越靠前,也就越觉得自己有面子。

例证 2-5 积分——练就十八般武艺的心诀

武侠小说中往往会有这样一种设定:一个不起眼的人物或者在偶然之下接触到武功秘籍,练就一身绝世武功,傲视群雄;或者是天生体内拥有多种内力,因为获得某种武功秘诀而疏通了全身经脉,成为绝顶高手。

企业中也是如此,没有外力的推动,员工连本职工作都难以做好,更不用说"练就十八般武艺"了。在湖北群艺集团,员工每学会一项技术就可以得到 2 000 甚至更多的奖分。为了提升自我能力,登顶"企业高手榜",员工们勤学苦练,学会了操作各种机器设备、光盘封膜等技术。可以说,积分就犹如武功心诀一样,是员工练就"十八般武艺"的秘诀。因此,当我们看到湖北群艺集团员工无论做任何工作都表现出积极进取的风貌,就不难理解其中的奥妙了。

(资料来源:群艺集团积分制管理心理学课题组调研记录)

第二章 基于人性假设的积分制管理

（三）活用积分，善给面子

面子的激励作用来源于每个人都有确立和确认自我价值的诉求，这种诉求可以促使个体为达成目标而付诸努力，所以"争面子""保面子"的心理需要能够转化为一种极其强烈的社会动机，影响个体的行为方向、行为强度和行为的持久性（赵卓嘉，2013）。因此，企业在激励员工时，给员工"戴高帽"，给员工足够的面子，往往可以起到意想不到的作用。

企业中的每个员工都希望看到自己对企业发展的重要性，都希望由于自己的参与而使事情向积极的方向发展。公司领导对于员工的努力应该及时做出积极肯定的评价，哪怕只是不经意地提到，也会对员工工作的积极性产生极大的影响（忠实，2010）。

积分制管理不倡导"无名英雄"和"神话英雄"，员工所有的正向付出，无论多么细微，都会得到积分奖励。积分制管理就是要尽可能地让员工点点滴滴的付出都得到认可，给员工"曝光"的机会，让员工脸上有光，不让优秀员工吃亏。

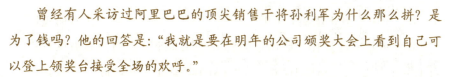

例证 2-6　积分制管理：员工的面子管理

曾经有人采访过阿里巴巴的顶尖销售干将孙利军为什么那么拼？是为了钱吗？他的回答是："我就是要在明年的公司颁奖大会上看到自己可以登上领奖台接受全场的欢呼。"

无论给予员工怎样的福利待遇，仪式不能被忽略。仪式的存在是为了更加强化和升华管理活动的意义，让员工感觉更有面子。"仪式感"是工作中的一剂良药。积分制管理中的仪式感来自每年、每个季度、每个月、每周，甚至是每天。例如，一些采用积分制管理的公司会安排各部门每天举行早会，对前一日工作优秀的同事进行表扬；每周召开周会总结，并给当周部门最优秀（积分排名第一）的同事发放物质奖励；每月举行快乐会议，回顾当月的点点滴滴，精心筹备节目和游戏，让大家在繁重的工作中抽出一些时间，感受公司带给大家的温暖和快乐；每个季度各部门进行排名，发放现金奖励；年度排名靠前的员工还可享受国外旅游、节假日丰富礼品等福利。

在积分制管理下，积分的运用和富有"仪式感"的奖励活动，可以让员工赚足面子。

（资料来源：群艺集团积分制管理心理学课题组调研记录）

（四）巧用积分，维护面子

每一个优秀的领导者都应善于把握制度规则和人情之间的平衡点，做到在惩处员工时留有分寸，维护员工的情面。传统的管理模式通常采用扣钱和通报批评的方式对员工进行处罚，管理条例中"处罚方式"占的篇幅也远多于"奖励措施"。在这种管理模式下，管理者往往只关注员工的违规行为，只惩不奖或惩多奖少的管理方式会严重挫伤员工的面子，极大地影响员工的工作积极性。

在积分制管理中，员工犯错时，企业并不采取扣钱、通报批评的方式对员工进行处罚，而是采用扣分的方式。积分制管理的扣分处罚方式不仅可以起到处罚员工的作用，而且还维护了员工的颜面。可以说，在给员工传递管理信号时，积分制管理灵活的奖扣积分模式极大地维护了员工的脸面，员工也更容易接受，激励效果也更加明显。

参 考 文 献

[1] 高鸿业. 西方经济学（微观部分）[M]. 5版. 北京：中国人民大学出版社，2011.

[2] 苟萍，谢华. 论面子的社会心理学内涵 [J]. 中华文化论坛，2009

第二章 基于人性假设的积分制管理

（2）：169-173.

[3] 洪治纲. 鲁迅经典文存 [M]. 上海：上海大学出版社，2004：88.

[4] 胡先缙. 中国人的面子观 [M]. 台北：巨流图书公司，1989：57-78.

[5] 姜彩芬. 面子文化产生根源及社会功能 [J]. 广西社会科学，2009（03）：116-120.

[6] 焦迎娜，苏春景. 精致的利己主义者：一个亟待关注的当代青年群体 [J]. 中国青年研究，2019（03）：91-96+79.

[7] 李春民. 人性漫话 [M]. 济南：济南出版社，2005.

[8] 柳士镇，刘开骅. 世说新语全译 [M]. 贵阳：贵州人民出版社，1996.

[9] 李荣，张广科. 积分制管理概论 [M]. 北京：清华大学出版社，2017：03+38.

[10] 刘宏伟，金毅. 浅析面子及面子文化的内涵 [J]. 辽宁师专学报(社会科学版)，2011（4）：38-40.

[11] 刘艳鸿. 马克思经济正义思想之理论透视 [J]. 艺术科技，2016，29（08）：403+400.

[12] 刘志斌. 利欲动源论及其应用 [M]. 北京：中国文史出版社，2005：173.

[13] 林昭棠. 攀比心理也有积极作用 [J]. 探索与争鸣，1988（03）：49-64.

[14] 马晓璐. 我国国有企业人性化管理的研究 [D]. 柳州：广西工学院，2012.

[15] 聂志柏. 从人性出发——积分制管理理论体系发微 [N]. 荆门日报，2016-09-02.

[16] 陶绪. 要面子的中国人 [M]. 北京：国际文化出版公司，1994：23.

[17] 魏民. 疯狂投资 [M]. 北京：北京工业大学出版社，2012：06.

[18] 王文斌. 话说面子 [M]. 昆明：云南人民出版社，2006：68-71.

[19] 阎钢. 试析人的本质及其表征——兼论"自私"与"为公" [J]. 天府新论，1999（02）：57-59.

[20] 余丽琳. 人际交往心理学 [M]. 北京：光明日报出版社，1989：118.

[21] 张建国. 新编学生现代汉语词典 [M]. 2 版. 长春：吉林教育出版社，2010.

[22] 赵卓嘉. 面子的激励作用的形成机制研究 [J]. 社会心理科学，2013（11）：8-18.

[23] 钟立娟. 人性与管理 [J]. 黑龙江社会科学，2006（01）：96-98.

[24] 忠实. 用忠臣掌权，按能力重用 [M]. 北京：石油工业出版社，2010：190.

第三章 万变不离积分：员工个性差异管理

芸芸众生，各不相同。社会中的每个人由于受到自身、环境等因素的交互影响，显示出彼此各不相同的特点。同时，这些因素也影响不同个体形成了截然不同的为人处世态度和个人价值观。在日常工作和社会生活中，个性差异的存在使得人们的行为方式各不相同。有些人性格张扬、喜欢出风头、工作积极主动；有些人性格内敛、不善言辞、做事拖沓；有些人优柔寡断、畏首畏尾、工作半就半推……员工个性的多样化决定了企业管理的复杂性，只有了解人的个性差异，企业才能做到人尽其才，获得较好的经济效益。那么，面对个性千差万别的员工，积分制管理是如何"因材施教"，让员工各尽其能的呢？

第一节　个性差异与积分制管理

在日常生活中，我们常常评论某人："你真有个性。""个性"一词在这里通常是指某个人在性格、穿着、品位等方面与众不同，属于中性词。然而，"个性"这个词本身的含义非常广泛，在心理学上具有特定的含义，是指个体的比较稳定的、经常影响个体的行为并使个体和其他个体有所区别的心理特点的总和（陈国海，2018）。企业管理的核心在于"管人"，而管人的前提是了解人的品性，所以把握员工的个性差异显得尤为重要。

一、迥然不同的个性

公司里的任何一位员工都有其个性，只不过员工所表现出的个性中，有些利于团队合作，有些却会破坏团队的凝聚力。例如，一些员工因自己的个性而忽略其他员工的存在，或者不采纳团队其他成员的意见等，这对团队的整体战斗力是一种"破坏"。也就是说，任何员工都有"天使"的一面，也都有"魔鬼"的一面，"有个性"的员工更是如此（贾昌荣，2005）。在员工个性管理方面，积分制管理通过积分引导，尽可能地把员工个性中"魔鬼"的一面"藏"起来，使其展示出"天使"的一面，以促进团队合作，提升团队绩效。

（一）解开个性之谜

"个性"一词，最初来源于拉丁语"Personal"，开始是指演员所戴的面具，后来是指演员（一个具有特殊性格的人）（徐光，2008）。一般来说，个性不仅是指一个人的外在表现，而且是指一个人真实的自我。那么，何为个性？个性又是如何养成的呢？

1. 何为个性

个性也可称为人格。人格心理学家阿尔波特认为，人格是个人适应环境的独特的身心体系。艾森克认为，人格是决定个人适应环境的个人性格、气质、能力和生理特征。卡特尔则认为，人格是可以用来预测个人在一定的情况下所做行为反应的特质（段锦云，2010）。显然，心理学上的个性并不仅仅指一个人的性格。确切地说，个性是指个体比较稳定的、经常影响个体行为并使个体和其他个体有所区别的心理特点的总和，其涵盖的内容包括了个性倾向和心理特征两个方面（陈国海，2017）。

个性倾向是人进行活动的基本动力，也是个性中最积极、最活跃的因素。它决定着人对现实的态度，对认识和活动对象的趋向和选择。个性倾向包括需要、动机、兴趣、理想、信念、世界观和价值观等。世界上不存在两个个性一模一样的人，任何人都有自己的"秉性"和行为处事方式。积分制管理心理学研究人的个性，主要是为了把握员工的个性本质及其运作规律，运用积分有效调动员工的工作积极性，进而有效地管理和使用人力资源。

2. 个性的成长之路

古人云："江山易改，本性难移。"这是说，个性深受基因的影响。从出生之时起，人便被刻上了深深的个性烙印。刚出生的婴儿，有的爱哭，有的爱笑，有的则安静乖巧。可以说，人类个性的"雏形"是由遗传基因所控制的。每个人的个性都具有稳定的一面，即个性一经形成，就比较稳定，并贯穿于这个人的整体行动之中，任何偶然的表现都不能被认为是个体的个性特征，这是由遗传控制和影响所造就的"秉性"。但是，随着年龄的增长，我们每个人都会接受相同或者不同的教育，在经历一些事情之后，人们的个性都会或多或少发生改变，即个性虽然是稳定的，但同时又不是一成不变的。个性在主体与客体的相互作用过程中发生着缓慢的变化。也就是说，后天环境是可以塑造一个人的个性的。个性的可塑性说明，人们可以通过文化、规章制度等方式影响人的个性，掩盖个性中"魔鬼"的一面，尽量发挥个性中"天使"的一面，进而达到促进企业发展的目的。个性的可塑性是积分制管理对员工个性进行管理的前提。

例证3-1　周氏三兄弟——你所不知道的个性差异

在近代中国历史中，人人常常把周氏三兄弟（周树人、周作人、周建人）与同时代的宋氏三姐妹（宋霭龄、宋庆龄、宋美龄）相提并论，无可否认，他们对世人的影响都是空前的。但从文化意义上讲，宋氏三姐妹则远远无法与周氏三兄弟相颉颃。

一门三杰，举世罕见。更有意思的是，周氏三兄弟都选择了以写作为生，而且，都成就了一番大业。兄弟三人皆善著文，却内容有异、文风不同。有道是树人（即鲁迅）行文常带怒气，以批判社会为己任；作人行文常带人气，以宣扬人性为宗旨；建人行文常带真气，以传播科学为目的。

再看看三兄弟的个性。三兄弟都是好强桀骜之人，不会轻言放弃。三兄弟久分不合，谁又能说不是个性使然。换句话说，这三人性情中都有很强硬的东西，却强硬得有个性。鲁迅自不必多言，毛泽东说他骨头最硬。面对各种围攻，他很强势，自不讳言："我向来不惮以最坏的恶意揣测中国人。"

周作人留给人们的印象是软弱的。面对妻子的逼迫,不像个大丈夫,这可能只是他性格中的一面。我倒觉得,他是个非常任性而固执的人,不然也不会酿成大错。周作人自言:"我最厌恶那些自以为毫无过失、洁白如鸽子,以攻击别人为天职的人们,我宁可与有过失的人为伍,只要他们能够自知过失。因为我自己也并不是完全无过失的人。"这种软中带硬的话,不比金刚怒目的力道差。

周建人一生独立地思考、独立地生活、独立地表达,不讲违心话、不做违心事,宁肯不说,也不乱说,这就是他最硬的一面。

(本案例源于网络并经作者加工整理)

(二)你是 A 型人格还是 B 型人格

曾国藩指出,"制胜之道,在人不在器。事之至大,莫若知人,盖成大器,唯以得人才为第一要义。"管理的起点在于"知人",而人的个性差异无疑是"知人"的一项重要内容。德国哲学家莱布尼茨说过:"世界上没有两片相同的树叶。"同样,世界上也没有两个个性完全一致的人。人的个性是有差异的,但是在这些看似不同的个性之中也蕴含着一些共同点。

弗莱德曼根据人们对心理压力的反应模式,将人格分为 A 型与 B 型。在日常生活中,有些人富有进取心、具有强烈的时间紧迫感,他们自信,愿意从事高强度的竞争活动,不断驱动自己,力争在最短的时间内完成尽可能多的任务,这样的人就是所谓的 A 型人格。在具体工作中,A 型人格者的表现看上去更为理想,他们的工作积极性较高、能力较强、富于进取心。但是,由于对自己的期许过高,A 型人格者常常过分苛求自己,遇事容易急躁,无法处理好休闲与工作的关系,长时间处于高度紧张状态往往让他们心力交瘁,随之而来的是高血压、心脏病等疾病患病率的提高。此外,A 型人格者重量不重质,决策欠佳,对外在环境的应变能力不足,这也是他们在工作中的一大短板。

与 A 型人格相对的是 B 型人格。B 型人格者往往态度比较松散，对任何事皆处之泰然，对时间的紧迫感不强，不刻意显露自己的成就与业绩，会充分享受休闲时光。B 型人格者与世无争的性格使得他们无论面对什么工作都能接受，他们讲究工作完成的质量而不是数量，遇事从容、不紧不慢，更加具有创造性。然而，B 型人格者在做事时经常不了了之，很容易放下未完成之事去寻找生活乐趣。对时间的紧迫感不足，工作进度缓慢是 B 型人格者的一个缺点。

针对以上两种人格截然不同的人群，积分制管理都可以起到很好的激励和管理作用。

二、积分制管理：塑造个性的力量

通常情况下，提到可塑性，人们马上就会联想到人的改变，而人的改变的过程是要透过内在的禀赋，由内向外发展的，同时也透过外在的环境来决定个体的发展趋势（丁思洋，2012）。一个人的个性虽然具有一定的稳定性，但同时也具有可塑性，即个体的性格特点和行为习惯会因外在环境的变化而发生改变。

（一）员工个性的可塑性

可塑性的基本含义是"人的可变性、可教性、能培养性"。德国存在主义大师雅斯贝尔认为，人的个性具有可塑性和发展的充分可能性。他指出，要成为完整的人，不仅在于自身的不懈努力和对自身的不断超越，还取决于日常生活的指向、生命的每一个瞬间和来自灵魂的每一个冲动。可见，虽然遗传因素对人的个性有很大的影响，但基因并不能决定一切，通过后天的努力和环境的熏陶，人的个性是可以改变的。例如，在一个特定的企业环境中，组织的规章制度和文化环境会促使不同个性的员工适当调整自己以更好地融入企业这个大家庭。一个原本性格内向、不善言谈的员工通过参加各种活动、上台汇报工作或与同事沟通交流等，也

第三章　万变不离积分：员工个性差异管理

可能变成一个性格开朗、擅长人际交往与表达的人。

由上面的例子可知，人的个性的可塑性主要是通过个人的行为方式和行为习惯的改变来体现的，即人在发展过程中对于其能力的形成主要是通过模仿的、学习的行动得来的。因此，当所处的企业环境发生变化时，员工为适应这种变化会慢慢调整自己的行为习惯和行为方式，而其个性也会在这一过程中得到"重塑"。从此种意义上讲，企业管理者应加强对员工个性管理的探索，发挥员工个性中"善"的一面，抑制员工个性中"恶"的一面，通过对员工的个性进行"重塑"来影响员工的行为，进而提高企业的管理效率。

（二）积分制管理对员工个性的塑造

既然员工的个性具有可塑性，那么积分制管理是如何"重塑"员工个性的呢？总体而言，积分制管理首先通过积分刻画出员工的个性和行为特点，为管理者进行个性管理提供依据。在此基础上，通过积分奖扣等激励方式对员工的个性"弱点"进行管理，以尽可能地将员工的个性优势转化为工作绩效。

1. 积分：员工个性的一面"镜子"

领导者对于员工个性的认识来源于员工的日常行为方式。人的行为举止会在不经意间将人内在的个性特点表现得淋漓尽致。积分制管理不仅可以通过积分的方式考量员工的内在素质，如专业技能、学历、特长等，还可以记录员工的日常行为习惯。可以说，积分犹如员工个性的一面"镜子"，积分奖扣事件库就是对员工基于个性特点所展示行为的如实反映。例如，那些能够按时、快速完成领导布置的各项任务的员工，往往是 A 型人格的人。因为 A 型性格者乐于从事高强度的竞争活动，总是不断驱动自己要在最短的时间里做最多的事，并对阻碍自己努力的其他人或事进行攻击。而 B 型人格的员工很少会因为要从事不断增加的工作或要无休止地提高工作效率而感到焦虑，因为这类型员工认为没有必要表现或讨论自己的成就和业绩，他们享受娱乐和休闲。在积分制管理中，管理者可以通过分析员工积分的构成特点来把握员工的个性特点，从而为个性管理提供依据。

2. 暗示改变着人的行为：积分制管理奖扣的影响

所谓的暗示，是指人或环境以非常自然的方式向个体发出信息，个体接收了这种信息，从而做出相应的反应的一种心理现象。在企业管理中，企业可以应用一些含蓄或抽象诱导的方法对员工产生暗示效应，即对员工的心理和行为产生影响，引导员工按照一定的方式去行动或接受一定的意见，使其思想、行为与企业所期望的目标相符合（曾德嵘，2011）。相似地，在积分制管理中，企业可以运用奖扣分的方式影响员工的心理和行为。具体来说，奖分或者扣分可以作为信号对员工产生心理暗示作用，当这种心理暗示越来越多或越来越强时，就会使员工产生行为上的"条件反射"，最终形成习惯。例如，员工下班不关电脑、上班迟到或早退等行为会收到扣分的信号，当员工知道自己因为这些行为而被扣分时，他们就会在心里告诫自己一定要避免这些扣分行为再次发生。而当员工因为工作表现积极主动，按时、高质量完成工作，会议上积极发言，遵守企业规章制度等行为而获得更多奖分时，他们会因受到激励而提高这些行为发生的概率。企业通过给员工发送奖分或扣分信号，可以帮助员工改掉不好的行为习惯，养成更多良好的行为习惯，进而达到塑造员工个性的目的。

例证 3-2　积分制管理改变员工的行为

四川华一电器有限公司的董事长表示，在引进积分制管理以前，几乎全部业务的审查、签批、处理工作都由他这个"一把手"进行"一把抓"。为了把自己从繁重的工作中解脱出来，该董事长和自己的团队到处参加培训,结果学的东西倒是不少,但就是难以落地。2017年3月,该董事长从网络上看到湖北群艺集团的积分制管理的相关资料并得到了一套学习光盘,看后觉得很有用处,就立即派人到湖北群艺积分制管理落地实操班参加培训。参加培训的人员马不停蹄地边学习边制订实施方案。回到公司后的第三天,董事会就迫不及待地决定试用积分制管理,仅仅试用16天就取得了明显的效果。

原来,该公司每一次进行售后服务,公司都要派司机和技术人员。采用积分制管理后,企业规定凡是派司机的人扣5分,凡是不派司机、自己开车的奖20分。这样一来,大家都愿意自己开车了。在处理售后问题的过程中,凡是可以通过微信视频解决问题并且业务人员配合的,给业务人员奖20分,给解决问题的经办人员奖50分,这样就减少了派车频率,不仅可以减少配备司机的数量,售后服务效率也提高了,还降低了成本,加强了协调力。此外,原来每周六开会受到批评的供应部在积分考核中排到了第二名,并且达到了采购价比工程预算报价低的目标;销售部在9月份就提前完成了全年任务,获得奖分100分;全公司干部职工都受到极大鼓舞,工作积极性得到很大的提高。

(资料来源:群艺集团积分制管理心理学课题组调研记录)

3. 积分制管理"磨平"员工个性的棱角

企业在人员招聘和录用方面的工作无论做得多好,都会有招聘"失误"时。求职者为了能够顺利进入企业,常会自觉地隐藏其"个性",以表现出与组织的高度融合。新员工正式入职之后,身上往往还带着原来组织的"习性",由此产生的行为若与当前所服务企业的管理模式不相适应,将会影响到整个团队乃至整个部门的运作。此外,在企业当中,部分老员工技能出众,他们的状态关系到企业的正常生产运作,离开了他们,企业可能在短时间内难以正常运转。于是,这一部分老员工往往会因此而"恃才傲物",不服从企业日常的管理,我行我素。通常情况下,企业中个性突出的员工往往是有才华或者资历深厚者,对于他们,企业管理者留也不是,炒也不是,往往会陷入两难的境地。

积分制管理对于员工个性的管理采用"双向管理"方式。对于那些有助于提高组织效率、提高员工的素质和技能的个性,积分制管理通过积分给予认可。与此同时,对那些与组织发展目标显得格格不入的个性进行"打磨",有效地遏制员工个性中"恶"的一面,真正坚持"唯才是举"的用人理念。具体而言,对员工展示出"魔鬼"一面的个性行为,通过进行扣分处理,对员工起到警示的作用。如果员工坚持己见,不懂收敛,积分扣除到一定程度后,企业可通过解聘方式对涉事员工进行处理,以避免因个别员工破坏团队的整体战斗力。

例证 3-3　如何用积分制管理模式管理个性张扬的员工?

现如今的企业员工结构逐渐年轻化,新生代员工中频现不守规则、个性张扬、思想尖锐、缺乏集体意识等事件让众多公司陷入麻烦中。

面对这种情况,公司管理者如何才能做到既利用好新生代员工的强大的创新意识,又使公司的管理避免陷于麻烦之中呢?该怎样管理好现在的年轻员工呢?湖北群艺集团经过长期的实践,总结出了一套完善的个性管理方式,即变传统的压力式管理为现代的动力式管理,运用积分制管理体系灵活地管理具有不同个性特征的员工。例如,针对个性比较强硬的员工主要采取以柔克刚的方法,通过目标管理的策略逐渐"驯服"员工;针对自以为是的员工,首先要明白该类员工通常是很爱面子的、自尊心较强,因此当他们工作做得还可以时,管理者可以给予适当表扬,以增加他们对工作的热情;如果面对的是有独立想法并想要按照自己独特的思路和方法工作的员工,只要他们能按时、高质量完成规定的工作,企业就可以利用奖分来激励他们,鼓励他们不断提出新的工作方式和方法，帮助公司实现更好的企业绩效。可见，在具体实践中，积分制管理可以针对不同类型的员工采取不同的管理方法和策略，有效地对个性员工进行管理。

（资料来源：李荣，聂志柏，2014）

三、积分制管理下的人岗匹配

人才是企业各项资源中最宝贵、最重要的资源，它是物质资源的主宰，也是企业发展所依赖的"第一资源"。但是，要最大限度地发挥人才"第一资源"的作用，人岗匹配是关键。所谓人岗匹配，就是遵循人适其事、事得其人的原则，根据不同个体的能力素质差异及岗位要求，将员工安排在最合适的岗位上，从而提高员工的工作效率，快速有效地完成组织目标，获得最高绩效。积分制管理通过积分考量员工的行为，全面了解员工的个性差异，为企业岗位管理打下了坚实的基础。

（一）积分制管理的"识人"之道

识人是人岗匹配的起点，管理者只有在了解员工特点、把握员工需求的基础上，才能将人放到合适的岗位上，实现人的个性、知识、能力与岗位的高度匹配。在识人方面，员工的知识、能力可以通过专业测试进行考核，通过长期的观察也可以大致了解一个人的品行。然而，日常繁忙的工作已经耗费了管理者大量的精力，不可能再对每一个员工都进行深入的了解。这个时候，借助相关工具测量员工的心理特征就显得十分必要了。

积分制管理软件首先通过记录员工的固定积分来反映员工所具备的基本的知识和技能等相关信息，如员工学历、职称、曾任职务、所获荣誉、技术特长等方面；其次通过记录员工的个性化动态积分深层次地反映员工品行、思想道德素质等方面的信息，如拾金不昧、见义勇为、保质保量地完成工作任务等方面；最后根据员工的固定积分和平时的奖扣分自动分部门、分阶段地进行数据分析与处理，计算得出员工最终的排名并汇总打印。该管理软件的使用不仅能有效地帮助企业识别人才，还可以使企业拥有一个包括所有员工（不管是潜在员工、在职员工还是离职员工）信息的大型数据库平台，这对企业的发展具有重大作用。由此可见，积分制管理将员工的所有行为都纳入了考核范畴，对员工的所有表现都进行了考查，可以全面地刻画出员工心理特征，为企业实现人岗匹配提供依据。

（二）积分制管理的"用人"之道

"知人善任"关系到人才资源配置的效率，是实现人岗匹配的关键一步。首先，知人善任要求管理者以每个人的专长为起点，按照员工的优缺点，机动灵活地调整岗位或安排合适的岗位。在积分制管理中，管理者鼓励员工跨部门工作以充分地发挥自己的专长，只要员工有一技之长或确确实实地付出了努力，企业就会加分予以认可。其次，知人善任还要求企业能够打破管理权限对人才的"束缚"，让下属去做适合自己的事情，这样才能充分发挥他们的工作潜能，实现人才的有效利用，而积分制管理可以很好地实现这一点。积分制管理大胆地将企业的权责下移，极大地突破了管理层级对员工的限制。通过积分奖扣任务将每一层级的管理权限进行细化，每个管理层在自己相应的职责之内具有灵活的奖扣权力。此外，对于权责之外的奖扣分事件，管理人员可以向上级提出奖扣申请。

（三）积分制管理的"管人"之道

管人的重点在于抓住人心。每个人都爱面子，都不希望别人当面对自己"指手画脚"。不同的员工具有不同的个性特征，但是大多数人都有着共同的特点，那就是爱面子，喜欢按照自己的方式和节奏去做事，不喜欢受到太多约束。因此，针对员工的这些个性特征，企业应该有针对

第三章 万变不离积分：员工个性差异管理

性地改变管人的方法，积分制管理就做到了这一点。在岗位管理方面，积分制管理摒弃了人盯人、人盯事的笨拙的传统管理模式，转而采用积分奖扣的方法对员工进行管理。在具体操作中，积分制管理主要通过对榜样人物、标杆事件的认可，向员工委婉地传递管理层的管理信息，对员工的行为进行引导。积分奖扣这种温和的人性化管理模式与传统的简单粗暴的管人方式（如直接对员工进行金钱扣罚、张榜批评等）不同，它尊重每一个员工的尊严，保护了他们的面子，也很好地抓住了人心。

第二节 员工价值观的培养之道

企业管理不能仅对员工的行为进行管理，更重要的是要管理好员工的大脑。因为支配员工行为的是员工的大脑，是员工的价值观。因此，在日常管理中，企业需要将员工价值观的培养工作放到一个重要的位置上，而积分制管理不仅加强了对员工的行为管理，还通过积分奖扣有意识地对员工的价值观进行塑造，让员工在工作中感受到自身工作的意义，感受到自己的价值所在。

一、价值观：人类行为的内在准则

生活中，人们在判断是非善恶、好坏美丑时，内心都有一个标准，这个标准就是我们对身边事物的价值衡量。事物对人有无意义或意义大小，受个人需要、兴趣、信念和世界观等个性倾向的制约，并受到个人价值观的支配（戴健林，2010）。而人的行为在很大程度上是价值观的外在反映，企业对员工行为管理的前提是统一员工的价值观。换言之，管理做得好不好，在于能否有效地培养员工的价值观，统一员工的认知。

（一）何为价值观

世间万象、人生百态都是一个人思考和判断的素材。有些人或事会唤起人们由衷的尊重和敬仰，也有一些人和事会遭到人们的鄙夷、怨恨或者嘲弄，在这些截然不同的反应背后有一条看不见的准绳，那就是人的价值观。价值观引导人们在纷繁复杂的情境中做出选择，决定人们的行为方式，影响人们对于事件是非对错、轻重缓急的判断，主导人们对自己所置身的现实环境做出回应。在一个人的成长和发展过程中，价值观决定了人生的成败。

所谓价值观，是指个体对周围的客观事物及对自己行为结果的意义、作用、效果和重要性的总体评价和总体看法，是人们对客观事物的是非、善恶和重要性的看法和评价，代表着个体的一系列基本信念（赵国祥，2010）。人的价值观不是与生俱来的，而是在生活、工作中逐渐形成的，受需要、兴趣、经验以及周围事物等因素的影响，价值观一旦形成就具有相对稳定和持久的特点，但又会在不断地学习、生活、工作中产生变化（殷智红，2007）。

价值观代表着一个人对周围事物的是非、善恶和重要性的评价。由于每个人的认知能力及所处的外在环境不同，每个人对客观事物都有自己的评价标准，即每个人都有自己的价值观。个体价值观的这一差异性具体表现为不同个体面对同一事情时的不同抉择，如同为公职人员，有些官员清正廉洁，有些贪婪钻营；同为商人，有些商人遵纪守法，有些却制假售假，坑害消费者，危害社会（罗桂成，2017）。

此外，个体的价值观会随着生活状态的改变而逐渐发生变化。例如，有的人年轻时由于家境贫困，于是崇尚勤俭节约，强调钱要花在刀刃上；而到中年时，随着自身生活条件的改善和生活水平的提高，花钱时可能会变得大手大脚起来。在生活中，人与人之间的差异、矛盾冲突并不是因为性格不同，而是根植于思维中的价值观不同。

（二）价值观的力量

价值观影响着个体对事物的认识，决定着人的行为，因此统一员工认识、构建员工价值观对组织管理显得尤为重要，关系到组织的长远发展。具体而言，价值观的力量主要体现在以下三个方面。

1. 价值观的导向作用

俗话说，"思想决定行为，行为决定习惯"。价值观作为个人思想的具体表现，对个人的行为具有重要的导向作用。价值观是一种内心尺度，它凌驾于人性之上，支配着人的行为、态度、信念、理解等，支配着人认识世界、明白事物对自己的意义和自我了解、自我定向、自我设计等，也为人采取自认为正当的行为提供充足的理由（吴建斌，2012）。在同一客观条件下，对于同一事物，由于价值观的差异，人们会产生不同的行为。在同一个企业中，有的人注重工作成就，有的人看重金钱报酬，还有的人重视地位权力，价值观的差异决定了他们拥有不同的人生追求；对于同一规章制度，有的员工认真执行，有的人阳奉阴违，价值观的差异决定了他们做出不同的行为。

2. 价值观的凝聚作用

正所谓"道不同，不相为谋"，其中的"道"便包含了人的价值观。"物以类聚，人以群分"，"三观"一致是人们和谐相处的前提。在一个组织中，只有员工之间情感沟通顺畅，形成价值观上的认同，达成对组织目标的共识，才会形成组织凝聚力，最终形成组织的战斗力。然而，不同个体形成统一价值观的过程相对漫长，需要组织长期不断地灌输与宣传组织价值观，个体才能逐渐接受并内化。在这个过程中，还需要组织领导人的极力倡导与宣传，以深化个体对组织价值观的认识。

3. 个体行为的判断标准

价值观是一种基本的信念，它带有判断色彩，反映了一个人对于什么是好、什么是对以及喜爱什么的意见。人生中的许多重大选择并没有所谓的好坏、对错之分，人们的决策依据往往是内心的价值评定标准。可以说,价值观是一个人行为的内在决策依据。一个人的价值观方向正确，可以帮助其抵抗外界不良的影响，做出符合道德标准的行为。

二、积分制管理对员工价值观的塑造

无论是企业还是个体，都有自己的价值观，二者可能一致，也有可能存在着巨大的冲突。德鲁克说："管理的任务就在于使个人的价值观和志向转化为组织的力量和成就"，而这一"转化"成功的关键就在于组织群体价值观的形成（高阳，2017）。因此，让员工认同企业价值观，按照企业价值观行事，实现员工与企业价值观的一致是企业管理的一项重要内容。但事实上，员工对企业价值观的认同与接受并非一朝一夕就能实现的，需要企业不断地灌输与宣传，员工才能逐渐接受并内化。积分制管理对员工价值观的塑造主要依靠日常的积分奖扣不断地纠正员工的不良行为和习惯，进而影响员工对日常不同事件的内心评价，从而深化其对企业价值观的认识。

（一）引导：积分制管理重构员工价值观

作为企业文化的重要组成部分，企业的价值观是企业目标、方案、策略的人格化，它的形成、发展与员工的价值观有很大的关系，具体表现为：一方面，员工的价值观是企业价值观的缩影，企业价值观在真正意义上的确立和最大功效的发挥，需要员工对其予以认同，并将其转变为自觉的行为（陈洁园，王光辉，2019）；另一方面，企业价值观也会影响员工的行为与认知。因此，当下企业在选人、用人、育人、留人方面越来越重视员工价值观与企业价值观的匹配度。但在一般情况下，企业在招聘员工时，仅凭一面之词是难以判断员工的价值观与企业价值观是否相符合的。另外，由于每个员工的家庭情况、教育水平及人生经历大不相同，员工的价值观存在较大的差异。因此，员工入职之后，重构员工的职业价值观是企业管理面临的重大难题。针对这一点，积分制管理可将员工日常生活中的所有行为进行量化，不断引导员工的行为，鼓励

第三章 万变不离积分：员工个性差异管理

员工乐于奉献，注重培养个人良好的行为习惯，不做"无名"英雄，积极展现自我风采。同时，积分奖扣事项也将企业价值观渗透企业日常经营管理过程中的每一个环节。在积分制管理下，员工可以通过亲身实践感受企业的价值观，这有助于员工理解、认同企业的价值追求，深化员工对企业价值观的认识。

（二）奖惩：积分制管理修正员工价值观

在企业日常管理过程中，往往会出现个别员工虽然认同企业的价值观，但仍然铤而走险，产生行为偏差以致违反企业规章制度的现象。因此，作为一名成功的管理者，必须注意员工价值观的稳定性与可变性，在日常管理中，要做到以下两点：一是要使企业的经营管理方式和目标适应员工普遍变化的价值观；二是要根据自身发展情况与外在环境的变化，适时地调整和修正企业的价值观。对于员工行为的偏差，积分制管理可通过扣分处罚措施对员工进行警示，进而修正员工的价值观。同时，积分制管理充分地考虑到了员工的个人价值追求，员工的积分越高，说明他们对公司的贡献越大，其在公司的地位也就越高，自我成就感就越强。此外，积分制管理下，管理者拥有的积分奖扣权限是灵活多变的，可以依据外在环境的变化及时调整奖扣标准，不断修正员工价值观。

例证 3-4　积分制管理，改变员工的加班观念

一提到"加班"这个词，老板愁，员工也愁。老板的一般做法是：员工加班了就给员工发加班费。可有些家境较好、个性张扬并讨厌加班的员工，宁愿不要加班费，也不想加班。面对这种情况，湖北群艺集团用积分制管理轻松解决了这个问题。

在湖北群艺集团，一切用积分说话，员工做得多了，就分区间奖分；做得少了，就扣分。同样地，员工加班了，企业就会给他们奖分，通过

加班积分将员工差距拉开。如果公司只需要20个人加班而有25个人申请，管理人员会根据加班任务给这25个人每人奖20分：给最先表示愿意加班的20个人分配任务，他们每加一个小时的班就可以获得20分的奖励。给剩下的5人每个人加20分是对他们积极主动申请加班的态度的肯定，给实际加班的人按照工作量奖励积分是对他们加班付出劳动的奖赏。通过这一方式，积分制管理既起到了激励作用，也对员工的工作进行了量化，多劳多得，少劳少得，同时还向所有员工传递了公司对"加班"的价值观，鼓励员工转变对加班的看法。

（资料来源：李荣，聂志柏，2015）

（三）授权：动员员工参与企业价值观建设

通用电气前董事长兼首席执行官杰克·韦尔奇说过："员工的心理需要和财务需求同样重要，仅仅让员工知道你很重视他们的工作是不够的，还要告诉他们为什么重视。"在企业价值观的建设过程中也是如此，领导者不仅要以身作则，向员工宣扬企业所崇尚的价值观，还需要让员工参与企业价值观的建设。在积分制管理中，无论是企业领导层还是基层的员工都可以为自己或者为他人申请积分奖励。这种将积分奖分申请权限下放到基层，中层管理者拥有奖扣分自主权的管理模式，有助于帮助员工思考何种行为符合企业的要求，符合社会道德准则，值得员工自觉、主动地去做。长此以往，不仅可以让员工享受到"当家做主"的感觉，更重要的是可以让员工全程参与企业价值观的建设。

例证3-5 积分替代物质激励，纠正员工不良行为习惯

河南星乐斯美电器有限公司是一家专业生产商用制冷设备的企业，企业在业绩方面表现突出，但在管理方面遇到了一些难题，尤其是在员工管理及人力成本的控制方面，如部分员工喜欢自由的工作时间而经常

第三章 万变不离积分：员工个性差异管理

迟到早退，追求个性的员工不按规定穿戴工服，部分员工没有工作热情、工作态度慵懒散漫等现象时有发生。过去，公司一直都是采用物质激励方法去解决这些问题，然而这样做不仅没有达到想要的效果，还导致公司的人工成本增加了。

自从公司实行积分制管理以来，员工迟到早退等现象大大减少，工作积极性大幅提高。在积分制管理中，公司用积分替代原来的物质激励方法，通过将员工的行为与积分挂钩，积分排名与福利、奖金挂钩的方式按名次进行奖励，这不仅调动了员工的工作热情，还没有增加公司的额外支出，降低了管理和人工成本。具体表现为：员工准时上下班，奖励积分5分，迟到或早退时，第一次扣5分，第二次则扣10分；员工按照规定穿工服上班，奖励10分，不注重个人仪表的员工则扣除相应的积分；工作积极性方面，员工做事越多，积分越高，员工参与劳动协作越多，积分也越高。通过实施积分制管理，员工逐渐养成了按时上下班的时间观念，形成了统一穿工服的行为习惯，越来越认同企业的制度、文化和价值观。

（本案例源于网络并经作者加工整理）

第三节 积分制管理：员工态度转变的助推器

工作态度在一定程度上决定着工作绩效，有什么样的态度就有什么样的行为，有什么样的行为就有什么样的结果。工作态度决定着员工是敷衍了事，还是尽职尽责；是安于现状，还是积极进取。员工满怀激情地投入工作与麻木呆滞地应付了事，两者的工作效率是完全不同的。因此，转变员工的工作态度，激发员工的工作积极性是企业管理的一项重要课题。而积分制管理基于对人性的认识，通过灵活使用积分，可以有效地转变员工的工作态度，让企业永葆"青春活力"。

一、不可忽视的态度

成功的三要素:能力、经验、态度,就像一个三角形的三条边(杨言建,2006)。每个人的能力大小或许与潜能的开发程度相关,但如果是在能力相当的范围里,态度则会起到决定性作用。在如今的社会中,人的综合素质中最受关注的就是个人的态度问题,能力可以培养,技能可以学习,但态度取决于个人的思想觉悟。因此,对于员工态度的培养关系到企业的经营效率,关系到企业未来发展的成败。那么,究竟何为态度?一个人的态度的形成受到哪些因素的影响?在企业管理中,如何转变员工的态度,发挥员工的积极性?这些问题值得每一位管理者深思。

(一) 何为态度

在生活中,一个人对现实的态度表现为追求什么、拒绝什么,即表现在个人采取了哪些行动。一般而言,态度是潜在的,主要通过人们的言论、表情和行为来反映。人们表达态度的对象是多种多样的,如人物、事件、国家、集团、制度、观念等。人们对这些态度对象或表示接受或赞成,或表示拒绝或反对,这种在心理上表现出来的评价倾向就是态度(吴晓义等,2006)。

工作态度是员工对自己的工作和组织的看法和情感,以及对自己在工作和组织中应该如何行动的信念。与价值观相比,态度显得更为具体,也更容易改变。随着工作时间的推移,员工对自己工作的感受会发生变化。与工作相联系的态度主要有三种,即工作满意度、工作参与和组织承诺。工作满意度是指个人对自身所从事工作的一般态度。工作参与是指个体在心理上对自身工作的认同程度,认为自身的绩效水平对自我价值的重要程度。组织承诺是指员工对于特定组织及其目标的认同,并且希望维持组织成员身份的一种状态。

（二）影响态度的因素

态度的形成具有后天性，个体对某项事物的价值判断倾向会受到外界环境的影响。实际上，员工工作态度主要受到人际关系、企业文化等外部因素的影响。除此之外，员工的认知、需求以及人格特征等内部因素也会影响员工的工作态度。

1. 外部因素

我们日常所说的对某件事物改变了看法，就是指态度的改变。态度一般是受到外在条件的刺激才发生变化的，而人际关系、企业文化等外部因素是企业员工工作态度转变的助推器。

（1）人际关系。人际关系对员工态度的影响主要体现在与上司的关系及同事之间的关系方面，尤其是有权威的上级、关系密切的同事会对员工的工作态度产生非常大的影响。如果领导对下属是公正、友好和善解人意的，同事之间互相扶持、相互鼓励，那么企业就容易形成一个良好的人际氛围，员工的满意度就会提高，进而会转变员工的工作态度。毫无疑问，员工内心得到认可后会更加积极主动地承担起各项工作任务，不断提升工作效率。

（2）企业文化。企业文化是一个企业的灵魂，是一个企业长期发展形成的独特的内部文化。企业文化由价值观念、历史传统、信仰等组成，是一个企业日常经营活动的指导思想。当员工加入一个企业时，首先感受到的便是企业的文化内涵。在企业文化的熏陶之下，员工的态度会在潜移默化中逐渐得到转变。

2. 内部因素

态度是一种内在的心理历程，通过待人接物等外在具体行为展现出来。态度不仅受到外在因素的影响，个人的认知、需求以及人格特征等内部因素也会影响到态度。

(1)认知。在日常生活中,人们的认识活动或认知过程经常会出现"先入为主"的情况,或以"第一印象"来判断和解决问题,这种"先入为主"的认知会影响到人们对待事物的态度。倘若要改变员工长期形成的工作态度,企业往往需要花费较长的时间。

(2)需求。每个人的需求都会影响到自己的处事态度。一般而言,当某项工作完全符合员工的内在需求时,他们往往会表现出积极主动的工作态度;反之,如果所从事的工作不能满足员工的内在心理期望时,他们往往产生抵触的情绪,甚至会产生厌恶工作的态度。

(3)人格特征。面对相同的事情,不同人格特征的人会呈现出截然不同的态度。比如,开放且好奇心强的人往往本能地对新鲜事物持欢迎的态度,而顺从的人容易受到他人的暗示和支配,他们看待事物往往受到他人影响(范逢春,2009)。

(三)态度决定一切

常言道,"态度决定一切"。一般来说,人们喜爱自己所从事的工作并有良好的态度,就会努力地工作,主动克服工作中的重重困难,高效地完成工作目标。而态度消极甚至扭曲的员工只会把工作当成累赘,把工作当成让自己不快乐的源头,甚至当成敌人。生活中没有不重要的工作,只有不重视工作的人,摆正心态才有可能在平凡的岗位上做出不平凡的贡献。因此,管理人员对员工的工作态度不可不问,更不能不管。

二、积分制管理:态度形成和转化的三阶段

一个企业的成功,依靠的是员工积极进取、孜孜不倦地工作,企业拥有了积极向上、充满激情的员工才能获得持续前进的动力。从更深层次来说,积极乐观的工作态度是员工工作动力的根源。因此,培养员工良好的工作态度,转变工作作风是企业管理的一项重要内容,而积分制管理无疑是转变员工态度的一件"利器"。按照凯尔曼(Kelman)的观点,

第三章 万变不离积分：员工个性差异管理

态度的形成和转化过程包含了服从（顺从）、同化、内化三个阶段（廉茵，2007）。那么，积分制管理是如何实现员工态度转化三阶段管理的呢？

（一）服从：积分管理条例的规范作用

服从是指员工为了获得物质或者精神上的满足，或者为了避免受到惩罚而表现出来的行为，是态度转化的第一阶段。从态度的结构来看，服从只是行为成分在起作用，即个体按照社会的要求，以群体的规范或别人的意志而采取的表面服从行为，但其内心并不信服（廉茵，2007）。在积分制管理中，员工态度转变的第一阶段对应企业最初引进积分制管理之时，此时，企业要制定相关积分制管理条例及搭建积分制管理平台，对员工形成制度威慑力。对于部分员工而言，由于刚开始接触积分制管理，他们对积分制管理的了解有限，不习惯积分体系的约束，迫于领导压力，只是表面遵从，内心并不一定信服。因此，按照态度三阶段转化理论，积分制管理条例的制定及执行阶段的前期只是员工态度转变的服从阶段。

例证 3-6　常州强力电子新材料股份有限公司积分制管理

常州强力电子新材料股份有限公司是一家上市企业，主要以应用研究为导向，是一家立足于产品自主研发创新的高新技术企业，专业从事电子材料领域的各类光刻胶专用电子化学品的研发、生产和销售及相关贸易业务。该公司从2019年7月开始引入积分制管理，运行以来取得了良好的效果，也探索出了很多成功经验。但是也不得不承认，在刚开始实施积分制管理时，企业也遇到了一些阻力和困难，具体表现在员工对这一管理制度存在排斥现象，认为积分制管理很烦琐，积分的实施使得工作环境变得不再轻松自由，任何行为都要以积分的形式被记录的做法对他们产生了很大的约束。在董事长、总经理的强力领导下，公司最终成功引入了积分制管理，截至目前，积分制管理在常州强力电子新材料股份有限公司已经运行得很好了，通过实行积分制管理这个创新型管理方法，公司领导更轻松，管理更简单，员工更快乐，员工行为习惯、内在动力、企业文化、制度执行、生产业绩等方面也都发生了巨大改变，取得了长足进步。

（资料来源：群艺集团积分制管理心理学课题组调研记录）

（二）同化：积分排名的示范作用

同化是指员工自愿地接受他人的观点、信念、态度与行为，使自己的态度与他人的态度相近。通常，大多数人追求的往往不是标新立异，而是大众的认可。此外，每个人都有对外展示自我、获取他人认可的心理诉求，员工在积分排名榜上的名次越靠前，说明企业对该员工的表现越认可。积分排名榜充分地利用了人们的从众心理，并通过高积分员工（也可称为"明星员工"）的示范作用，转变其他员工的工作态度，使得所有员工逐渐接受积分制管理。此外，积分挣分平台及积分软件排名的公平、公正、公开，也充分地提高了管理的信服度。在积分制管理中，每一名员工发现其他同事为组织做出有益的事情时都会自觉地帮同事申请加分。这种员工之间形成的互帮互助、亲密无间的关系，有助于员工达成一致的态度，并且逐渐对积分制管理产生认同感。

（三）内化："快乐会议"的强化作用

内化是指一个人从内心深处相信并接受他人的新观点而彻底改变自己的态度。快乐是人的根本追求和天然的权利，也是社会发展的动因。在一个企业中，员工是否快乐，已不是战术的问题，而是战略的问题。要彻底转变员工的工作态度、调动员工的工作积极性，必须意识到员工快乐工作的问题。积分制管理制度的设计目的正是为了员工的快乐。实际上，员工的挣分过程在某种意义上也是游戏过程，而企业通过定期举办"快乐会议"，可以让员工在工作之余、在平常的劳动之中，得到身心的放松，享受精神上的快乐，让员工从内心深处相信企业价值观并产生

第三章 万变不离积分：员工个性差异管理

态度的转变，自觉内化为行动。

例证 3-7　青蛙王子第 3 次快乐会议

2018年11月6日，青蛙王子（中国）日化有限公司所属爱洁丽、丽源、欣扬公司在集团四楼多功能厅举行"有你就是主场，积分圆你梦想"第3期快乐会议，福建爱洁丽日化有限公司总经理陈万金、副总经理黄强及全体爱洁丽、欣扬、丽源公司的员工参加本次会议。

在积分排名颁奖仪式上，来自爱洁丽、欣扬、丽源公司的25位员工上台领奖，陈万金总经理和黄强副总经理对受表彰人员进行颁奖以及合影留念。

随后，爱洁丽物控部李英、欣扬胡小欢以及丽源郭建通代表员工上台发言。三人在台上畅谈积分制管理的心得体会，精彩的分享赢得了台下观众的阵阵掌声。

会上，陈万金总经理就各位员工提出的问题进行了详细和耐心的解答，诠释了积分制管理的内涵，指出了实施积分制管理的努力方向，对公司今后的工作提出了殷切的希望和极大的鼓励。

接下来是员工上台参与"踩气球""你来比画我来猜"等游戏及表演丰富多彩的歌舞、小品等文艺节目，场面十分热闹。

最后进行的是全场最激动人心的奖券抽奖环节，活动通过击鼓传花的方式从现场6 924名员工中选出50位幸运员工分享大奖，这50位员工将从奖箱中抽取各式各样的奖品，如食用油、高级炸薯条机、高级不锈钢菜刀、精美茶具、高档羽毛球拍、精美弹珠棋盘、现金300元、现金200元、现金100元、抽纸、饮料、美味小零食大礼包、食堂午餐券等。员工们领到奖品后，心里美滋滋的。

（资料来源：群艺集团积分制管理心理学课题组调研记录）

三、积分制管理：化态度为行动

在企业管理中，转化员工态度的最终目的在于促使员工自觉做出有益于组织的行为。积分制管理对员工态度的影响是一个循序渐进的过程，在实施中一般遵循"先奖分，后扣分""多奖分，少扣分"的管理原则，首要目的在于通过奖分让员工对企业所提倡的工作态度产生认同感，最终内化为员工的自觉行为。

（一）积分扣分惩处，员工态度转化为行动的压力

转变员工态度、引导员工行为主要包括两个方面：一是行为的方向；二是行动的强度。人的行为习惯在很大程度上取决于态度，因此要改变员工的行为习惯，需要强化员工的认识。在企业中，大部分员工都能意识到不讲究个人卫生、个人物品随处乱摆等行为属于不良的行为习惯，却很少有人能够时刻注意，做到自觉摆放好个人物品，养成良好的卫生习惯。虽然企业管理者大力倡导，要求员工更改不良的行为习惯，为员工创造一个舒适的工作环境，效果却不明显。为此，部分管理者试图运用扣钱的方式去处罚员工。然而，扣钱不仅会引起员工的抵触情绪，还会进一步激化员工与管理层之间的矛盾。积分制管理的出现有效地解决了上述管理难题，它通过扣分就可以对做出不良行为的员工起到警示的作用。若员工屡教不改，积分扣减幅度将逐次增加，在扣分的压力下，每一位理性的员工都会自觉改正不良行为，端正自身态度。

例证 3-8　积分制管理成就管理奇迹

作为一家现代化企业，湖北群艺集团早已实现了无纸化办公，仅仅是集团总部，就有一百多台电脑。此外，打印机等办公设备更是数不胜数。一般而言，2 500W 的普通 1 匹空调连续工作一小时需要耗电 2.5 度，这

第三章 万变不离积分：员工个性差异管理

些办公设备全部启动时所耗费的电量就更加惊人了。虽然我国早在2006年就已经提出要建设"节约型社会"，但是时至今日仍有不少员工对这一点认知不足，并未将行动落到实处，下班之后常常忘记关掉电脑等办公设备的电源。

湖北群艺集团积极响应国家建设"资源节约型，环境友好型"社会的号召，将节约理念落实到企业的日常管理中。起初，为了让员工养成"人走灯灭"的良好习惯，湖北群艺集团采用了扣钱的管理方式：只要员工下班不关电脑，就扣一定的金额，结果却没有达到预想中的效果。甚至，扣钱的标准越高，制度越执行不下去。启动积分制管理以后，下班不关电脑的员工要被扣500积分，由此，这一情况得到了极大的改善。

（资料来源：李荣，聂志柏，2014）

（二）积分排名对应利益，员工态度转化为行动的动力

很多时候，人与人之间的态度差异是由于利益驱使而形成的，也就是前文提到的，人的需求会对态度产生巨大的影响。利益是态度转变的内在驱动力，而人的行动是由态度所决定的，由此可以看出利益是员工将态度转化为行动的根本动力。积分制管理并不否定人的"趋利性"，恰恰相反，它肯定并利用人的"趋利性"去引导人的行为。在积分制管理中，员工的积分越高，享受的福利就越多，员工的各种利益都与积分挂钩。当员工的积分已经扣减为零或者处于积分排行榜的末尾时，企业管理者会考虑解聘。在高积分排名的奖励与积分"末位淘汰"的压力之下，员工有了转变态度的动力，也就有了积极主动工作的动力。

例证 3-9 积分：耿大爷持之以恒的追求

现年六十多岁的耿大爷是河南亚塑包装有限公司后勤部的一名普通员工。河南亚塑包装有限公司每年在五一、十一期间都会组织优秀的员

工出去旅行。在公司尚未引入积分制管理之前，优秀员工的评审流程是由部门推荐，由上级审核通过。耿大爷进入公司以来，从未获得过出游的机会，心中不免有些埋怨。他渴望能够和大家一起出去游玩，感受一下大家庭的氛围，然而在部门推选的方式之下，他获得出游的可能性几乎为零。

2015年，耿大爷终于看到了实现梦想的曙光。因为当时河南亚塑包装有限公司引入积分制管理，重新制定了员工出游的奖励规则。按照公司制定的新规定，优秀员工按部门积分排名推选，每一位员工都有均等的机会入选，就看谁的积分排名靠前。

公司引入积分制管理后，耿大爷不放过每一次挣分的机会，甚至主动要求将金钱奖励换成积分。耿大爷通过坚持不懈的努力，终于登顶"2015年积分排名榜"，圆了自己的出游梦。

（本案例源于网络并经作者加工整理）

（三）积分永存，员工态度转化为行动的推力

不同的员工对待工作的态度不同，所采取的行为也会不同。例如，对工作持有积极态度的员工会推动自己在工作中迎难而上、越挫越勇，而持有消极态度的员工则会选择逃避与退让；以富有责任心的态度对待工作的员工会促使自己把公司的事情当成自己的事情，尽职尽责地完成好自己的本职工作，而不负责的员工则对公司的事情漠不关心；事业心强的员工会认为工作不只是为了工资、奖金，而是为了学习一门技术，并选择把工作当作一份事业来完成。因此，作为一种心理和行为反应倾向，态度对员工的行为有着重要的影响，并助推员工做出有利于企业的行为。

如前所述，我们知道，员工的工作满意度与其工作态度相联系。如果员工对自己的工作满意度低，在心理上排斥自己所做的事情，甚至不

第三章 万变不离积分：员工个性差异管理

认同组织及其目标，那么受到这些心理态度的影响，该员工很有可能会做出离职的行为，更谈不上对企业的忠诚了。而在积分制管理中，企业通过积分制管理软件为每一位员工建立一个终身有效的"账户"，也可称为"行为银行"，只要员工不离职，他的积分记录就会永久被保存且有效。员工的表现越好，"行为银行"的"账户额度"越高，相应地，员工也就可以获得更多福利，如买房补贴、购车补贴、出国游等。因为员工的长期福利与积分值紧密相关，这就为员工保持良好的工作心态和坚持良好的行为习惯提供了持久的推动力。

参 考 文 献

[1] 陈国海. 组织行为学 [M]. 5 版. 北京：清华大学出版社，2018.

[2] 陈国海. 管理心理学 [M]. 3 版. 北京：清华大学出版社，2017.

[3] 陈洁园，王光辉. 员工与企业价值观一致性对企业管理的重要性 [J]. 广西质量监督导报，2019（05）：22-23.

[4] 丁思洋. 自然主义教育思想对我国当代教育的启示 [D]. 重庆：西南大学，2012.

[5] 段锦云. 管理心理学 [M]. 杭州：浙江大学出版社，2010：76.

[6] 范逢春. 管理心理学 [M]. 成都：四川大学出版社，2009：87.

[7] 高阳. 试论企业价值观的构建 [J]. 科技资讯，2017，15（31）：141-142.

[8] 贾昌荣. 如何走出个性员工管理的烦恼 [J]. 现代企业教育，2005（08）：44-45.

[9] 李荣，聂志柏. 中国积分制管理 [M]. 武汉：长江出版社，2014.

[10] 李荣，聂志柏. 中国积分制管理 [M]. 武汉：湖北人民出版社，2015.

[11] 廉茵. 管理心理学 [M]. 北京：对外经济贸易大学出版社，2007：109.

[12] 罗桂成. 个人价值观管理研究 [J]. 科技创业，2017（12）：100-104.

[13] 吴建斌. 职业人格培养论 [M]. 杭州：浙江大学出版社，2012：171.

[14] 吴晓义，杜今锋. 管理心理学 [M]. 广州：中山大学出版社，2006：147.

[15] 徐光. 跨越心之墙：员工管理的黄金定律 [M]. 哈尔滨：哈尔滨工业大学出版社，2008：27.

[16] 杨言建. 浙商是怎样炼成的 [M]. 北京：北京工业大学出版社，2006：71.

[17] 尹振杰. 积分制管理在工程监理企业管理中的应用研究 [D]. 南宁：广西大学，2017.

[18] 殷智红，叶敏. 管理心理学 [M]. 2版. 北京：北京邮电大学出版社，2007：43.

[19] 曾德嵘. 心理学的暗示效应探析 [J]. 才智，2011（02）：190.

[20] 赵国祥. 管理心理学 [M]. 北京：高等教育出版社，2010.

[21] 张蕾. 企业价值观对企业创新战略的影响研究——以华为技术有限公司为例 [D]. 北京：首都经济贸易大学，2017.

第四章 积分制管理与员工激励

员工是构成企业的基本元素，企业的发展需要员工的支持，员工的成长需要企业的平台。企业管理者应该明确员工并非一种工具，员工本身的主动性、积极性、能动性和创造性对企业的生存发展、繁荣壮大起着相当重要的作用。企业一定要了解员工的需求，才能不断地激励员工。那么，什么是员工激励？通俗地讲，就是充分调动员工的工作积极性，使其充分发挥主观能动性，高效地完成组织任务和战略目标，促进企业健康快速的发展。那么，如何激发员工的工作动机，使员工发挥自身作用，提升工作效率，为企业创收增益呢？这涉及个体心理与行为的相关问题，是激励理论发挥作用的重要舞台，也是积分制管理的精髓与实际意义所在。

现阶段，激励理论主要包括内容型激励理论、过程型激励理论和行为改造型激励理论。其中，内容型激励理论从需求入手，着重探讨人的需求对其行为的影响，代表理论有需求层次理论、双因素理论、成就激励理论；过程型激励理论从人的动机入手，着重研究行为产生、发展、改变和结束的过程，代表理论有期望理论、公平理论；行为改造型激励理论从行为控制入手，着重探讨如何引导和控制人的行为，变消极行为为积极行为，代表理论有归因理论和行为强化理论（张平，2019）。本章将从这三类激励理论中选取比较有代表性的四个理论，即需求层次理论、公平理论、期望理论和行为强化理论，分别探讨它们与积分制管理的关系。

第一节　需求层次理论与积分制管理

什么是人的需求？这个问题的答案因人而异，千差万别。不同的人有着不同的需求结构和需求程度，其中，生存是人们的共性需求，也是最基本的需要。需求层次理论属于管理激励理论中的内容激励板块，主要研究个体不同的需求层次。需求是人产生各种行为的原动力，只有首先明确了人的需求是什么，我们才能分析哪些因素能够对需求产生影响，

第四章 积分制管理与员工激励

而积分制管理正是在了解了人的本性、需求层次的基础之上形成的对员工的综合考核和激励体系。

一、需求层次理论：阶梯状分布

针对个体在不同阶段、不同时期所产生的不同层次的需求，马斯洛提出了著名的需求"金字塔"理论。该理论为我们更好地了解自身需求，定位自己的发展方向提供了理论基础。如何满足员工不同层次的需求，使其获得发展空间，实现人生价值，继而超越自己，并为企业发展尽心尽力已成为每位管理者需要思考的问题。当然，员工实现自身价值的道路并无捷径，只有学会分享与珍惜，找到自身内在的核心价值，并为之不懈努力，才会在前行的道路上有所成就，获得幸福。

（一）何为人的需求

我们为什么而生？我们的努力是为了什么？或许每个人都想过这类问题，而答案也是千差万别的。由于人的本性因素、生活环境、发展状态等的相互作用，各种需求的外在表现存在较大的差异。当然，人的需求也是存在共性的。我们的生存离不开物质供给，物质供给可以满足生命存活的需要。换言之，人的生存需要一定的物质保障，有了物质保障，人才能够感受到需求被满足带来的愉悦和幸福。

人的需求是否始终如一，不会发生变化？答案无疑是否定的，因为人在成长发展的过程中，所处的环境一直都在发生变化，人的价值追求、目标诉求必然也会随之改变。因此，人的需求始终处于一个不断变化的动态过程中，而时间和环境就是其最主要的驱动力。那么，如果人的需求无法得到满足，会产生什么样的结果呢？试想一下，一个人若是难以维系生计，总是保持一种食不饱腹、衣不蔽体、寝不安席的状态，他将会发生什么样的改变？毫无疑问，在这样的情境之下，这个人若想继续生活下去，他就必然要在紧张的状态下努力奋斗，直至满足这种温饱与安全的基本需求。

(二)马斯洛需求层次理论

美国心理学家亚伯拉罕·马斯洛于 1943 年在文章《人类激励理论》中提出了需求层次理论，该理论被视为人本主义科学的重要理论。马斯洛将人类需求从低到高按层次分为五种：生理需求、安全需求、社交需求、尊重需求和自我实现需求。

马斯洛认为，个体的需求是呈阶梯状分布的，当某一层次的需求得到满足后，个体对高一层次的需求就显得更为迫切了。例如，个体在满足了生理的基本需求，如食物、住所等之后，就会开始注重个人的生活稳定、人身安全等方面的需求。也可以这样理解：倘若某一个体既缺乏食物、安全，也缺乏被爱和尊重，那他通常对食物的需求是最强烈的。在这种情形下，其他层次的需求对他来说就显得没那么重要了。因为饥饿占据了个体的所有意识，其关注点都放在对食物的需求上，他就会竭尽全力去获取食物，以满足自身基本的生理需求。简而言之，个体唯有能够真正地获得生理需求层面的满足，才可能会出现更高层次的需求，如安全、尊重、社交等方面的需求。

例证 4-1　徐州新电高科电气有限公司的员工需求层次分析

徐州新电高科电气有限公司坐落于江苏省徐州市铜山经济开发区小锅山东侧，组建于 2005 年 12 月，是徐州汉邦集团公司全资子公司。经过近十年的发展，徐州新电高科电气有限公司已经形成一定的规模，企业研发队伍也在不断壮大，这与该公司的员工激励机制有着密不可分的关系。徐州新电高科电气有限公司的员工激励机制基于马斯洛提出的需求层次理论而建立，并结合企业的实际情况将员工的需求分为以下三个层次。

（1）员工的基本需求。从马斯洛需求层次理论来看，所谓的基本需求就是需求层次理论中的生理需求和安全需求。换言之，就是指徐州新电高科电气有限公司能否解决员工最基本的衣、食、住、行等生活方面的需要，以及能否保障员工对自身人身安全、就业保障、经济保障等的追求。而该公司目前所做的有：提供合适的薪酬、为员工提供免费的住宿、给予一定的工作餐补贴、为员工购买五险一金、保障工作环境和宿舍的安全性等。当然，受到技术层次、岗位职称、学历层次等因素的影响，员工的待遇有所差异，如一线工人住宿环境为八人一间的集体宿舍，而技术人员为两人一间的宿舍，一些技术骨干拥有自己的单间宿舍等。

（2）员工的关系需求。关系需求是马斯洛需求层次理论中处于第三个层次的需求，当员工的第一、第二层次的需求得到满足之后，就会有社交的需求。在现代人力资源管理中，感情留人已经成为必备的手段之一，可见员工的社交需求也就是关系需求在人员稳定性方面起着重要的作用。而该公司每两年定期组织员工进行一次体检、外出旅游一次，不定期开展员工卡拉OK大赛、篮球比赛、乒乓球比赛、棋牌比赛等团建活动，活跃员工业余生活，以满足员工的关系需求。

（3）员工的价值需求。价值需求是马斯洛需求层次理论的第四个层次和第五个层次，即尊重的需求，当前三种需求得到了满足，即当员工有了稳定的收入，安全有了保障，生活工作中人际关系融洽，就会进一步渴望拥有稳固的地位，得到别人的认可或者高度的评价，在社会中有一定的社会声誉，受人尊重。针对员工这方面的需求，该公司首先营造良好的企业文化，设置"员工意见直通车"，每位员工都可以就企业存在的问题发表自己的看法和建议；其次对于技术创新和生产成本节约能手进行物质和精神奖励，鼓励员工多方面成长。

（资料来源：王敏，2015）

(三)自我价值的实现与超越

亚里士多德曾经说过,人生最终的价值在于觉醒和思考的能力,而不只在于生存。我们对人生价值的实现,不仅取决于行动上的努力,还要在思想上达到一定的深度。对于自身发展有一个清晰的定位和明确的认知,才能让我们在实现生存的同时,做到充实地生活。我们都知道,人生如同故事,重要的并不在于这个故事有多么长,而在于这个故事有多么精彩。如何才能过好一生,写好自己的故事,这值得我们每一个人深思。我们虽然皆是凡人,但仍可以通过调整心态、树立目标、努力工作,实现自己的人生价值,超越自我。

二、员工的需求:多元化趋势

随着市场经济的发展,我们发现员工的需求呈现多元化的趋势,从之前单纯的物质需求转向物质需求与精神需求共同发展。为此,作为管理主体,在管理员工的过程中,管理者需要考虑员工在不同层次的需求,并针对员工在每个层次的需求制定相对应的激励举措。结合马斯洛需求层次理论,我们就员工的多元化需求按层次进行分类,并制定了层次分析图(见图4-1)。

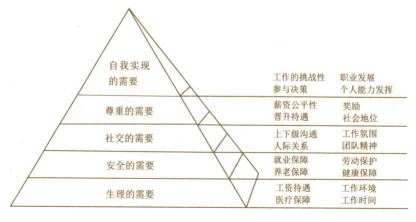

图4-1 员工需求层次图

第四章 积分制管理与员工激励

通过分析论证我们发现，员工多元化的需求对企业绩效管理提出了挑战，即如何才能更好地满足员工在不同层次的需求，实现高效的绩效管理，这是每个企业管理团队必须思考的难题。因为只有管好人、满足人，企业才能有发展、有未来。

（一）员工的个性化需求

何为员工的个性化需求？即员工基于不一样的家庭背景、生活环境、个人经历等，对工作中的所求因人而异地呈现出来的显著特点。比如，有的员工想要放假，有的员工想要加薪，有的员工想要升职等。如果企业的激励能够满足员工的目标，将员工自身发展与企业发展相结合，那么，员工就不仅是为了工作而工作，更多的是为了实现自己的理想目标而奋斗。例如，很多企业选择在中秋佳节为员工送上月饼，以表达企业的人文关怀，然而这项常规福利在近些年已渐渐失去了其本来的激励作用。这说明，员工的需求在变化，随着人们物质生活水平的提高，这些常规的福利已难以实现对员工的激励作用。企业管理者需要认识到，员工的需求在逐渐向个性化发展的方向迈进。

员工的个性化需求体现了当今员工需求最大的变化，即每个员工想要的是不一样的。如果员工拼命工作的目的是想要获得职位的晋升，而单位给他的却是物质奖励，抑或是员工做了大家不愿做的工作而只得到了老板的几句夸奖，那激励效果势必就会差一些。为此，企业应从员工角度出发，鼓励大家畅所欲言，加强双向沟通，拓宽员工表达诉求的渠道，了解员工的所需、所想，以建立满足员工个性化需求的定制化管理模式。而后在定制化管理模式中，将企业特点、企业文化与员工个体差异、目标需求进行有效结合，并制订有针对性的奖励计划。唯有这样，企业才能更好地调动员工的积极性，保持员工的工作激情、奋斗热情、成长决心。

例证 4-2　中国铝业青海分公司的弹性福利计划

中国铝业青海分公司（前身为青海铝厂）于 1987 年 12 月投产，是国家"七五"与"八五"期间的重点项目，是我国大型电解铝生产企业之一。该分公司的福利体系中包括"四险一金"、节日补贴、交通补贴和奖励等内容，但是这些福利项目都不具有多样化、灵活性和多层次的特征，无法满足不同员工在不同发展阶段的不同需求，对员工缺乏激励作用。针对存在的问题，该分公司开始进行弹性福利计划的设计，主要包括以下内容：一是确定福利菜单的项目。福利菜单上的项目由法定福利（即不允许弹性化处理的福利，如社会保险、住房公积金、法定休假等）和公司福利（如带薪年假、通勤车、员工协助计划等）两部分组成。二是为福利物品定价。这是指把所有的公司福利项目都进行货币化处理，即对福利项目进行明码标价。三是确定员工的福利购买力。这一点主要从员工的资历（包括员工的工作年限、职务安排、权责大小、学历等）与绩效考核的结果（包括工作完成状况、态度、任务重要性和能力等）两个方面来确定。四是员工自由选择福利组合。员工根据公司核定的各自的福利项目成本，可以在自己享有的福利购买力限度内，从公司提供的福利菜单中自主选择福利组合。

中国铝业青海分公司通过为员工提供个性化的福利项目，满足了员工个性化的需求，使福利政策成为一种吸引和留住关键性人才的长期激励因素，同时也调动了员工的积极性，激励着员工为公司的发展而心甘情愿地工作。

（资料来源：潘芳，2010）

（二）员工的跨层级需求

员工的跨层级需求是指员工的需求不再局限于由金字塔的底端逐级

第四章　积分制管理与员工激励

上升到顶端,而是出现几种需求同时存在的现象。例如,企业的新进员工不但需要管理者满足其自身对物质的需求、安全的需求,还需要自我价值的实现。从某种意义上讲,员工跨层级的需求对传统的管理模式、管理体系提出了新挑战。依照传统理念,企业内的晋升、参与决策等都需要在工作年限、工作经验或业绩上达到一定条件的员工才可以参与其中,而新晋员工一般达不到要求。从新员工的角度出发,作为企业的一员,他们有权利、有责任去参与这些工作,但从单位的立场看,新员工的要求存在不合理性,因为其打破了长久以来的管理机制,而且新员工对这些工作的了解和掌握程度也不符合参与的基本条件。因为这种矛盾局面的存在,就出现了员工入职后总是找不到自身的存在价值,感觉融入不了企业,因而丧失对自己职业发展的信心,出现频繁跳槽的现象,导致企业留人困难,人力成本提高。

当然,随着信息化的普及与管理理念的深入应用,在企业管理的过程中,很多管理者也意识到了员工的跨层级需求可以具体落实到管理理念的创新、组织方式的丰富、思维方式的转变、业务范围的拓展等。但是我们必须清楚,企业的努力是一方面,员工也应从自身出发,为自身发展做好定位,摆正位置,调整心态。英特尔总裁安迪·葛洛夫曾对即将走入职场的学生们说:"不管你在哪里工作,都别把自己当成员工,而应该把公司看作是自己开的,那是自己职业生涯的开始,只有你自己可以掌握它的前途。"企业的发展壮大需要员工支撑,员工的价值实现需要企业提供平台。基于员工的跨层级需求的事实,员工和企业应在跨层级沟通机制之下进行磨合调整,才能最终达成和谐的工作状态。

(三)员工需求变化的影响因素

员工是企业最重要的资源,企业对员工的有效管理不但可以为员工创造幸福,也会为企业谋得发展。然而问题是,员工的需求并非一成不变。二十年前,只要企业给钱,员工就能卖命;十年前,除了薪酬待遇,员工还要挑办公环境；而现在，除了薪酬、环境，员工还要求个人能力提升、职位晋升空间等。2017年，《人民日报》刊发了《物质幸福时代已经结束，新时代来临》一文，明确指出：在万物俱备、什么都不缺的年代，比起金钱和物质，更重要的是精神层面的充实感。因此，企业管理者很有必要弄清楚影响员工需求变化的因素是什么，由此才能更好地了解员工的需求，进而建立高效的管理机制。研究发现，员工较普遍意义上的需求更具有工作的特点。其中，影响员工需求变化的因素主要包括以下六个维度（张皓，2014）。

第一，待遇环境，主要是指员工对于组织能提供的基本的薪酬待遇和工作条件的需求，如薪酬福利、工作和休息时间、工作环境、团结的氛围等内容。这和马斯洛提出来的基础需求内涵基本一致，但是新时代员工的基本需求还包括了一些社会关系层面的内容。

第二，工作特性，是指员工对诸如工作趣味、工作自由、工作稳定等工作本身特殊性质的需求，这类需求是员工需求所特有的结构内容。

第三，关爱接纳，主要是指员工在工作过程中对关爱、认可、信任、集体活动、良好的人际氛围等方面的需求。这与马斯洛的归属与爱的需求内涵基本一致，但更侧重于工作情境。

第四，组织品位，主要是指员工在宏观层面上对"合理的组织管理制度""公平公正的工作环境""畅通的沟通渠道""高素质的管理层"等内容的一些期望和要求，同时也包括企业对员工的工作能力、稳定性和团队合作能力的要求。

第五，发展条件，主要是指员工对组织给予自身的提升空间、成长平台、发展通道等方面的一些需求。

第六，自我实现需求，主要是指员工对工作本身能让自身价值得到实现的需求，这与马斯洛的自我实现需求内涵基本一致，但更突出通过工作让自我价值得以实现的需求。

第四章　积分制管理与员工激励

通过观察和分析，我们发现员工的需求发生变化是内外因素共同驱动的结果。从员工自身来看，员工的工作理念和信仰发生了极大的转变，员工不愿再作为企业创造利润的工具，而是将工作的落脚点放在解决温饱问题上，且对自身的物质生活水平的提高、精神生活需求、个性化发展越来越重视，他们渴望找到适合自己的发展方式，以实现自身价值；从企业层面看，企业对员工的要求逐渐变高，不仅看重员工的能力，还关注员工的工作稳定性和员工的团队合作能力，这是企业单方面对员工的要求。若企业与此相匹配的人文关怀（如员工食宿、职业发展、培训需求等）不到位，员工就会在高要求和低待遇上产生巨大心理落差，最后将引发员工需求上的变化，以及由于无法满足员工需求之后引发的离职。

三、积分制管理与员工需求满足

积分制管理采用奖分的方式来记录和考核员工的综合表现，并以此作为员工绩效考核、奖励的考量核心。在具体实行过程中，奖扣分使员工在积分的文化氛围中，通过切身感受产生对工作的自豪感和使命感，提高员工自身的工作效率，加强员工对企业的认同感与归属感，使员工将自己的思想、情感、行为与企业的经营联系在一起。当然，积分制管理也使得企业更加认同员工的价值，积极引导员工的行为，并对员工的工作成效和表现做出及时的反馈和嘉奖，以满足员工的需求，鼓励员工实现自身价值，促进员工的进步与成长，实现企业与员工双赢。

（一）员工需求与员工激励的匹配度

前文已对员工的需求及变化做了详细的论述，关于在积分制管理中，员工需求同企业对员工所实行的激励之间的吻合度如何，还需做进一步的探索。企业员工的成长过程实质上也是一个激励的过程。企业通过有效的激励，激发员工的原动力，调动员工的主观能动性，鼓励员工超越自我，实现人生价值，提高员工对高质量工作的认同度；促进员工思想及业务素质的提高；增强员工的自觉服务意识；鼓励员工开展良性竞争。积分制管理的实行，较之传统的绩效考核和激励模式，做到了即时激励、加强沟通，提升了员工的满意度，在很大程度上满足了员工的多种需求。

积分制管理的落地实施以及细节制定是基于企业自身的条件和员工的诉求的，较之宏观而又高大上的管理理论，积分制管理更接地气，具有较强的可操作性。在积分制管理中，企业根据员工所得积分进行排名，为员工调整绩效工资、评优评先、福利发放等提供依据。这在很大程度上满足了员工多元化的需求，提高了员工的幸福感和成就感，由此会让员工对工作更加重视和认可。

例证 4-3　员工服务意识的"被动"与"主动"

深圳贝贝特科技实业有限公司成立于 2004 年 4 月初，是一家集设计、生产、销售于一体的科技实业有限公司。贝贝特科技起步于自动化设备设计，目前国内高端电容器行业仍在应用该公司产品，随着公司不断发展，其产品逐渐涉及医疗、光通信、电子工业设备、硬盘设备、半导体设备、汽车等。

引入积分制管理后，公司将员工的积分与涨工资，发奖金，发福利，各种荣誉获得，组织旅游，发金牌以及公司各项长期、中期、短期收益挂钩。积分制管理的正能量深入人心、鼓舞人心，挣积分成了员工工作的一种动力和习惯。

积分制管理的实施让贝贝特员工的服务意识发生了从"被动"到"主动"的巨大转变，初步形成人人努力挣积分、全员努力抢任务的良好局面。在这种环境下，一位新员工的感受是："我的专长和技能都有积分，我每干好一件事、每完成一项工作、每达到一个新的标准，都能挣到积分。而且，我的工作和表现都能被领导和同事发现和认可，干得有劲头，干得

第四章 积分制管理与员工激励

有盼头,挣到积分、拿到奖票,我就觉得自己没白干,很兴奋。"

(资料来源:群艺集团积分制管理心理学课题组调研记录)

(二)积分制管理下员工价值的实现

老一辈人常常教导我们,吃亏是福,暂时的少得从长远来看是可期的机遇。积分制管理让"吃亏是福"变成了现实,它的核心理念是不让优秀的员工"吃亏"。在积分制管理中,员工每加一次班、每做一件好事,抑或每吃一次亏,企业都会以积分进行量化,并做相关记录。通过积分的记录累积产生名次,然后再把名次与奖金、各种福利挂钩,让真正愿意"吃亏"的员工在绩效考核中得到好处。企业是员工生存和发展的载体,如果企业具有健全的人才培养体系,就可以提升员工的能力,增强员工的素质。但是,成长之后的员工的去留选择已成为令很多管理者头痛的问题。管理者会觉得,是企业培养了员工,员工就应该为企业的发展做贡献,员工却不这么想。对此,我们可以用"鱼缸理论"来解释,这一理论的核心即"当鱼大于鱼缸时,鱼自然会跳到更大的鱼缸里"。员工在培训及工作中得到了锻炼和成长,但在这个过程中,企业是否也在同步成长?是否能够为员工实现自身价值创造更好的条件和机遇呢?对于企业而言,设计合理的晋升机制是比培养人才更重要的事情。

积分制管理作为员工乐于接受的全新的管理方法,在很大程度上实现了员工价值与企业发展的平衡,在企业发展的同时实现了员工自身价值的提升,解决了很多用人单位的大难题。积分制管理通过"挣分+排名+福利"三大环节,设身处地地满足了员工的各项需求,为员工实现自身价值做了充分的考量,如图4-2所示。

通过挣分机制,积分制管理极大地调动了员工的积极性,员工们将"勿以善小而不为"牢记于心,切实做到了积极帮助同事,协调配合相关的工作事项。每一时间段的积分排名既是对员工表现好坏的衡量,更是一种正向的刺激,让员工看到差距,调整自身的态度,改变行为习惯。到了福利分配阶段,积分更多的代表着一种肯定和认同,形式繁多、种类齐全的奖品满足了员工各个层面的需求。换言之,积分制管理可以充分调动员工的积极性,激励员工的正向行为,奖励员工的工作成果,让员工在付出与收获中更好地实现人生价值。

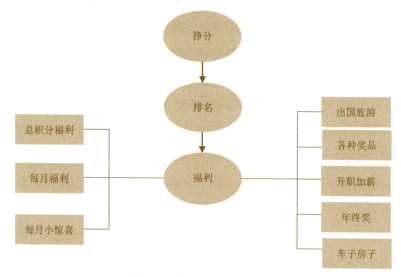

图 4-2　挣分 + 排名 + 福利

(三)企业发展中员工的个人成长

企业发展和员工成长互为基础、相互依存、相互促进,员工是企业发展的重要资源支撑,而企业发展为员工个人成长提供了充分的条件。通俗地讲,如果把企业比作远航的船,那企业员工就是船员,二者的命运紧密相连。如何实现企业和员工共同成长是当下许多企业管理者所重点思考的问题之一。积分制管理的实行充分考虑到了员工的成长与进步,为员工的个人发展创造了可期的机遇。总的来说,企业可以以积分制管理为基础来构建员工成长状态监测反馈子体系,即以客观统一的成长积分标准衡量员工的成长状态,并以量化的积分形式反馈给员工。

第四章 积分制管理与员工激励

具体地讲，对于员工，积分制管理中被量化的积分数据分析不仅能及时地让他们看到对个人成长状态、与理想目标值的差距、个人成长速度等的清晰反馈，也为他们自身的发展决策提供了数据支持。通过员工的相对成长速度、竞争群体成长速度和状态的反馈，积分制管理可以帮助员工清晰地认识自己近期的成长状态以及在发展群体中的竞争力，激励员工及时调整学习状态、持续学习、不断成长并实现发展目标。对于企业，通过积分数据周期性定量反馈员工成长状态，企业可据此评估员工个人阶段性学习效果，并采取相应优化措施，纠正员工成长行为偏差，也可以按积分实行培训奖励。企业管理者在管理过程中，对于达到一定积分数值的员工，可以给予一次参加内部培训的奖励；对于在工作期间有突出贡献者、实习成绩考核连续优秀者，可以考虑给予省培或国培机会一次。但是，培训不宜过分频繁，以免降低培训效果，故应切实结合员工素质和工作需要来制订培训计划，坚持适度且高效的原则。同时，企业应结合培训考核，对员工的培训效果及其转化效果进行正确评判。

积分制管理无论是对企业还是企业员工的成长来说都起着至关重要的作用。通过积分制管理，企业不仅可以分析员工群体的成长状态和速度，了解该岗位成长积分标准的合理性、激励性以及相应培训课程的培训效果等，也可以预测未来该岗位后备人才队伍状况，从而确定是否需要调整决策，以有效支撑企业未来的发展；同时，员工也可以清晰地认识自我及自身在成长环境中的竞争力，以便及时、准确地优化成长发展方案，激励自己不断努力学习，向群体中的优秀员工看齐。

第二节 公平理论与积分制管理

公平理论的问世为企业管理体系建立做出了很好的引导，诸多企业基于公平理论，探索出了适合公司实际发展的绩效考核制度和薪酬体系。

积分制管理理论与实践

企业对员工公平与否在很大程度上影响着员工的态度和行为,企业管理者应充分认识到公平的重要性,树立公平的管理理念。唯有树立公平意识,创造公平机会,为员工提供公平的竞争环境,才能更好地调动员工的积极性,实现企业与员工的双赢。积分制管理的重中之重就是通过公平机制的建立、良好环境的营造等方式来为员工创造公平的发展条件,促进员工能力和素质的综合提升。

一、公平理论

美国行为学家亚当斯的公平理论对企业管理具有较大的启发。员工感受到的公平感不但与自身有关,而且与身边同事也有很大的关系。基于员工自身的公平感受会影响员工的工作态度、工作效率,进而影响到企业发展。近些年,各个相关利益主体对管理体系中的公平性越来越重视。为了激发员工的积极性和工作潜能,企业应着力构建相对公平的管理体系,引导员工客观认识公平性,增强工作环境的公平感。

(一)是否有绝对公平存在

公平与否,主要体现在分配的过程中。当然,公平不是"一刀切"的平均分配,也不是残忍的弱肉强食,而是既让付出多者、强者分到的多一些,也不让付出不足者、弱者一无所获。那么,绝对公平是什么?绝对公平是指唯一且不变的公平标准,绝对的公平标准通常是指一种人人能够接受且不允许变动的唯一标准(周碧波,2015)。然而,世界上没有绝对的公平,公平只存在某一个点上或某一个时间段内。所以说,不存在所谓的绝对公平,只存在相对的公平。

例证 4-4　绝对的公平并不存在

一位国王拥有一片葡萄园,他雇用了许多工人做园丁。有一天,国

第四章　积分制管理与员工激励

王要去葡萄园散步，便选择了一位能力出众、技艺超群的园丁做向导。按照犹太人的传统，每日工作完毕发放工资，即现在所谓的"日薪制"。

所有园丁的工资都相同，但当那位陪国王散步的园丁领取工资时，众人群起而攻之，质疑那个园丁只是陪国王散步，怎么能领取和他们相同的工资呢？

国王说："这个人在两个小时内完成了你们用一天时间才能完成的工作，这是极其公平的。"

在这个世界上，许多人都认为公平合理是生活中应有的正常现象。我们经常听人说"这不公平"或者"因为我没有那样做，你也没有权利那样做"，这是因为我们整天要求公平合理，每当发现公平不存在时，心里便不高兴。应当说，要求公平并不是错误的心理，但是，如果因为不能获得公平，就产生一种消极的情绪，那就需要注意了。

实际上，绝对的公平并不存在，你寻找绝对公平就如同寻找神话传说中的事物一样，是永远也找不到的。这个世界不是根据公平的原则而创造的，譬如鸟吃虫子，对虫子来说是不公平的；蜘蛛吃苍蝇，对苍蝇来说是不公平的；豹吃狼、狼吃獾、獾吃鼠、鼠又吃……只要看看大自然就可以明白，这个世界并没有公平。公平是神话中的概念，人们每天都过着不公平的生活，快乐或不快乐是与公平无关的。

（资料来源：左岸，2018）

在日常生活中，我们时时刻刻受到公平心理的影响，若是没有达到心理预期，我们就会变得不满、焦虑，甚至是愤怒。但往往这个时候，我们需要反思一下，问题究竟出在哪里？是自己做得不够好、付出得不够多？抑或世界真的对我们不公平？当然，现实中会有不公平的情况出现，触及我们的核心利益，但这个时候，我们绝对不能毫无顾忌地去释放情绪，而应该冷静思考、客观分析，并进行调整改变，以便在顾全大局的同时，捍卫自身的权益。

(二)亚当斯的公平理论

亚当斯公平理论认为,作为行为个体,我们所关心的不仅是自己付出与所获报酬的绝对值,同时也关心自己所获得的报酬同周围人报酬的差别。以此为标准,我们个人所判断的公平与否在很大程度上对后续的行为活动有着重要的影响。当员工认为自己的付出与收获不成比例,感到不公平时,他就倾向于采取改变自己的投入、产出,歪曲对自我、对他人的认知,选择其他参照对象,离开该领域等举措。

需要说明的是,公平理论中的分配公平不等同于经济学中的公平,而更多地体现在观念层面,是员工心理上的感受,所以说不存在客观的可比性,更多的是主观的看法。心理学中的应激(stress)是一种由多种情绪组合而成的复合情绪。它可以在某些场合产生积极作用,使个体产生适当的精神压力或紧迫感,从而激发个体采取积极奋发的行为以提高工作的效率。观念不公平的心理学基础正是应激,而这种应激是激励的重要驱动力,在激励中可以很好地调动员工的积极性,使其有所作为、有所收获。因此,在消除"不公平"的同时,激励的重要驱动力——应激也随之消失,这是公平理论的两难抉择。解决这一公平理论困境的关键就在于解决观念问题,让员工的认识有所改变、有所调整。就其核心而言,应当是确立企业价值观念的认同(王平,2002)。在观念认同中,通过营造相对公平的工作环境,可以让员工更好地融入集体,积极行动,为企业发展贡献力量。

(三)公平机制激发员工的无限潜能

公平理论在实践中的效用无法达到预期,主要源于员工所感受的公平与否是一种主观的观念,由于没有特定的标准去衡量,因此存在很大的不确定性和不可预知性。要突破公平理论在现实管理中的制约,重要的是要树立正确的公平观念。当下企业文化建设就是要营造正确的价值导向,消除员工的不公平感,让员工意识到自身的价值、工作成就感,进而实现激励员工的初衷。因此，公平机制的建立在企业管理中发挥着重要的作用。

企业公平机制的形成和优化需要将企业的长远发展和员工的自身发展融为一体。一方面，企业需要发展，要实现增收增效，拓展业务，增强实力；另一方面，员工需要发展，要实现自我成长、成熟，直至实现成功。我们可以看出，二者并不矛盾。企业构建的公平机制为员工创造了更好的条件和更多的机遇，同时，明确肯定了员工的表现和业绩。在很大程度上，这样的工作氛围能够很好地激发员工的主观能动性，促使他们抓住机遇，有所成就。任何业绩的质变都来自于量变的积累，在不断积累的过程中，员工的能力、综合素质会得到极大的提高，企业的业绩和效益也会大幅增加。这种相辅相成的成长对企业和员工来说就是双赢。企业激发员工的潜能，助推员工个人成长的速度，员工受到企业的肯定和成就感的激励，进而努力实现自身的价值。以此为基础，员工对企业的忠诚度也会有所增强，立志更好地服务企业。

二、公平理论与员工绩效考核

留住人才，避免核心人才流失是企业发展壮大的重要保证，但企业在绩效考核方面的不公开、不透明、不公平会极大地影响员工的工作欲望，对员工的去留产生较大的影响。对此，企业管理者要有所认识、有所感知、有所行动。随着公平理论的广泛应用，其为企业管理绩效考核机制的建立提供了理论指导，对于企业在绩效考核方面的完善和改进起到了很好的引导作用。

（一）员工绩效考核的公平标准

员工绩效考核作为衡量企业员工和管理层工作效果的标准，不但事关员工的切身利益，对企业自身也有较大的影响。要满足员工与企业双方的诉求，绩效考核标准的设定就显得尤为关键。企业管理者在探索科学、公平的绩效考核标准时，除了要针对不同阶段、不同条件设定外，还存在一些需要改进的关键点。就目前来看，员工绩效考核的公平标准应该囊括考核指标科学化、考核重点突出化、考核形式多样化、考核结果差异化等方面。考核的目的是对工作的过程和成果进行客观公允的判定，只有评定指标足够科学客观、考核的重点足够突出、考核的形式丰富多样、考核结果有一定的差异性，才能保证员工绩效考核的公平性，才具有更强的说服力。

绩效考核的公平标准需要宏观的指导，同时也需要有针对性地进行调整，以契合企业发展和员工工作的实际情况。与标准相承接的事项就是绩效考核的标准落实，这一方面可以激发员工的工作动机，另一方面也有助于公司管理体系的健全和完善。客观公平的标准不能纸上谈兵，而需要落到实处，并且看到效果的反馈。在企业贯彻绩效考核公平标准的过程中，一定要让员工感受到公平所在，感受到管理者对员工的重视，这样才有助于增强员工工作的信心，提升员工的团队协作能力。同时，绩效考核的公平化也有助于管理者综合考量各种因素，做出正确的管人、用人决策，降低企业的管理成本。

（二）绩效考核公平性的影响因素

绩效考核的公平性是绩效考核能够发挥作用的重要基础，其意义无须赘言。那么，如何创造条件实现公平并保证贯彻实施就需要我们综合分析影响绩效考核公平性的主要因素。影响绩效考核公平性的主要因素包括两个层面：绩效考核的内部公平性和员工的感受。

企业绩效考核的内部公平性主要指是否制定了科学客观、重点突出、形式多样、注重效果差异的公平标准；是否建立了跨层级沟通协调的良好工作机制，定期或不定期地开展相关培训；是否形成了健全的监督机制，为员工提供了申诉渠道。以上内容都会不同程度地影响企业绩效考核的公平性。此外，绩效考核过程中容易出现的晕轮效应和近因效应，

第四章　积分制管理与员工激励

也会在一定程度上影响企业绩效考核的内部公平性。其中，晕轮效应是指考核者在考核员工时难免会掺杂个人情感因素，在考核过程中很难做到"对事不对人"，即考核者对员工绩效的考核依据不是完成工作的情况、工作态度、工作质量，而是带有主观色彩的个人判断；近因效应是指考核者对被考核者的近期行为表现往往会产生比较深刻的印象，从而对被考核者在整个考核期内的工作表现缺乏长期了解与记忆，故"以近代全"，只对其最后一阶段的工作表现进行考核。由此可见，晕轮效应和近因效应会导致管理者对员工的评价不够客观，进而出现偏差，而这会导致考核公平缺位，造成员工对领导、企业的不信任。

员工的感受主要包含员工对自身的预期和认知，即是否建立了基于现实情况的绩效期望；是否对自己的工作和成果具有客观的认识；是否存在盲目攀比的心理。员工对绩效考核的感受，既可能激发他们的工作热情，也可能成为他们前进道路上的绊脚石。以上两个层面的因素对绩效考核的公平性有着深远的影响，因此需要管理者给予足够的重视。

（三）如何建立公平的绩效考核机制

前文已经对员工绩效考核的公平性标准和主要影响因素做了详细说明，在此基础上，我们需要进一步分析，如何才能建立公平的绩效考核机制，为企业管理和员工发展创造更好的环境和氛围。经过梳理相关的标准和主要的影响因素，要建立公平的绩效考核机制，我们要清楚以下三点：一是标准制定是建立公平绩效考核机制的重要基石；二是环境塑造是建立公平绩效考核机制的必要条件；三是监督机制是建立公平绩效考核机制的有效保障。

在公平绩效考核机制的建立过程中，标准的制定是基石，只有客观、公正、科学的标准才能支撑起整个机制的建立和完善，当然，这个标准要具有战略高度，要全面综合，要具有可信度，才能使企业考核契合自身发展，并最大程度地激发员工动力；环境塑造是条件，企业层面要做好针对绩效考核的专门培训，提高员工的参与度，听取员工的建设性意见，同时要建立真诚互信、人人平等的企业文化，加强员工的主人翁意识；监督机制是保障，绩效考核公平机制的建立还需要监督作为支撑，以保障这一机制的合理公正。为建立公平的绩效考核机制，我们要重点关注标准的确立、环境的建设、监督的形成，充分体现及时、有效监督的重要性，这样才能建立健康、公正的绩效考核体系。

三、积分制管理与员工绩效考核

积分制管理的实行旨在不让优秀的员工吃亏，为实现真正意义上的不吃亏，积分制管理形成了科学的规范管理办法，建立了公开透明的管理体系，营造了相对公平的工作环境，为员工创造了均等的机会，让员工努力挣积分、快乐享积分，在这个过程中获得认可，实现自身价值。

（一）积分制管理的公平所在

虽然绝对的公平是不存在的，但是我们可以建设和营造相对公平的工作环境，满足员工的要求，满足企业发展的需要，积分制管理的推广应用就很好地做到了这一点。在积分制管理中，积分是最核心的考量指标，积分的增长、积分的额度、积分的排名决定了员工拥有的机会、待遇和福利，员工可以公平地竞争、赚取积分，绝无暗箱操作的可能存在。这时，肯定会有疑问的声音：怎么能确保积分的给予也是公平的？其实答案很简单，积分制管理是人性化、透明化、公开化的，管理者的主观意向的发挥空间并不大，因此，积分制管理的公平所在就是它营造了相对公平的环境，供员工去努力奋斗，获取自己所需，从而有所成就。

积分制管理的公平所在还体现在它是一套科学规范的管理体系，采用专门的 App 进行记录，这也是积分制管理的重要特点之一。积分制管理采用先进的科学技术记录员工所挣的积分并计算复杂的工作量，这是一大创举。因为它不仅记录了劳动力成本、企业的管理成本，而且是完全公开透明的,员工可以即时获知自己的积分变化,也可以随时在网上查阅自己的积分。这种公开透明的记录方式保证了工作中的公平性,员工劳有所得,只要做了实事,做了好事,就一定能得到相应的反馈和激励(李荣等,2015)。因此,积分制管理很好地解决了管理中的运作规范问题,也就相对地保证了公平的建立和维持。

(二)积分制管理提供均等机会

积分制管理中的均等机会是指企业内的员工都平等地享有单位提供的各种机会,包括均等的工作机会、发展环境、发展条件等。同时,每位员工都平等地享有自由竞争的权利,大家在机会均等的环境中公平竞争,共同进步。换言之,大家采取公平竞争的形式获取所需,有所收获。积分制管理最明显的特点就是所有员工挣得积分的机会是均等、公开的,他们享有同等的竞争机会,奖分扣分、积分排名、积分抽奖也都遵循公开化的原则(李荣等,2017)。积分制管理通过制定受员工欢迎的公平竞争模式,为员工创造了相对公平的激励竞争的工作环境。

在积分制管理体系中,管理者既考虑到了员工眼前的利益,也考虑到了员工未来的、长远的利益。简言之,积分制管理是最大化地为员工谋福祉的管理制度。在实施积分制管理的过程中,企业既注重制度公平、环境公平,亦重视分配公平、过程公平,很好地将公司想要给予员工的薪资福利、绩效奖励等项目摆到台面上。而鉴于奖励有限,并非普及每个人,这无疑会激励所有员工付出努力,以争取挣更多的积分,拿到更多的奖励。因此,积分制管理中机会均等、公开透明的机制的激励作用远远大于人人有份、大家平均的激励机制,这也是积分制管理的闪光点所在。

(三)积分制管理激活员工动力

良好的企业管理制度可以激发员工的无限潜能,这是员工和管理者所持有的共识。积分制管理将开放作为管理的核心和重点，消除了传统固化思维的制约作用，在很大程度上解放了员工的思想，增强了员工的创造力，激活了企业的内在动力，这也正是积分制管理的魅力所在。现代社会是开放的、多元化的，员工的思想也紧跟着时代潮流，当下的员工需要平台，需要空间，需要机会。而积分制管理就为员工的创业创新、潜能开发搭建了舞台，很好地调动了员工的主观能动性，激活了员工的原动力，使他们对工作有了更多的想法和见解，对企业有了更多的认同和忠诚。

例证 4-5　积分制管理带给企业无限活力

随着社会的不断发展，传统零售行业被新的经营模式冲击，加之员工结构的变化，企业员工的状态不再保有活力，这给管理者带来了巨大的挑战。

2019 年 7 月，哈尔滨世一百年健康产业有限公司董事长郭阳先生率其团队前往湖北群艺集团参加了第 192 期积分制管理落地实操班。在为期三天的学习过程中，郭董及其团队学习了积分制管理的具体操作实施方法，在管理的方法和见解上有了进一步的提升，收获颇丰，当即决定在企业全面引入积分制管理。

引入积分制管理后，哈尔滨世一百年健康产业有限公司的管理发生了很大的变化，员工除了主动做好自己的工作以外，还能积极地帮助别人做事，别人不愿做和不想做的事情都有员工主动去做，员工整体的积极性有了很大的提升。通过实施积分制管理，公司基层管理者反映，员工好管理了，自己也感觉轻松了，公司管理方面发生了很大的变化。例如，办公区域的卫生一直无法安排专人负责，开展积分制管理后，很多班组员工为了挣积分，都抢着要求维护日常工作区域的卫生，类似的例子还

第四章　积分制管理与员工激励

有很多。

　　同时，员工的状态也发生了极大的变化，不仅充满活力，工作动力也增加了。通过积分快乐会议的导入，原本不好量化、不好解决的管理问题都迎刃而解。实行积分制管理后，原先没有接待业务的员工主动积极地要求帮忙调货，有的员工还自己打车去较远的店面帮忙调货，提高了店面的成交率，员工间形成了相互配合、互相帮助的工作氛围。原来，上班迟到的人员较多，而且着装不统一，公司三令五申地进行整改，都未产生效果。自从引入积分制管理后，员工上班迟到的问题解决了，所有人都整齐地穿着工装上班，严格按照公司的规定和章程办事。

　　通过引入积分制管理，公司全体员工的精神面貌产生了巨大的变化，所有人对积分的态度由一开始的排斥转为了积极参与，由从不关注积分转为时时关注积分，积分制管理正在逐步发挥越来越重要的作用。

　　（资料来源：群艺集团积分制管理心理学课题组调研记录）

第三节　期望理论与积分制管理

　　常有人说，理想很"丰满"，现实很"骨感"。期望和现实之间的距离是否真的难以逾越？其实不然。虽然我们有各种各样的期望和千奇百怪的想法，但只要采取相应的行动，付出百分之百的努力，就可能目睹期望和想法的实现。对于企业管理者，新生代员工对个性化、自主性、自由空间、个人快速成长等的追求在无形中对企业管理和企业文化建设方面提出了挑战，而企业也不得不改变自身的管理体制来应对挑战。尤其是在企业文化建设方面，要有所突破，以求更好地选人、用人、留人，其难度是相当大的，而积分制管理则为这些难题的解答指明了方向。积分制管理在企业内部形成了有效的激励机制，为员工创造了相对公平的工作氛围，只要员工表现得足够优秀，企业都会最大程度地对其需求予以满足。

一、期望与现实的距离

期望与现实之间永远没有直达的列车,现实是此岸,而期望是彼岸,如果说期望与现实中间隔着湍急的河流,那么行动、付出则是架在河上的桥梁。正如爱因斯坦所说,我们所期望的不是别的,而仅仅是自己能够全力以赴和献身于一种美好事业。我们有发展美好事业的期望,也要有到达彼岸的决心和行动。我们要以毫不动摇的决心、坚定不移的信念,凭借自己的智慧和毅力,坚定地走在前进的路上,不断缩短期望与现实之间的鸿沟。

（一）人的期望有多高

一个人如果没有了期望,就如同鸟儿被捆住了翅膀,无法飞翔;但如果一个人的期望过高,就如同鸟儿迷失了方向,不知飞向何方。因此,我们需要有期望,但这个期望必须是基于自身能力和实际条件产生的,只有这样才能为我们的努力与拼搏指引方向。面对纷繁复杂的环境,我们似乎难以认真思考并脚踏实地地做事。尽管我们都知道静下心来思考后的行动会比一直盲目前进带来更好的结果,但这一点在行动上却总是难以实现的。我们总是期望改变环境,却很少从自身出发进行反思和学习,主动去改变自己的态度和行为。面对挫折时,我们时常安慰自己,每片乌云背后都会有阳光。但也许正是我们自视过高的或是不切实际的期望一直像乌云一样遮挡着我们的阳光,让我们的生活充满失望和挫败感,让我们不断地怀疑自己,患得患失,最后一事所成。

如果我们的期望能够激发我们的斗志,增强我们的信心,那就意味着我们的期望产生了巨大的推动力。这时,我们应该坚定信念,将动力化为行动,努力前进。但如果我们的期望只会令我们徒增烦恼和忧虑,使我们无所适从,那就意味着我们的期望脱离了实际的生活轨道。这时,我们一定要及时采取行动,做出一些调整和改变。换言之,与其坚守着不现实的期望,心灰意冷,倒不如现实一点,选择切合实际的期望,获取胜利的喜悦和满足。

(二)弗罗姆期望理论

作为管理激励理论中重要的过程激励理论,期望理论又被称作"效价—手段—期望理论"。弗罗姆期望理论认为,一种行为倾向的强度取决于个体对于这种行为可能带来的结果的期望以及这种结果对行为者的吸引力,理论公式为:激动力量=期望值×效价。其中,激动力量是指调动个人积极性,激发个人内部潜力的强度;期望值是根据个人的经验判断达到目标的把握程度;效价则是所能达到的目标对满足个人需要的价值。换言之,员工的努力得到组织良好的绩效评价并得到组织奖励时,员工就会受到激励,其个人的目标也会得到相应的满足,进而会更进一步地努力,积极为实现组织目标贡献力量。为此,管理者应该了解员工的需求所在,对员工本身来说,只有满足切实需求的奖励才更加具有现实意义。

基于对期望理论在实际应用中具有重要作用的认识,企业需要对员工所持有的期望有充分的了解,尤其是对新生代员工这一特殊群体。台湾大学国际企业系教授汤明哲指出,企业成功与否,30%靠策略,40%靠执行,剩下的30%靠运气,由此可见执行力的重要性(张建宇,2005)。而企业的执行者是谁、他们想要的是什么,这正是管理者要重视的关键点。近年来,随着员工在物质生活方面的需求满足,大家将更多的注意力投入精神需求方面,以此为切入点,企业在员工的期望方面应该下功夫。以企业对员工的奖励为例,在奖品的设置方面,应突破传统的奖金一刀切方式,转为综合考量,丰富奖励形式,如外出培训机会、可自由支配时间、外出旅游等;在奖项设置方面,不仅要包括个人奖项,还应将团队奖项、项目奖励等纳入其中。

（三）期望理论与员工的积极性

期望因为需要而存在，个体通过采取相应的行动，最终实现目标，将期望转化为现实。当然，期望与现实之间的鸿沟需要个体充分发挥主观能动性，积极自主地行动，才能最终满足自身发展的需求。从某种程度来说，期望本身也具有激励作用，它促使个体积极行动，不断努力，保持昂扬向上的状态。为此，我们应时刻对未来充满自信，充满渴望，并积极行动，为生活增添活力，付出坚持不懈的努力，将期望转化为现实。

在实际工作中，作为集体的一员，员工在为企业发展创造效益的同时，对自身的价值和状态亦有一定的期望。通过合理的目标设定以及积极的行动，员工的期望达成便会越来越具有可能性。管理者一定要意识到员工合理期望的存在与实现的重要意义，因为员工的期望值会发展成为激发他们力量的重要因素，调动员工在工作中的积极性，加之一些及时、适当的奖励，员工必会更加热情、积极地投入工作中。概言之，期望理论为管理者更好地引导员工行为提供了理论指导，因为员工的期望是其产生工作积极性的主要源泉。

二、新生代员工的管理

"新生代员工"是社会给予"80后""90后"员工的重要标签，他们被视为特殊的群体，因为他们身上有着明显的时代烙印。新生代员工是在和平稳定的大环境下成长起来的，他们对战争、硝烟十分陌生，所看到的是国家制度的健全、经济发展的飞速以及信息传播的高速。这样的大环境促使他们产生了很强的自主意识、多元的价值追求、强烈的被认可意愿，这些鲜明的特征无疑对传统管理模式形成了极大的挑战。在管理制度、企业文化、团队合作等方面，到底该由新生代员工去适应企业，还是由企业去适应新生代员工，这是个很大的难题，二者如何相互适应、磨合更需要企业管理者给予足够的重视。

第四章 积分制管理与员工激励

(一) 何为新生代员工

"新生代员工"是新兴工作群体,用来指代20世纪八九十年代后出生的工作者(李燕萍,侯烜方,2012)。目前,新生代员工因为在成长环境、个人素质、工作价值观等方面的特征显著,引发的职场冲突问题越来越引起公众的关注。

新生代员工的主要特征包括自我意识高涨;崇尚自由、平等、多元化的价值观;强调现实追求;压力比较大、抗压能力弱;文化水平高、学习能力强;愿意表现自己、渴望被认可和成功;有激情、有活力、厌倦单调生活;缺乏自我定位、漠视职场文化、缺乏责任意识等(孟华兴,赵现锋,2014)。可以说,新生代员工的优点与缺点并存,能力与素质培养潜力巨大。企业作为管理的主体,需要综合地分析和权衡,全面培养新生代员工,建立科学的管理体制,发挥新生代员工的特殊之处,让其为企业发展和经济建设贡献力量。

(二) 新生代员工的期望

随着新生代员工逐渐成为大部分企业的主力军,对新生代员工的管理也成为诸多企业面临的重大课题之一。因为新生代员工在价值追求、生活态度、思维方式、工作环境等方面有着不同于老一代员工的观点和理念,因此管理者需要综合考虑和分析新生代员工的期望,在充分了解、认识他们的期望和特点的基础上,在新生代员工的管理方面有所突破,取得成就,进而实现建设既符合时代背景又满足员工期望的完善的选人、育人、用人、留人体系的目标。

新生代员工的工作期望主要体现在他们对物质、精神、文化等方面的态度。就物质保障来说,新生代员工对起始薪酬的期望偏高,薪酬涨幅变化对他们的激励效果偏低;他们对肯定和尊重的要求较高,青睐公平民主、独立和谐的工作氛围;他们注重自我价值的肯定与实现,希望得到组织的认可和接受,认可程度越高,他们的工作动力越强,工作态度越积极;他们比较关注个人发展,普遍受过高等教育,深知人才竞争的激烈性,所以对自己的职业规划有比较清晰的思路。

(三)新生代员工对传统管理模式的挑战

新生代员工对工作条件和个人成长等方面的高标准、高要求对传统的管理模式产生了严重的冲击。为此,对新生代员工的有效管理已成为当下企业人才选用和管理的重中之重。具体而言,新生代员工对传统管理模式的冲击和挑战主要体现在以下两方面:一方面,员工的离职率偏高。据麦可思发布的《2018年中国大学生就业报告》显示,2017届大学毕业生毕业半年内的离职率为33%。其中,本科和高职高专毕业生在半年内的离职率分别为23%、42%。半年内离职的人中有98%发生过主动离职行为,主动离职的主要原因是"个人发展空间不够"(48%)与"薪资福利偏低"(42%)。员工的高离职率无疑增加了企业的用人成本和管理成本。另一方面,新生代员工的自主性较强,由此导致企业管理制度的约束性不足。新生代员工在完成工作时希望能够充分发挥主观能动性,不希望有太多的约束和牵制,故而有选择性地遵守公司的管理规章,纪律意识不强。

此外,新生代员工较为追求个性,合作意识比较淡薄。企业员工的传统思维是凝聚产生力量,团结诞生希望,而新生代员工更关注独立、自我发展,这就使得团队建设比较困难。同时,由于成长环境的影响,独生子女大多只关注自己的工作、生活和发展,对身边同事的了解、关注较少,这对企业文化的建设也产生了制约作用。因此,新生代员工的管理对企业传统的管理制度、文化建设和工作形式都产生了很大的影响。

三、积分制管理与新生代员工管理

针对新生代员工自身的特点,企业在管理体制和机制方面要有所创新,才能激发新生代员工的活力与潜力,为企业发展创造动力。积分制管理的理念在一定程度上与新生代员工自身的特殊性有一定契合度,可以满足新生代员工在不同程度、不同方面的期望与要求。积分制管理通过"快乐会议"的设置创新了会议流程,并通过精心设计的抽奖环节将种类繁多的奖品发放到员工手中,使员工充分感受到参与其中的快乐与满足。最重要的一点是,积分制管理中,员工积分的积累与排名的不可预期性调动了新生代员工的积极性。新生代员工争强好胜、期待突破、追求个性发展,同时亦对未知和不确定性充满好奇,积分制管理正是为满足新生代员工的需求而生。

(一)积分制管理与新生代员工

作为社会人,人们天生希望能够得到外界的认可,这对新生代员工来说也不例外。新生代员工基于个人的成长环境、来自同龄的竞争压力、社会的发展节奏,更希望以外界的认可作为自己继续努力的动力源泉,而积分制管理正是一种随处体现认可的管理体制。积分制管理与新生代员工的特点有着密切的对应关系。在积分的积累过程中,积分的数量和排名一直处于不稳定的状态,常常会产生变化和更新,这就出现了不可预期的效果。在这种动态平衡的过程中,新生代员工感到自己的努力得到认可,便会通过创造性的工作实现人生的价值,为企业注入活力,最终有助于企业实现健康长远的发展。

对于新生代员工的管理,公司可以从以下两个方面着手:(1)创造让新生代员工感到温馨舒适的工作环境;(2)建立让新生代员工快乐做事的体制和机制。积分制管理为新生代员工搭建了他们想要的舞台,以展示他们的才华与技能。"快乐会议"就是一个可以供员工展示才艺的舞台,它鼓励员工发挥创造力,积极参与并展示自己的才艺,分享自己的成长经验。在日常工作过程中,积分制管理在员工做事做人方面也都给予了积极的引导和指示,使得员工在做善事善举中得到内心的升华,并深切感受到这些行动所带来的快乐与欣喜。在积分制管理的实施中,通过管理者与新生代员工的共同努力，一定会让快乐成为引领新生代员工成长与工作的主旋律，让活力化为促进企业发展与进步的原动力。

（二）不可预期效果下的新生代员工激励

在当下这个开放与创新的时代，人们更需要有开阔的视野、创新的思维，对企业管理者而言，在员工管理方面也应有所改进和优化。其中，最大的挑战就是对新生代员工的有效激励。我们知道，员工激励的出口在于制度的建立，只有能够激发员工潜能的制度才是好的制度，才能建立企业与员工的利益共同体，实现双赢局面的达成。积分制管理可谓匠心独运，其激励效果的不可预期性是至关重要的一点，它可以最大化地实现激励新生代员工的诉求。不可期望效果是指在积分制管理中，究竟哪一位员工能够获得较好的发展机会是不可预知的，也不是先前就安排设计好的。由于员工积分始终处于动态变化的过程中，所有员工对即将出现的未知结果充满期待，相应地对自己的工作态度和工作效果也会更加重视。而且，争强好胜本来就是新生代员工的重要特征，面对不可预知的未来，他们肯定会更期望能有所作为。

在积分制管理中，积分代表着员工在各方面的综合表现，员工的积分按照总额进行排名，各项奖金福利与积分挂钩。其他员工的积分有多少，自己的排名究竟会不会排到前面，年终大奖、出国旅游等机会是否会落到自己手中，这些是许多员工不断思考的问题。而思考本身就是一种有效的行动，通过思考，员工会对自己在做事、做人等方面的表现进行反思与总结，继而转化为积极的行动。也就是说，积分制管理为企业建立积极向上和充满正能量的团队提供了助力，员工会竞相朝着目标努力奋进，实现自我价值。

（三）新生代员工激励机制

新生代员工加入用工市场，不仅对企业的员工结构产生了影响，对

第四章 积分制管理与员工激励

管理者也提出了挑战。易才集团市场总监张锐提出,如果以水的不同状态来比喻不同年龄段的员工,"80前"员工是冰,"80后"员工是水,"90后"员工则是气。相对于冰而言,水和气更加自由且拥有更大的空间。因此,管理者不能以传统、惯用的方式去管理新生代员工,反而,企业应考虑以个性化、定制化的思路开发出对新生代员工管理的方式,更好地激励他们产生工作动力和活力。除了对自由和空间的需求,新生代员工还比较关注个人的发展、集体的认可及工作的氛围等,管理者应给予年轻人充分的发展空间和机遇,敢于让他们去尝试、自由成长。在这个过程中,管理者守住底线即可,他们更多的是扮演监督者、引导者的角色,而不要做过多的干预和限制,让新生代员工通过自己的努力和付出获取自己想要的自由、空间和发展。

针对新生代员工的管理,积分制管理提出了"五种机会"理念,即企业要为员工提供做事的机会、学习的机会、晋升的机会、赚钱的机会、自我实现的机会。当然,和企业"博弈"是员工的选择,也是员工的权利,毕竟员工为企业做贡献的同时,自身也要得到成长。以此为背景,企业对新生代员工激励机制的探索就显得相当重要,而积分制管理的出现为企业提供了很好的激励机制,主要体现在它的多元化和持续性两个方面。多元化是指积分制管理无处不在,该激励方式突破了传统的、单一的物质奖励,管理者可不断创新,采用不同的方式对员工进行激励,覆盖了物质、精神、心理等各个层面,有的企业甚至将奖励给予到了员工的家庭,主动关怀员工的家人。持续性是指积分制管理作为激励机制,充分考虑到了员工需要而持续地激励员工的人性需求,积分的积累和永久有效就很好地起到了持续激励的作用。员工通过不断的努力获取更多的积分,积分越多,员工的信心就会越大,就越会把企业的事情当作自己的事情去做,相应地,其在单位的地位就会越升越高,个人的成就感也会越来越强。

例证 4-6　积分，我前进的动力

我是湖北群艺集团网络部的一名员工，从 2007 年来到群艺至今，在公司里一直做得非常开心，也非常稳定，目前积分已经排到了公司前 10。起初，我对积分制管理比较排斥，对于积分的奖扣分制度也有些不能理解，得知积分不会影响工资时，才有心思继续工作。因为我是年底才到公司的，所以当年我在积分榜上没排上名次，公司根据积分发放过年物资时，我只得到了一箱水果。看到积分排在第一档的同事得到了鸡、鸭、鱼、肉、瓜子、花生、苹果、香蕉、橙子等物资，因为自己搬不动，还要家属来帮忙领回家时，我就在想，来年一定要好好努力挣积分，争取进入积分第一档，过年就不用自己花钱买物资了。

第二年，我带领网络部的团队努力完成了各项工作，团队获得 5 000 分的奖励。因此，我如愿获得了那一年积分第一档员工所享有的物质待遇。此外，我还因为获得了那一年积分第一名而获得 5 000 元奖励以及因为获得该年积分第一和总累计积分第一而得到去香港、澳门旅游的机会。这些都是工资以外的额外收入。可以说，因为挣积分，我在公司收获了很多，感到非常满足和自豪。

随着积分的奖励政策不断变化，各项奖励和福利更为丰富，价值更高，在刚刚过去的一年里，我得到了苹果手机补贴 2 000 元和购车补助 20 000 元的奖励。同时，我的努力和优秀的表现也得到了领导的重视，只用了 3 年时间便进入了公司的管理层。作为管理者，为树立榜样的力量，我会更加努力地挣积分。目前，我在公司 12 年了，积分已有两百多万分。

（资料来源：群艺集团积分制管理心理学课题组调研记录）

第四章 积分制管理与员工激励

第四节 行为强化理论与积分制管理

行为强化理论是斯金纳提出的重要的激励理论，它在很大程度上丰富了现代管理科学和行为科学的内容，被广泛运用于管理领域。在企业管理过程中，依据恰当、合理的行为准则和规章制度，企业管理者可以很好地规范员工的行为。而且，在这种良好的工作氛围中，基于员工在行为和思想上受到的强化影响，员工的工作态度和工作效率都将朝着积极的方向发展。在积分制管理中，强化理论的应用达到了极致。积分制管理给予了员工明确的信号，对员工的工作在各个方面做出了客观评价和科学引导，以此为基础，员工的工作积极性和动力都得到了很大的提升。同时，积分制管理对于人本观念的坚持也充分表达了对员工的尊重和肯定，使员工在快乐的工作中获得成就感和自豪感，实现自己的人生价值。

一、行为强化的含义

个人行为的产生必然是由于受到了潜在动机和影响因素的驱使。斯金纳行为强化理论对个人行为进行了透彻的研究，从行为强化的类型、强化的来源、行为与强化时间的间隔等方面做了深入的阐述。强化是行为的推力和导向，促成事件、任务的完成，在这个过程中，行为的产生会对事件整体产生不同层面的影响，同时，行为者的个人需求也会获得较好的满足。

（一）斯金纳强化理论

通过对管理激励理论的梳理，我们发现，期望理论、公平理论等过程型激励理论考虑的个人需求、成就动机、行为影响等，主要研究的是建立什么样的框架才能出现企业最想要的结果，让员工为企业的发展做出贡献，但是对于如何提高良好行为的出现次数、频率，还缺乏相关的研究。对此，强化型激励理论做了很好的补充。斯金纳强化理论的关注点在于个人行为的结果对个人行为产生的反作用。对此，斯金纳提出了"操作条件反射"理论，他认为个人为达到某种目的会采取一定的行为作用于环境，当某种行为的后果对个人有利时，这种行为就会在以后重复出现；后果不利时，这种行为就会减弱或消失。斯金纳将这两种强化类型称为正强化（积极强化）和负强化（消极强化）。

对于强化的来源，斯金纳也做了区分，即分为一级强化物和二级强化物。其中，一级强化物主要是指在不发生任何学习行为的情况下也能起到强化作用的刺激物，如食物、水、安全等。二级强化物则是指一开始不产生强化作用，但通过与一级强化物关联之后，开始起强化作用的刺激物，如关注、赞同、权力等。斯金纳对于强化来源的分类和解读为企业管理者更好地引导员工行为，激励员工提供了参考依据。

（二）强化与奖惩的关系

根据斯金纳强化理论，强化是通过一定的刺激，实现促成个人行动变化的目标。按照形式而言，强化就是对个体行为的肯定或者否定，也就是奖励或者惩罚，它能够对行为出现的可能性和频率产生影响。强化主要源于对个体心理的解读、行动规律的把握，进而对个人行为进行引导。以此为基础，个体会适时调整自身行为，以适应环境的刺激。因此，管理者可以采用正强化或负强化的办法来影响员工行为的后果，从而修正其行为。

强化可以改变个体行为，而奖惩也是常见的改变个体行为的方式，它们之间是否存在一定的联系或者区别呢？斯金纳认为，虽然产生的结果有一些相似之处，但强化和奖惩之间存在明显的区别。就强化（积极）与奖励而言，若是个体行为受到强化，则该行为一定会加强，而受到奖励的行为不一定会得到加强，两者之间不存在必然的因果关系。而且，

第四章 积分制管理与员工激励

强化产生的效果可实现立即生效,但是奖励则不是这样。就强化(消极)与惩罚而言,斯金纳认为,消极强化不等于惩罚,惩罚是增加消极强化物或者取消一种积极强化物,实现抑制个体行为的目标,而消极强化是指取消一种强化物,增加之前行为出现的频率(谢应宽,2003)。

（三）强化对个人行为的影响

若是单纯地分析个人行为受到哪些因素的影响,我们通常会从内因和外因两个方面出发。就内因而言,生理因素、心理因素、经济因素等都可以在某种程度上影响个人行为;就外因(外在环境)而言,学习的氛围、工作的环境等都会对个人的行为有所作用。而强化理论对个体行为的变化特点、影响因素、产生后果等都做了详细的论证,不但有助于人们理解个人行为,还便于人们发现其中的规律所在。

根据斯金纳强化理论,强化对个人行为的影响主要体现在两个方面,即行为的重复出现和行为出现频率降低。一方面,基于行为得到了肯定和赞许,相应地,个人继续这种行为的积极性便会增强,进而会增加行为再次出现的可能性;另一方面,基于行为所产生的影响弱化,相对应的个人行为出现的可能性就会降低。例如,个体原本的某种行为可以产生奖励,而当这种奖励刺激不再存在时,个体就不会按照之前的惯例去做。因此,行为产生的结果不同也会对个人行为出现的可能性产生一定程度的影响。

二、强化理论与员工激励

由于斯金纳强化理论对管理具有很好的指导作用,该理论已被广泛地应用于企业人力资源管理中。强化作为激励的一种手段,通过采用正强化为主、科学应用负强化、重视强化时效性等举措可以在很大程度上改善员工行为,营造积极向上的工作氛围。员工在强化的驱动作用下,会不断地提高自身的工作能力和效率,进而形成良好的竞争机制,促进企业形成积极向上的发展氛围。

（一）强化理论在实践中的积极效用

强化作为激励的一门技术，对企业管理者管人、用人有着很重要的参考作用。管理者通过强化，可以为员工个人行为的再次出现创造充分的条件。例如，如果某个员工的工作态度踏实认真，工作积极性比较强，管理者就可以对该员工提出表扬，并鼓励单位的其他员工以他为榜样，向他学习，那么，该员工的再次出现良好行为的可能性就比较大，甚至会在企业内产生推动促进作用，带动其他员工一起积极向上。相反地，如果领导没有注意到员工的良好行为，也没有对员工的行为做出任何表示，那这种行为出现的频率就会大大降低。

强化理论要在实践中充分发挥指导作用，还需要企业建立科学的强化模式。首先，企业要建立科学的激励模式，做到奖励与惩罚相结合、以奖励为主；其次，要做到适时奖励，并创造多样化的奖励形式；最后，要积极培养企业管理人员的强化心理，要求管理人员依照标准规则管理，并保证沟通渠道的畅通性。企业只有做到以上三方面的有效结合，才能最大程度地发挥强化在企业员工管理中的有效作用，更好地激励员工，激发员工的行为动机，为企业的发展增添动力。

（二）强化理论驱动员工行为变化

强化理论属于过程型激励理论，与其他激励理论相比，其注重的是对员工已产生的行为进行有效刺激，以加强或者弱化某种行为。因此，企业管理者在日常管理过程中运用强化理论能够对员工的行为进行引导，并能够有效地刺激员工产生变化，使员工的行为不断得到改善，进而实现科学管理。

在具体操作过程中，企业管理者通过认可、奖金、休假、升职等激励源对员工在工作中做出的努力行为进行肯定，增强员工的工作动力，

第四章 积分制管理与员工激励

调动员工的积极性。以此为基础，员工在具体工作过程中会因受到鼓舞而更加积极努力。相应地，管理者对员工不符合管理规范的行为取消奖励，或以威慑性手段告知员工行为的不恰当之处，这种不愉快的结果将会使员工减少不良行为出现的概率。因此，在企业中，不同的强化方式能够驱动员工的行为产生变化，并且可以有目的地修正、管理以及激励员工。

（三）强化过程促成竞争机制形成

强化理论在企业管理中的广泛、深入应用有利于企业在员工间建立良性的竞争机制，可以促进工作效率的提高和企业收益的增长。强化具有时效性，也就是通俗所说的"保质期"。因此，管理者若要强化员工的行为，应该尽可能地做到及时，以保证其有效性。如果管理者长期对员工的工作行为或工作成果视而不见，会极大地影响员工的工作态度；反之，如果员工的工作行为或工作成果能够及时得到反馈，则会有不一样的效果，员工会看到管理者对自己工作的肯定，继而继续保持状态，努力去做到最好、最佳。部分员工的积极态度也会对其周边的同事产生积极、正向的影响，形成大家一起竞争、一起进步的良好氛围。

在企业管理过程中，为更好地实现对员工的鼓励性引导，管理者可多采用正强化的方式来改变员工的行为，因为这可以培养并增强员工的自信心。来自管理层的正向的鼓励肯定，可以让员工对工作更有热情，也会激发员工的上进心。在大环境的影响下，员工会逐渐注意自身的行为，在工作方面也会更加用心，久而久之，员工之间的竞争意识也会逐渐凸显并得到加强。

例证 4-7 海尔全球行：6S 大脚印从青岛搬到了美国

海尔集团有一种优胜劣汰的制度，每个月都会对员工进行优劣考评。

以下是海尔美国南卡工厂6S班前会的一个片段。管理人员说:"按照6S的要求,我们每天要对现场进行清理。做得比较出色的,今天我们把她请出来,希望大家能够按照她的方式,严格处理自己的工作现场。"

一位女工走出队列,站到了两个大脚印上。她说:"今天站到这个地方,我非常激动。我注意保持安全、卫生、质量,在这方面我尽了最大的努力。对我的表扬是工厂对我的工作的认可,我非常高兴。在今后的日子里,我会继续努力,为海尔贡献我的力量。"

每天,像这样的6S班前会在所有海尔海外工厂都必须召集一次,工作表现优异的员工要站在6S大脚印上向同事们介绍经验,所以争强好胜的员工都想站上去,跟大家分享自己的工作心得。久而久之,这就形成了一种良性的竞争机制。在这样的竞争环境下,员工完成现场清理工作不再是因为冰冷的规章制度,而是因为员工行为强化所产生的竞争意识。

海尔用东方人特有的人情味和亲和力打破了不同民族和语言的障碍,海尔文化在最细微处得到了融合。

(本案例源于网络并经作者加工整理)

三、积分制管理与员工行为强化

积分制管理因突破了传统管理模式只对员工做减法的固定范式,对员工行为产生了重要的积极影响。在传统管理模式中,管理者针对员工的不规范行为,多半是采用扣钱等"减法"让员工加强意识并改善行为,而积分制管理更多的是采用"加法",只要员工的行为是正确的、正向的、积极的,对企业、对他人有一定的好处,企业就会给予积分奖励。虽然积分制管理也会针对员工违反企业规章的现象做相应的"减法",但是员工也能心甘情愿地受罚,因为员工清楚,只要自己下次做得好,还是能将积分挣回来的。这种奖扣分机制提高了员工向善、向好的意识,以每一次奖扣为节点,员工会下意识地注意自己的行为举止,争取做事规范,

第四章 积分制管理与员工激励

提高自己的工作效率,改善工作态度。

(一)积分制管理中的行为强化

企业对员工的管理过程,其本质就是一个激励的过程。管理者通过对员工采用科学、客观、合理的激励手段,诱发员工的积极行为。积分制管理就是采用科学、合理的制度设计,把激励少数人和激励多数人巧妙地结合在一起,很好地解决多数人激励与少数人奖励的管理困境。积分排名的核心理念就是不让优秀的员工吃亏,让"吃亏是福"真正变为现实。一方面,它为企业文化创造了积极的金牌效应(所谓金牌效应,是指人们永远偏爱"第一")。在企业中,要想让员工心服口服,愿意向榜样学习,就得像奥运会那样,让员工在规定的游戏规则下进行公平竞赛,优胜者得"奖"。另一方面,积分制管理还充分利用了"体育竞技"的原理,鼓励大多数人参与竞争,来获得少数级别较高的奖励(李荣,张广科,2017)。

在贯彻实施积分制管理的过程中,积分虽然在一定程度上与绩效工资和福利挂钩,但它并不会触及员工理应得到的报酬,这在很大程度上消除了员工内心的拒绝与反抗心理。企业采用奖扣分的办法相当于给员工传达了一个信号,即员工的做法到底是合理的还是不合理的,这可以大大增强员工的执行力。原因有两点:(1)如果员工的行为是值得肯定的,管理者会给予员工不同层次的积分奖励,这就向员工传达了积极的信号,最大限度地激发了员工的潜能,鼓励他们朝着当前方向继续努力。员工做出积极行为、改善态度的频率越高,其所获得的积分就会越高,相应的排名也就会越靠前。(2)如果员工的行为不值得肯定,管理者会做出扣减积分的举动,以传达出强烈的信号,提示员工做出改变。从本质上来看,扣分类似于负强化,员工会对自己的行为做出反思,分析自己的过失,并及时改正错误,取得进步。从以上两个方面来看,积分制管理的运用对员工的行为起到了很好的强化作用,对员工行为的激励作用也成倍增长，实现了让管理者和员工都意想不到的正面效果。

（二）积分制管理中的批评与表扬艺术

积分制管理能够最大限度地激发员工工作的积极性与原动力，其根本原因在于该管理方式激发了员工的正能量，让员工体会到了组织的力量和个人价值所在。积分制管理以奖扣分替代了批评与表扬，可以使上司对员工的评价具有艺术性和科学性。

1. 表扬的艺术

表扬是一种积极的鼓励、促进和引导，其功能是使员工的良好行为趋向重复。当员工取得了成绩时，管理者应当及时予以肯定和表扬，以促使其再接再厉。一位善于表扬的管理者，不能仅仅对个人或团队的优点、长处或取得的成绩做出简单的肯定，而要善于挖掘表扬背后的潜力，以努力提升表扬的效果。

积分制管理以奖分的形式替代表扬，对员工工作的表现做出及时的反馈与评估，鼓励员工对自己的工作成果形成客观清楚的认识，这是积分制管理中表扬的艺术所在。在工作生活中，大家对言语的敏感程度远远小于对数字的敏感程度。在积分制管理中，员工在工作过程中获得的积分越多，排名就会越靠前，长此以往，员工对数字的敏感程度便会有所上升，进而积分制管理的激励作用也会在工作的成果中有所体现。

2. 批评的艺术

批评和表扬一样，也属于一种激励方法，其目的是通过"负强化"限制或纠正员工某些不正确的行为。批评的功能是使员工不好的行为趋向于抑制。当员工出现缺点或错误时，管理者应当及时指出并加以批评，使其纠正行为，以免出现更大的偏差而影响工作。

在对员工的管理过程中，特别是对员工的批评，一定要讲究艺术，尤其是在新时代、新形势下，员工对人生观和价值观有了更新的认识，每位员工都想得到组织的理解、关心和爱护。因此，在批评的过程中，作为领导,应尝试着去感化人、帮助人、激励人(陈国海,2013)。积分制管理采用扣分的形式对员工的行为做出评价和引导,正体现了其在批评方面的艺术性,这种方式使管理者与员工不再是简单的对立关系,双方也没有正面的抵触情绪,更多的是接受与反思。

3. 在积分制管理中进行批评与表扬的好处

企业管理者在积分制管理模式下对员工进行表扬与批评的好处大致可分为两点:一是积分制管理能够将批评与表扬明确到具体的内容,如要表扬时,能具体列举出员工在哪些方面做得好;要批评时,能具体指出员工在哪些地方做得不好。这样一来,表扬和批评的内容就有了具体的行为指向,在今后的工作中,员工明确知道应该继续保持和发扬哪些行为,需要改进哪些行为。二是积分制管理中,不会因为员工有功劳就掩盖了其过失,也不会因为员工有过错就掩盖了其功劳,功过分明,就事论事。这样一来,可以在员工中树立起管理者实事求是、奖罚分明的权威形象,鼓励有功劳的员工再接再厉,取得更好的成绩,同时也提醒有过失的员工,使其及时改过。

综上所述,积分制管理从主客观层面抓住了员工的心理需求,在奖扣分的过程中,以艺术性的表扬和批评方式激发了员工的正能量,为员工的工作和发展注入了巨大的推动力,促使员工个人与企业共同进步。

参 考 文 献

[1] 陈国海. 激发正能量:批评与表扬的艺术 [M]. 深圳:海天出版社,2013:11-12.

[2] 李荣,聂荣柏. 让优秀员工不吃亏:一套令人向往的管理方法 [M]. 武汉:湖北人民出版社,2015:23-25.

[3] 李荣,聂志柏. 中国积分制管理 [M]. 武汉:湖北人民出版社,

2015: 69.

[4] 李荣, 张广科. 积分制管理概论 [M]. 北京: 清华大学出版社, 2017: 27-30.

[5] 刘维政. "新生代员工" 培训模式构建的研究 [J]. 成人教育, 2009, 29（04）.

[6] 李燕萍, 侯烜方. 新生代员工工作价值观结构及其对工作行为的影响机理 [J]. 经济管理, 2012, 34（05）: 77-86.

[7] 孟华兴, 赵现锋. 新生代员工管理 [M]. 北京: 中国经济出版社, 2014: 3-10.

[8] 潘芳. 中国铝业青海分公司弹性福利计划的设计和实施 [D]. 兰州: 兰州大学, 2010.

[9] 王敏. 基于需求层次理论的 XD 公司员工激励机制研究 [D]. 哈尔滨: 哈尔滨理工大学, 2015.

[10] 王平. 公平理论的困境与企业价值观念的认同 [J]. 经济管理, 2002（22）: 37-40.

[11] 谢应宽. B. F. 斯金纳强化理论探析 [J]. 贵州师范大学学报（自然科学版）, 2003（01）: 110-114.

[12] 左岸. 塔木德智慧全书 [M]. 北京: 中国商业出版社, 2018: 82.

[13] 周碧波. 中国国家安全视角下的公平正义问题研究 [D]. 北京: 中共中央党校, 2015.

[14] 张皓. 员工利益表达沉默与组织氛围、员工需求的关系研究 [D]. 重庆: 重庆大学, 2014.

[15] 张建宇. 企业现场管理执行力影响因素及提升途径研究 [D]. 天津: 天津财经学院, 2005.

[16] 张平. 激励在现代企业人力资源开发与管理中的应用分析 [J]. 现代营销（经营版）, 2019（09）: 11.

第五章　积分制管理与团队建设

团队就是由有着互补技巧的人所组成的群体，他们致力于为共同的目的、绩效目标以及以共同负责的方式而努力奋斗（胡超等，2019）。团队建设是为了实现团队绩效及产出最大化而进行的一系列结构设计及人员激励等团队优化行为。团队建设的好坏象征着一个企业后续发展是否有实力，也是一个企业凝聚力和战斗力的充分体现。高效的团队通常表现出更高的创造力，以此提高团队的生产水平以及开发新产品、新服务和拓展新市场的能力，从而实现团队的卓越绩效。

企业本身可以看成是一个大团队，企业中的每个部门都是一个小团队，只有将大小团队都建设好，企业才能在当下激烈的市场竞争中脱颖而出，获得持续发展。积分制管理可以为企业的团队建设提供方法参考，一方面，它可以实现部门层面的目标，让优秀的员工不吃亏，让"吃亏是福"真正变为现实；另一方面，它可以实现企业层面的目标，让员工快乐工作（李荣，张广科，2017）。由此可见，在积分制管理中，员工在部门中可以得到认可，在企业中可以快乐工作，成就感和荣誉感都得到了满足，从而表现出更强的部门凝聚力和团队合作精神，从而促进团队的建设。

第一节 积分制管理与团队激励

企业的发展离不开团队建设，团队建设离不开激励，有效的激励能够促进团队成员自主创新，自觉提高素质，从而增强工作能力，提高工作效率（靳峰等，2019）。那么，如何构建有效的团队激励呢？团队激励的关键在于能够长久地保持整个团队的工作积极性。为了保持这种积极性，企业不仅要满足员工的物质需求，还必须给员工提供五种机会：做事的机会、学习的机会、晋升的机会、赚钱的机会和自我实现的机会（李荣，聂志柏，2014）。这些机会是所有团队成员都迫切需要的，是他们时

第五章 积分制管理与团队建设

刻渴望获取的,是促使员工不断工作与进步的内在驱动力。企业只有掌握了员工的这些内在需求,才能确保团队激励方案的有效性。员工与企业之间的博弈关系也使一些管理者颇感为难,不培养员工,员工会走人;培养员工,员工变得优秀后也会跳槽。针对这些问题,企业除了努力提升自身实力来留住员工外,还要不断完善自己的激励机制。

积分制管理是一种能够有效克服传统激励方案弊端的新型管理方式。与其他激励方式截然不同,积分可以被长时间使用,且效果会随着时间的推进更加显著,而不像传统激励方式一样受时效性的限制。积分制管理从人性的角度出发,用积分唤起员工的工作激情,挣得高积分的员工会渴望得到更多,渴望在团队中取得第一名,渴望被团队中的其他成员认可。积分制管理在企业内实施的时间越长,对团队成员的激励效果也就越明显,因为员工从积分中获得的好处会随着积分的累计而越来越多,因此,积分制管理具有持续激励的作用。

一、积分制管理培养团队成员的工作兴趣

在采用积分制管理的企业里,很多员工会自发地进行加班,这种狂热的工作热情不是出于公司的强制性规定,而是来源于工作本身具有的乐趣与挑战性,员工们是在为实现自我价值和人生理想而不懈奋斗。员工之所以在工作中达到忘我的境界,品尝着"痛并快乐着"的幸福,是因为积分制管理机制在很大程度上激发了员工的内在潜能,而将这种潜能、幸福感与工作相联系在一起的一个最重要的因素就是兴趣。

(一)兴趣与激励

1. 员工激励因素的转变

1959年,美国心理学家赫茨伯格提出了双因素理论,也称"激励—保健理论",他把企业中影响员工绩效的主要因素分为两种,即保健因素和激励因素。保健因素一般是指一些工作以外的因素,如果满足这些因

素，能够消除员工的不满情绪，帮助其维持原有的工作效率，但不能激励员工产生更积极的行为。例如，员工拿到了基本工资并不会让他更积极地工作，但拿不到，肯定会使员工消极怠工。激励因素是一些与工作相关的因素，这些因素一旦得到满足，就会对员工产生很大的激励作用，若得不到满足也不会像保健因素那样引起员工的不满情绪。例如，没有额外的奖金不会影响员工的工作，但是有了就能极大地激发员工的工作积极性。

2003年，赫茨伯格又进行了关于工作兴趣对人的激励的相关研究，他在研究中指出：忘掉金钱、忘掉奖励、忘掉考核，管理者唯一要做的就是让员工对工作感兴趣。人受利益的驱动，其追求金钱的欲望是难以满足与控制的，企业不可能无休止地进行物质奖励，那无疑是无法预估的成本投入，而有些东西的投入成本是可以预估的，效果也更明显，那就是对于员工兴趣的培养。真正的激励就是让员工对自己的工作感兴趣，员工在工作中获得乐趣，才能够快乐地工作，才会全身心地投入，从而把工作做好。

激励的出发点是满足组织成员的各种需要，我们可以从员工激励因素的转变中发现，以兴趣为代表的内在需要的满足正成为激励员工的关键。兴趣的影响力渗透在各种软性激励因素中，并通过员工在工作中努力实现自身价值、追求工作自主和自我发展的要求表现出来。

2. 兴趣对员工的激励作用

一个人从事自己感兴趣的工作或做自己感兴趣的事情时，个人的潜能将会得到最大程度的发挥，也更容易获得成功。乔布斯对电子学的浓厚兴趣为他创办苹果公司并成为世界电子产业的领军人物打下了基础；爱迪生对科学的兴趣让他最终做出了一千多项发明，极大地丰富和改善了人类的文明生活。从心理学的角度来说，兴趣是人认识某种事物或从事某种活动的心理倾向，它是以认识和探索外界事物的需要为基础的，是推动人认识事物、探索真理的重要动机。兴趣起源于个体的需要，可

第五章 积分制管理与团队建设

以在人的心理和行为中发挥积极作用，使个体长期专注于某一方向或活动，做出不懈努力，即使遇到艰难险阻也不轻易放弃。

根据马斯洛的需求层次理论，当人们的生理需要或物质需要得到满足时，便会追求更高层次的精神需要，兴趣作为个体需要的延伸就主要表现为高层次的精神满足。在企业中，员工在工作中更倾向于拓展自己的兴趣、发挥所长，当员工意识到自己对工作的期望远远超过满足生存需求时，工作就变成了其自我实现价值的重要工具。

一方面，从事感兴趣的工作对员工而言是一种巨大的激励，喜欢工作的自由、自主和刺激以及更具张力的工作安排，这体现着员工在工作的同时对自身兴趣的积极发掘。给予员工较大的自由空间，允许他们从事感兴趣的研究也是 3M、惠普等跨国企业普遍采用的激励手段。另一方面，员工对自我价值的衡量不仅取决于物质待遇的高低，他们更注重工作本身是否和自身目标、兴趣相一致。员工在工作中寻求的是一展所长的机会，由兴趣引发的巨大创造力和持续的内在动力是物质激励无法实现的。

（二）积分激发团队的工作兴趣

在团队内部，员工服从工作安排就可以获得积分奖励，通过提高工作和行为的综合表现，如申请加班、完成临时的加派任务等还可以获得上不封顶的积分。拥有这些积分，员工不但能够获得物品奖励，还能获得年终奖、涨工资等福利，甚至会有年底干股分红。另外，积分永久不清零，员工能够累计使用，积分越多，惊喜越大，员工每天的工作都充满了未知的惊喜，这会极大地激发员工的兴趣与欲望，避免出现团队成员对分配的任务挑三拣四、积极性低等不良现象，成员间的相处也会因此变得融洽，在日常工作中能够积极地相互配合。

在团队外部，不同的工作团队间会定期进行积分比较，这种竞争非但不会使团队之间剑拔弩张，还会增强团队之间的相互合作。因为员工的积分不仅仅来源于自己所在的团队，还可以通过跨团队合作获得，这是其他激励手段所无法实现的。不同团队之间可以临时借调成员帮忙，团队负责人也可以奖励从其他团队借调过来的成员，帮忙的员工不仅可以完成工作，还可以获得额外的积分，从而积极性会大幅度的提高。

二、积分制管理激发员工的团队荣誉感

团队荣誉感能够激励员工全力以赴地工作，自觉地远离所有借口，摒弃一切有损于公司、团队和工作的行为，在争取荣誉、创造荣誉、捍卫荣誉和保持荣誉的过程中获得更好的发展。因此，每一个企业都应该对自己的员工进行荣誉感教育，唤起每一个员工对自己的岗位和公司的荣誉感。积分制管理模式有助于激发员工的团队荣誉感，促使团队更具凝聚力与竞争力。

（一）团队荣誉感

团队荣誉感是一种热爱团队，自觉地为团队尽义务、做贡献、争荣誉的道德情感。当团队受到赞扬、奖励时，会产生欣慰、光荣、自豪的感情；当团队受到批评或惩罚时，会产生不安、羞愧、自责的感情，这就是团队荣誉感，是有上进心的表现，是一种积极健康的心理品质，是激励员工们奋发向上的精神力量。

团队荣誉感可以激发出员工对团队的归属感、责任感，使员工更加热爱自己的团队，更加尽心尽力地为整个团队服务；有了团队荣誉感，员工才会有进取心，并努力为团队争光，才会有自我提高的渴望，才会自然而然地形成比、学、赶、帮、超的良好工作氛围，不断增强自我约束、自我提高、自我发展、自我完善的意识；有了团队荣誉感，企业不同团队间的合作能力才会增强，使工作不再分为分内或分外，大家互相协作、紧密配合，为企业赢得荣誉。正所谓"人心齐，泰山移""众人拾柴火焰高"。

一个没有荣誉感的团队是没有希望的团队，一个没有荣誉感的员工不会成为一名优秀的员工，团队荣誉感是团队建设中事关工作成败的一个重要因素。有了团队荣誉感，员工才会热爱自己所在的团队并发挥主动性与创造性，表现出主人翁式的强烈责任感，产生积极向上的强烈愿望，做到心往一处想、劲往一处使，形成一股合力，从而使整个团队更具有凝聚力与竞争力。

（二）积分激发团队荣誉感

首先，积分制管理力求让优秀员工不吃亏，员工为团队发展付出努力后就会获得相应的积分回报，积分又与员工的各种福利待遇挂钩，员工付出得越多，得到的也就越多，久而久之，员工会越来越愿意付出，形成团队意识，对团队产生归属感。众人的团队归属感会发展出团队荣誉感，所有员工都将处处维护团队的利益，知道什么行为该做，什么行为不该做，在思想上形成了高度统一的认识，在行动上也会积极落实。

其次，积分与员工日常工作行为挂钩的方式实现了对员工的全方位考核，这可以促使员工从自身实际出发，不讲空话、大话，实实在在地用自己的工作表现将精神上的荣誉感落实到具体的工作中，并认为把事情做好就是维护团队荣誉的具体体现。例如，爱岗敬业、认真负责地做好本职工作；时刻注重工作环境的整洁，甚至会主动制止一些不文明的现象等。员工这些行为的改变都是在积分的驱动下慢慢养成的团队荣誉感的体现。

最后，积分制管理充分考虑到了团队中每个员工的诉求与价值，一个积分值遥遥领先的员工不会认为自己的任务已经完成，只会不断地努力，用自己的力量为团队创造出更多的荣誉。同时，员工有了积分也就有了话语权，他们会大胆开口，勇于陈述自己的想法和观点。尤其是当自己的建议和意见被采纳后，员工会更加发自内心维护团队的利益，以团队为荣。

三、积分制管理营造公平与和谐的团队氛围

积分制管理为员工创造了一个公平、和谐的竞赛场,采取物质与精神双重激励的方式从根本上激励员工,让员工的工作意识从"要我干"变成"我要干",从而建立起能落地的、公平和谐的团队氛围。

(一)积分确保团队的公平性

在传统的管理理念中,企业总是追求平均主义,要确保照顾到每个员工的利益。就像计划经济时代,大家都吃大锅饭,个人的收入与实际的工作绩效脱离,干多干少,干坏干好,结果都是一样的,没有任何差距。这样的企业就像一潭死水,没有流动,没有更替。后来,人们开始在收入分配上鼓励效率优先、兼顾公平,慢慢地形成了不同层次员工(如办公室里的领导与辛苦工作在车间一线的员工)在收入方面的巨大差异。这种不公平让员工的工作积极性受到了极大的打击,工作情绪消极,影响了整个团队的进步。而使用积分制管理后,不管是领导还是员工,都可以凭个人能力和综合表现按照标准得到积分认可,有些员工的积分甚至可以远远高于其所在团队的领导的积分,这就打破了上下级之间人为设置的层级,企业根据能力与表现来衡量价值,实现了合理的差距,确保了团队的公平性。

(二)积分营造和谐的团队氛围

和谐的团队氛围能够使每个员工都心情愉悦,增加员工对企业的认同感、归属感和团队执行力;反之,不和谐的团队氛围会削减员工的工作热情,模糊团队和个人的目标,导致团队执行力变差,滋生出一系列问题。企业引入积分制管理后,将很快地实现"1+1>2"的效果,因为积分制管理的核心是对员工的能力进行综合评价,员工创造的价值可用积分的形式体现,员工可通过积分事件获得奖票,然后在"快乐会议"上凭奖票抽到各式各样的奖品。而且,积分制管理采用专门的线上软件进

第五章 积分制管理与团队建设

行操作,将积分永久地与员工的短期、中期、长期利益挂钩,全方位地调动员工的积极性,实现企业与员工之间的持续共赢。这样的做法既保证了不让优秀的、努力奋斗的员工吃亏,也满足员工的爱面子的心理,从根源上解决员工"为谁干"的难题。积分制管理把企业管理成了赛场,让员工与领导进行平等的良性竞争,让团队不再有惰性。

例证 5-1 积分制管理打破了分配上的平均主义

利益的大锅饭式分配是中小企业的一大弊病,这种采用平均方式分配利益的管理手段无法从根本上起到激励员工的作用。

实行积分制管理以后,员工的积分名次将变得清清楚楚,各种福利待遇都与积分挂钩,不再有平均分配。例如,湖北群艺的老总外出考察回国时,带回了三个剃须刀、三套化妆品,随后由执行部通知当年积分排名前三的男员工每人领取一个剃须刀,积分排名前三的女员工每人领取一套化妆品。这样一来,领到礼品的人会非常高兴,没有领到礼品的人也能服气。又如,年底发红包时,将形式由私下授予转为在员工大会上公开发放,可以调动许多员工的积极性。这一方法,从根本上解决了老板遇到的利益分配上的难题。

(资料来源:群艺集团积分制管理心理学课题组调研记录)

四、积分制管理实现了针对团队的物质与精神双重激励

人需要激励才能产生工作动力,而激励方式应兼顾物质与精神,两种激励方式相辅相成,缺一不可。其中,物质激励是精神激励的物化,精神激励是物质激励的升华。积分制管理是一种具有科学性、适应性、可行性、持久性的现代管理方法,它能够实现物质激励与精神激励的有机结合,即在进行物质激励的同时兼顾精神激励,从而充分调动团队成员的积极性、主动性与创造性。

（一）物质激励与精神激励需共存

在企业管理中，要激励员工，就要满足员工的"名利之心"。其中，"名"就是对员工进行精神激励，"利"指的是对员工进行物质激励。物质激励作用于人的生理，是对人的物质需要的满足；精神激励作用于人的心理，是对人的精神需要的满足。

两种激励方式相辅相成，缺一不可。只有精神激励，会让团队没有战斗力、生命力和向心力，使整个团队丧失爆发力；只有物质激励，虽然可以让人充满动力，但物质欲望会让人忽视责任、奉献、境界的重要性。具体来说，在对员工的物质激励中必须包含一定的思想内容，在进行精神激励时则要借助一定的物质载体。只有物质激励和精神激励同步推行、相容相合，才能让员工产生最大的工作动力，收到事半功倍的效果。

（二）积分实现物质与精神激励的结合

在积分制管理下，无论是物质激励还是精神激励，其基础都是积分。在物质激励方面，员工每为企业付出一份"力量"、每出现一次正能量的行为，就会得到管理者给予的相对应的积分奖励。员工所得积分将被录入相应的系统中并形成大数据，在软件后台生成奖票，员工能够在每月的快乐会议上利用奖票进行抽奖或竞拍，换取自己想要的物品。除此之外，在一定阶段，企业会根据经营发展状况，给予积分排名靠前的员工高额年终奖、物资奖励、购房基金等，以此来满足员工对物质的需求。

除此之外，员工还能通过积分制管理得到精神上的认同，从而获得个人成就感，更加积极地投入工作。比如，若公司某个团队在本职工作中取得了重大成绩，则所有团队成员都会获得积分奖励，享有上台抽奖的机会。同时，公司还会公开表彰、宣传该团队的成绩，使团队成员受到同事的尊敬和爱戴。此外，公司还会对团队成员分别授予不同层次的

第五章 积分制管理与团队建设

荣誉称号,如"销售领袖""金钥匙标兵"等,以此实现精神方面的激励。

总之,在积分制管理中,积分既可以作为物质激励方式,又可以作为精神激励方式,这正是积分的妙处所在。

例证 5-2 积分制管理:物质与精神的双重激励

山东同智创新能源科技股份有限公司成立于2004年,是一家以先进航空航天燃烧技术为依托,以富氧纯氧特种燃烧、低氮燃烧和超低排放技术为核心,专业从事全球化石能源节能系统和低碳循环经济全面解决方案的提供商和服务商。

在引入积分制管理之前,公司的激励方式主要以物质激励为主。例如,员工成功引进一个项目,给予其项目总额的5%作为激励;员工若在保证质量的前提下,提前完成上级交代的任务,给予其500元奖金等。但是由于缺少对员工的精神激励,因此员工的积极性不高。2018年,公司引入了积分制管理。在积分制管理下,一切以积分为准,员工积分高不仅可以获得金钱、升职等物质激励,还可以在月度"快乐会议"时接受由公司总经理亲自颁发的"优秀员工"奖状,这极大地激发了员工的成就感与荣誉感,使他们获得了物质与精神的双重满足。

引入积分制管理后,公司很好地将物质激励与精神激励结合在了一起,用积分的形式对员工的工作业绩与行为表现进行全方位量化考核,积分越高,物质与精神奖励就越丰富,这极大地激发了员工的工作热情。

(资料来源:群艺集团积分制管理心理学课题组调研记录)

五、积分制管理助力团队成员间实现平等的沟通

在所有人际交往中,"平等沟通"是相当重要的。只有做到了平等沟通,才能真正提高沟通的效率,才能让成员在团队中通过沟通获取有用

的资源和帮助。

（一）团队成员间平等沟通的重要性

在团队内部建立平等的沟通渠道，可以大大增加团队成员间的协调沟通能力，使他们在价值观、道德观、工作理念等方面很快地达成一致；也可以使上下级之间、各个部门之间的信息形成较为对称的流动，业务流、信息流、制度流也会更为通畅，信息在传递过程中发生失真的情况也会大大减少。另外，在员工之间建立平等公平的沟通渠道，可以让员工真正感到自己受到团队的重视。当员工犯错误时，如果管理者只是进行严厉批评和金钱惩罚并不能解决问题，甚至可能会造成员工积怨和人才流失，有时与员工进行朋友式的沟通和交流反而能取得事半功倍的效果。

团队中，只有实现了平等的沟通，成员才能充分地表达自己的观点。领导作为团队的管理者，需要制订行动计划，如果双方不能够对其正确认识并达成一致，势必会相互抱怨、乱作一团。每个人在人格上都是平等的，都应受到无条件的尊重并有权利自由表达自己的观点，团队领导者应以开放的态度来管理团队，同时也有责任和义务在综合讨论、分析的基础上制定决策，要求团队成员执行并对结果承担责任。

（二）积分实现团队成员间的平等沟通

企业应用积分制管理后，领导要以坦诚的心态对待团队里的每位成员，要做到既真诚又有礼貌，这样会使成员慢慢开始真诚相处，有效改善团队关系。在积分制管理营造出来的平等真诚的氛围中，团队成员可以看到彼此的优点，促进彼此的进步，相比总是挑剔他人的团队氛围，积分制管理可以有效改变团队故步自封的状态。团队在积分的助力下，由领导带头，可以正视自身的优点与不足，只有敢于担当的人才能在遇到问题时理智公平地分析问题与解决问题。员工感受到自己受尊重和被重视，就会用心去做，这样团队成员间就会越来越容易相处，职级高低

第五章　积分制管理与团队建设

造成的沟通屏障也得以打破。

例证 5-3　扣发积分和扣发奖金有什么不同

　　积分制管理用积分的奖扣代替了传统的奖金奖励形式。例如，针对员工加班现象，企业以前都是按 30 元/小时的标准计算加班费。试想，当员工正在与家人或朋友聚会时，领导拿出 500 元作为奖励，鼓励员工到公司加班，而家人同样拿出 500 元对这个职员说："我用 500 元买你 1 小时的时间，你不要去。"那么，此时就算这个职员勉强去了公司加班，效率也不高了。采用积分制管理以后，规则就完全不一样了，员工的福利待遇跟积分挂钩，积分可以用来换取加薪、休假、出国游、员工晋升培训等福利奖品。如果领导提出要员工加班，同时告知来加班的人会获得 50 分的积分，甚至更多；不去加班的话则会被扣掉 50 分的积分，那得到的效果与纯粹的金钱奖励相比就完全不一样了。员工为了积累积分以获得积分背后的奖品会积极主动地去加班，也不会对领导抱有任何怨言，员工的行为由被动变成了主动，效率也大大提高。因此，虽然都是奖扣，但与传统的奖励方式相比，积分会给员工带来惊喜，因此也起到了完全不一样的激励效果。

（本案例源于网络并经作者加工整理）

第二节　积分制管理与团队决策

　　决策是企业管理中的一个重要环节，企业管理可以看成是一个对决策进行管理的过程（郭然等，2013）。在以团队形式构建组织结构的趋势下，原本由个体完成的任务相应地以团队形式来完成，团队决策成为组织中普遍采用的决策方式，团队决策的质量和效率对组织起着至关重要的作用（蒋丽等，2007）。积分制管理走进企业后，实现了人性化与制度化管理的高度融合，合理地利用科学的积分管理和利益捆绑原理，从根本上化解了个体与团队之间的矛盾，让员工不再只着眼于个人利益，而是从团队层面与他人共同优化团队决策。

一、积分建立信任，利于团队决策

（一）信任的初步建立

对于团队来说，是否建立信任关系是评价团队的重要标志。良好的信任关系能够在团队中营造一种正向氛围，使各方相互尊重、相互理解、相互支持、相互包容，促进成员沟通，减少摩擦与误解，从而产生强烈的团队意识，实现组织目标。同时，团队成员间的相互信任能够增加工作团队中的合作、信息共享等行为，有助于团队顺利开展工作，进而产生更好的绩效（Mayer，Davis，David Schoorman，1995）。由此可见，信任对于团队成功的重要性是显而易见的。然而，团队成员间要建立信任关系，形成一个有凝聚力且高效的团队，团队成员必须学会自如地、迅速地、心平气和地承认自己的错误、弱点或失败，同时，还要乐于认可别人的长处，即使对方比自己强。不同的团队成员在个性、能力和心理等方面的差异会影响团队间信任关系的建立（宋源，2010），如团队中一些比较有能力的员工会有一些不认输、不服输、不愿承认失败的傲气，这会导致成员间建立与培养信任关系的过程比较艰难。

积分的存在打破了信任壁垒。一方面，积分制管理有标准化的制度导入，团队从上到下都会依据标准进行奖扣分，不会出现偏袒、欺骗或不公平的行为；另一方面，小到一块肥皂、一条毛巾，大到出国旅游、购车补助、干股分红等，都可以按积分名次兑现，这让团队成员看到了团队的承诺，看到了领导有一说一、言出必行的管理作风。在这种氛围的熏陶下，团队成员自然而然地会对团队绝对信任，把团队当家，把工

第五章 积分制管理与团队建设

作当成自己的分内事；一旦出现了问题，他们也会积极发言，不隐藏、不推脱，主动帮助领导分析形势，做出决策。

（二）存在良性的冲突

敢于存在良性的冲突是团队成员间彼此信任的一个明显特征。团队在决策过程中产生冲突的频率、程度和类型都会受到团队信任程度的影响。若团队成员间的信任程度高，则团队的沟通就会比较顺畅，成员对于出现的意见分歧也能够冷静客观地讨论，较少产生错误的归因，团队成员间也更加容易达成一致，最终有助于提高团队决策的绩效（郎淳刚等，2007）。但是，很多团队通常不愿意产生冲突，甚至畏惧冲突，担心员工在冲突中被损伤自尊心、浪费时间等，因此会对冲突采取冷处理方式，即尽量减少成员间彼此接触的机会，或者快速地完成决策，留出时间去实施决策。但事实上，通过避免破坏性的意见分歧来巩固团队的做法是非常不明智的，这样会将真正的问题掩盖起来，久而久之，那些未解决的问题就会变得更棘手，更具有破坏性。其实，接受冲突、面对冲突是建立信任的过程，在冲突中爆发出的问题是员工渴望团队进步的表现，只有通过解决冲突才能对问题进行透彻的分析，最终做出最优的决策。

积分制管理因为自身制度设定的合理性，受到了许多团队员工的普遍认可，它赋予了员工提出自己想法的权利。员工无论提出什么样的想法，都会获得对应的积分奖励，如果提出的想法有一定的建设性，还会获得更多的积分奖励，这就使得团队内的成员争先恐后地去讲。当每个人都提出自己的意见时，大家势必会因为观点的不完全一致而产生冲突，但这种冲突是理智的、良性的、有建设性意义的，因为这种冲突主体的任务目标一致，只是实现目标的途径或方法不同。同时，这些良性的冲突也正是员工彼此信任的表现，在不停的思维碰撞中，团队成员们会不断挖掘问题背后的深层成因，帮助团队认清内外部环境，从而做出更理智的决策。

(三)坚定不移的行动

只有让团队成员坦诚地说出自己的想法并进行热烈的、不设防的争论,领导才有可能做出充分结合了集体智慧的决策。如果不能将不同的意见进行交换,不进行过滤和深思,团队往往会限于问题的漩涡而不能自拔;如果团队成员只是想着维护彼此的面子,保护自己,就不可能产生争论,而只有争论和冲突才能巩固成员间的信任关系,才能推动团队进步,才能让领导者在面对外界变化时迅速地做出正确的决策。因此,团队需要良性的冲突,需要员工坚定不移地付诸行动。

很多团队不知道该如何鼓励员工坚定不移地付诸行动,因此实施的一些方案和手段的效果都是比较短暂的,无法达到持续激励的作用。而积分制管理在实施过程中,坚持让优秀的员工不吃亏,让有能力者更有地位的原则,一切以积分为准,对员工进行全方位的考核,慢慢地,员工就会看到积分的作用,从而受到鼓励,坚定不移地走下去。依托积分制管理,企业可以培养团队成员间的信任关系,让员工在充满信任的环境中自由发言,帮助团队做出决策。

二、积分锤炼品质,规范团队决策

团队的成功需要所有成员的共同努力。要使所有成员都坚定不移地朝着同一个目标努力,热爱工作、热爱团队,企业需要加强对员工责任心的培养和品质的锤炼。在现实工作中,我们经常会遇到许许多多对我们的工作造成干扰的外在因素,让我们丧失自己的工作目标,最终导致工作不能完成,团队不能取得好成绩。有鉴于此,只有积极锤炼团队成员的责任心与品行,才能更好地规范和统一员工的行为,真正发挥出团队的力量。

(一)锤炼员工的责任心

员工是否具有强烈的责任心直接影响到团队的工作成效。一个富有创造力和执行力的团队，必然是由一群充满责任心的成员组成的。有了责任心，团队成员就会想团队之所想，急团队之所急，就会产生忧患意识和大局意识。只有团队中的每个人都意识到自己的责任，承担起自己的责任，团队才会更加强大。在责任心方面，不同员工的表现具有很大的差异，有的亲力亲为、事事上心，有的一遇到不涉及自身工作内容的事情，就会表现出"事不关己、高高挂起"的状态。个别员工的责任心不足有时会使团队遭受巨大的失败，还会直接影响团队的决策。

在积分制管理下，企业可以用积分值衡量员工是否具有责任心以及具有多强的责任心。例如，员工针对团队面临的困难提出自己的看法或建议可以获得相应的积分奖分，一旦意见被采纳，则可获得更多的奖分。这一举措不仅可以鼓励员工积极地为团队谏言献策，培养和锤炼其责任心，还可以有效地汇总成员们的意见，为团队今后的决策与目标制定提供合理依据。

（二）锤炼员工的品行

在品行方面，积分制管理从最简单的文明礼貌入手，通过积分考核员工的日常行为。例如，同事见面时相互问好，上下楼梯时靠右有序行走，对司机、环卫工人道谢，热情帮助有困难的同事等行为都可获得奖分，否则会被扣分。企业这样做的目的是帮助员工养成良好的行为习惯，久而久之，培养他们良好的品行。这种影响不仅仅体现在待人接物文明礼貌上，还能在工作中发挥重要的作用。这样做，从小的方面来说，培养了员工良好的道德品行，形成了和谐的人际关系；从大的方面来说，所有员工的良好行为将形成帮助团队进步的责任心。

三、积分打造专业，帮助团队决策

专业素质是团队中的每个员工都应该具备的首要素质，其专业知识的扎实程度决定了整个团队的业务成绩。积分制管理通过积分为员工提出了学习要求、明确了学习标准、指明了学习方向，从而能够培养出专业水平过硬的团队，保证团队决策的专业性与合理性。

（一）通过积分提出学习要求

很多团队都苦于无法调动员工的学习主动性和积极性，即使具备行之有效的方案，但也总是不能长期发挥作用。而积分作为一种奖励方式，由于没有上限，且可以使员工获得多种形式的物质奖励，因此可以在很大程度上提升员工的行动力，同时对员工产生一定的约束力。主动学习的员工可以获得一定的积分奖分，在此基础上，完成学习要求的员工还可以额外获得奖分，这可以让原来抱有被动学习心态的员工开始主动要求学习，有利于培养员工的专业性。同时，积分制管理模式还会根据员工掌握专业知识的牢固程度，给予员工相应的奖分，这无疑又是另一层面的激励。在这种管理方式下，获取知识变成了员工快乐的源泉，员工不仅会主动要求完成学习任务，还会主动学习与工作相关的其他知识，这对整个团队的专业化塑造以及管理的优化都产生了极好的正面影响，员工对于团队决策提出的意见也会更专业、更准确。

（二）通过积分明确学习标准

在传统管理模式下，由于缺少相应的监督机制，员工在学习时常常只是学一些表面的东西，甚至会出现走过场的情况，这不仅是对团队资源的一种浪费，还增加了企业的成本，使企业无法获得与之对应的经济效益。积分制管理对员工的积分奖励不是团队领导随随便便定下来的，学习什么技能、什么专业，学习到什么程度，怎么评价学习的效果等都有对应的计分标准，对于学习态度不认真、效果不明显等行为也有相应的扣分标准。凡事按计分标准奖、扣分，这既保证了积分的公平性，又切实地保障了员工的学习效果。

（三）通过积分指明学习方向

虽然团队是由具有不同背景、不同角色、不同思维、不同经验、不同知识、不同技能和不同体能的人员组成的,且团队中每个人的分工不同,承担的职责也有很大差异,但积分制管理能够通过积分的巧妙运用为所有团队成员指明前进的方向,督促大家朝着一个共同的目标努力,这是传统管理模式无法实现的。具体来说,积分制管理在制定奖扣分标准时,不仅涉及与工作相关的内容,还涉及员工生活的方方面面;不仅在做事方面为员工指明了方向,更重要的是在做人方面也指明了方向。员工想要获得更多的奖分,就要按照积分奖分的标准努力,只有这样,才能挣得更多的积分。只有在方向明确的情况下,团队成员才会越来越专业,其行为也会越来越有利于团队做出正确决策。

四、积分塑造文化,鼓励团队决策

人心齐,泰山移。文化是团队的灵魂,一个团队只有拥有了属于自己的文化,才具备了真正的核心竞争力,否则就如一盘散沙;一个团队只有在优秀团队文化的指引下,才能有前行的力量,才能快速地应对变化,做出合理的决策,才能让每个成员找到自己在团队中的地位和价值。只有如此,所有团队成员才能够齐心协力,共同达成团队的目标,才能积累文化的能量,做出更大的业绩,不断创造新的辉煌。团队文化是团队的一种标志,它会体现在团队中的每个成员身上,是一个团队特有的烙印。

(一)积分培养"家文化"

积分制管理一直都以培养企业文化为出发点,崇尚家的文化,认为家是一个员工所有精神的聚集之所,懂得顾家、爱家的员工才更有责任心。在自己的家中,员工一定会为了更好地生活而出谋划策,也会专业地、谨慎地对遇到的问题做出判断和决策;在自己的家中,员工会与其他的家庭成员相互尊重,不计较得失,心甘情愿地改善自身,以做到更好。积分制管理力求通过积分引导员工把团队当成家,塑造一种"家文化",用奖分去培养员工的良好习惯,用扣分去约束员工的不良习惯。积分从团队成员们的日常行为入手，引导其构建互助友爱、和谐的氛围，从无到有，从少到多，慢慢地塑造团队特有的文化烙印。

（二）积分塑造会议文化

会议是促进团队成员间交流的有效方式，但往往不是得不到有效利用，就是演变成员工个人意见之间的争斗，这些对于团队决策没有任何好处。而且，在传统管理模式下，由于缺少相应的监督机制，企业内经常会出现员工无故不参加会议、迟到的现象，有些员工虽然参加会议，却在会议上不做任何表示，只是走个过场。积分制管理为帮助企业建立良好的会议文化，采取了无故不参加会议或迟到的员工会被扣分，应在家休息仍坚持参加会议的员工会获得奖分，出差刚回来就参加会议的员工可获得双倍奖分，只参加会议而不参与、不发言、不认真的员工相应扣分等措施。这样一来，员工都知道开会时要主动参与、积极发言、表明自己的观点和立场，久而久之，会议气氛就被积分调动了起来，从原先的领导讲话、员工心不在焉转变为员工不需要被点名就会争相发表自己看法的状态。发表意见的人多了，团队看问题的角度也就更多方位了，一些难题、困惑被层层分析后就变得更透彻了，在这样的情况下，团队更容易做出明智的决策。

例证 5-4　积分鼓励员工参与团队决策

广东顶固集创家居股份有限公司自 2016 年 3 月引入积分制管理后，团队建设方面有了翻天覆地的变化。积分制规定：团队中，只要员工做好了事情，不管是否与自身工作相关，都会获得奖分。对于一些特殊的项目，公司还会设立专项奖分。

例如，最近公司开展了一个 6S 精益项目，该项目在推行的过程中遇到了不少困难，需要依靠团队的集体智慧予以解决。领导给该项目组配备了专项分,只要员工发现问题并立马反馈,就会获得奖分,分值 50～200 分不等;发现问题后,凡是积极参与讨论的员工,不管最后有没有提出建设性意见,公司也会给予其一定的奖分,拿出决策方案的会获得更高的奖分,上不封顶。最终,在发动群力、充分吸收员工意见的基础上,公司做出了解决难题的决策。公司通过积分制设立专项积分的方法,不仅发现了一些人才,还使得团队成员更有参与感,这对团队建设来说,是很重要的创新。

(资料来源:群艺集团积分制管理心理学课题组调研记录)

第三节　积分制管理与高效团队建设

传统的团队管理方式强调一切事务要严格按照规章制度执行,既没有考虑员工的真正需求,也不能体现管理的人性化。但是,站在管理者的角度来说,管理团队不能让制度沦为空谈,否则将难以开展工作,团队需要的是一种更人性化、更高效的管理制度。

一、什么是高效团队

高效团队是由普通团队发展而来的成熟团队,其构成要素与团队一致,包括共同的愿景和目标、和谐的团队关系、严明的纪律、合理的角色配置,但它在要求和特征上比普通团队更多、更严谨。相比普通团队,高效团队在对团队目标的要求、团队成员的要求及团队所在环境的要求等方面有明显的不同,主要体现在以下七个方面(钟伟君,2019)。

(1)清晰的目标。高效团队对所要达到的目标清晰明确,团队成员坚信这个目标蕴含着重大的意义和价值,而且,这种目标的重要性还激励着团队成员尽可能地让个人目标与团队目标趋于一致。在高效的团队中,团队成员会为共同的目标做出承诺,他们清楚地知道团队需要他们做什么，以及自己如何做才能帮助团队完成共同的目标。

（2）相关技能。高效团队的成员往往同时具有高超的技巧和处理成员间关系的技能。具体来说，高效团队成员自身不仅具备实现团队目标所必需的技术和才能，还具备能够良好合作的个人品质，故而能够出色地完成团队目标。

（3）相互信任。团队成员间彼此信任是高效团队的重要特征。成员之间对彼此的能力和品行都深信不疑，这也使得高效团队更容易妥善处理成员间的矛盾和冲突，避免不利因素的影响，通过有效利用良性冲突，使团队氛围更加和谐。

（4）一致的承诺。高效团队成员会对团队表现出高度的忠诚和承诺，为了能使团队获得成功，他们愿意去做任何事情，我们把这种忠诚和奉献称为一致的承诺（蒋巍巍，2016）。

（5）良好的沟通。良好的沟通是高效团队的一个非常关键的特点，团队成员通过畅通的沟通渠道共享信息，内容不仅限于工作，还包括彼此的健康或者其他个人信息，这样能够增加成员对彼此的了解，减少团队成员间的隔阂，消除误解，使整个团队更具凝聚力。

例证 5-5　谷歌高效团队的秘诀——沟通分享

2011 年，谷歌开始着手进行代号为"亚里士多德"的项目，项目负责人杜贝召集了公司内最好的统计学者、组织心理学家、社会学家、工程师以及研究员，对数以百计的谷歌团队进行跟踪研究，并要求每个团队都至少投入一年以上的时间。

Sakaguchi 带领团队参与了该项目，期望能够打造一个更加高效的队伍，但是，评估的结果让他难以接受——组员们对队伍的满意度相当低。为此，他们展开了一次团队训练。在工作场所之外，Sakaguchi 向组员们

第五章 积分制管理与团队建设

袒露了自己不为人知的"秘密"——自己其实是一名晚期的肿瘤患者,而他也因为藏着这个秘密而备受折磨。由于他的真诚沟通与分享,其他人也纷纷吐露了自己的隐秘心声。这一"神奇时刻"改变了整个团队的氛围,此后组员们更加互相体贴,感情变得深厚起来,团队合作也更加默契、流畅。

历时五年,谷歌的精英们耗费了大量人力、物力和财力,最终得到了这样简单的秘籍:团队成员间的沟通分享是打造高效团队的重要因素。然而谁又能否认,一个真诚沟通分享的工作团队正是持续创新的源泉呢?

(资料来源:Charles Duhigg,戴晓橙,2016)

(6)恰当的领导。高效团队的领导往往是教导或者指导团队成员如何去做、如何去完成目标,并在其他方面提供相应的支持。领导的主要目的在于让团队成员更有自信心,帮助团队成员更充分地了解自己的潜力,为团队指明前进的道路,带领团队度过最艰难的时期。

(7)其他方面。例如,高效团队要具备一套容易理解的评估员工绩效的绩效管理系统,以此来支持和强化团队成员的能力以取得更高的绩效水平,而普通团队的绩效管理系统不是繁杂、难于理解,就是过于笼统,这会让员工觉得没有针对性、不公平。

二、积分制管理有助于高效团队的建设

随着当前市场环境的迅速变化、企业竞争的不断加剧,如何组建高效的团队对于企业来说至关重要。因为对于企业而言,所有的创意、策略、方案等都需要团队和人去实现,企业的许多构想在推动时遇到阻力,多半也是团队和人所造成的。随着组织规模的扩充,如何强化组织、建立高效的团队成为企业发展的重点(常玉栋,司菡,2017)。积分制管理的实施有助于企业打造高效团队,具体体现在如下几个方面。

（一）积分引领员工认同并达成团队共同的目标

积分制管理通过积分将员工自身利益与团队的目标捆绑在了一起，由此实现员工对团队目标的认同，从而全方位地调动员工的积极性，同时把员工打造成复合型人才，为完成团队的共同目标而付出。

1. 积分筑起员工的梦想

积分制管理模式下，排名靠前的员工不仅能获得抽奖、出国旅游、福利分红、理财保险等物质激励，还能获得领导表扬、奖状等相应的精神激励，同时还会得到其他成员的尊重，在公司享有一定的地位。积分排名靠前的员工获得奖励会引起积分较少的员工的反思，激励后者主动认同团队目标并参照团队目标制定属于自己的阶段性目标，以努力争取较高的积分。有了目标后，员工的行为就会有所改变，如主动帮助其他成员解决工作中遇到的问题、积极去做其他员工不愿意或者做不完的事情、不再抱怨加班的辛苦、不再因为客户的刁难而抱怨。员工在努力挣积分时，也会慢慢地提升自己的工作技能，学习到平时很少接触到的知识。由此，积分将以一种简单的形式慢慢地融入员工的价值观念中，在员工的内心深处产生影响，促使员工表现出较高的团队认同感，认同团队的目标，并制定自己的目标来一步步实现团队的目标，唤起自己的工作欲望，最终成就自己的梦想。

2. 积分打造了复合型人才

采用积分制管理的团队很注重对员工技能的培养，只要员工愿意学习，团队中其他掌握相关技能的成员都愿意主动教授知识。学习的员工不仅能够获得新的技能，还能获得学习积分；教授的员工不仅能够传播自己的经验，让自己更有成就感和影响力，还能拿到教学积分。在这个过程中，所有员工都是赢家。积分制管理可以帮助团队在育人方面提高效率，成为育人的摇篮，节约四处寻找人才的招聘成本和聘请相关专家的培训成本。团队成员在这种轻松的学习环境中，会慢慢地成长为复合型、多面型的人才，由此使团队目标的实现变成易如反掌的事情。

（二）积分实现清晰明确的绩效考核

1. 积分考核数据清晰明确

在积分制管理下，量化员工行为的数据是清晰明确的，如对员工的行为表现该奖分还是扣分，具体奖扣的分值是多少等，这些都要保证准确无误。而且，为了保证积分考核数据的清晰明确，积分制管理借助现代网络技术的发展，开发出了一套专门用于积分制管理的应用软件。它可以使积分数据的录入更加准确清晰，而且便于员工及时进行查询，还可以迅速对积分数据做出反应、进行反馈，改进做得不好的地方。

2. 绩效考核形式灵活

在积分制管理中，积分是一种十分灵活的考核工具，团队领导可以根据实际情况，在充分调动员工积极性的前提下，制定合适的积分标准。积分标准既是固定的又是灵活有效的，固定是因为一般情况下，积分标准是有上限的，灵活是因为在上限许可的范围内和规章制度允许的条件下，企业的团队领导可以根据员工的行为给予一定的额外积分，这可以最大限度地激励员工发挥自己的潜能。对于员工的不同行为，积分标准不是一成不变的，标准是否合理以团队战略目标的完成为评判基准。

3. 积分奖罚公开透明

首先，积分是对应排名的，积分排名的高低与员工的自身利益密切相关。在积分制管理中，企业会及时更新并公布员工的积分排名，让所有人都可以清晰地看到。同时，根据积分排名实行的奖励和扣罚也是公开进行的，这可以让员工认识到付出必然会得到回报。此外，积分制管理中奖励的形式和方法多种多样，既可以是员工"快乐会议"，也可以是月度、季度、年度总结大会，但不管采用什么形式，都是在公开透明的原则下开展的。员工若有感到困惑的地方，可以随时与组织管理者进行沟通，使信息得到快速的传递与共享，最终解决困惑，让员工觉得公平。

（三）积分实现恰当的团队领导

首先，积分很好地解决了以往团队领导只是用金钱奖励员工、奖励兑现周期较长及奖励效果不显著的问题。积分既可以帮助领导做到随时奖励员工，又可以根据目标完成的情况决定奖扣多少分，这样就可以快速有效地调动员工的积极性，团队的目标也会被快速激活，团队的效率也会得到大幅度的提升。

其次，积分的管理手段可以让领导者快速地塑造人格魅力。对表现好的员工奖分，对表现不好的员工扣分，表现了领导的奖罚严明；奖扣事项每天都会公布，表现出领导较强的执行力与公信力，树立并维护了领导的威信。同时，领导与员工一样，也会被奖扣分，这就让领导为员工树立了榜样，引导员工追随。

再次，积分为领导在实际行动上赞扬员工提供了条件。当领导在不经意间发现员工的一些良好的行为时，如主动倒垃圾、桌面整洁、主动向他人问好等，都可以给员工加分，这样就会使员工更有工作动力，时时刻刻关注团队内的一切事务，提高团队的工作绩效。

最后，积分实现了真正意义上的领导放权。在积分制管理下，领导为员工分配完任务后，就可以放手让员工去做，如果遇到问题，获取积分的愿望会激励团队内的成员不断挖掘自身的潜力，一起出主意解决困难，这既实现了团队的成长，又有助于带动成员的热情，提高团队效率。

例证 5-6　下达积分奖励，拖延的事务得到了有效解决

浙江鹿邦羊绒制品有限公司实施积分制管理后，企业的员工工作状态发生了翻天覆地的变化，生产安全问题、卫生问题均得到了很大的改善。以前，干部安排工作时总会遇到员工推托等阻力，干部常常不知道究竟该如何解决，只能自己生闷气，一边有任务压着，另一边有客户催着，

第五章 积分制管理与团队建设

干部只能哄着员工干，团队毫无士气，更谈不上效率。采取积分制管理后，干部下达任务时会规定好完成时限，员工完成了就获得奖分，完不成就被扣分，这使得员工都变得对工作很上心，为了拿双倍积分，大家都争抢着完成任务，更不会再找理由和借口推托，团队的工作效率增强了许多。

（资料来源：群艺集团积分制管理心理学课题组调研记录）

（四）积分营造良好的沟通机会

由前面的内容我们已经知道，良好的沟通是高效团队的一个非常关键的特点。在积分制管理模式下，员工与领导、员工与员工之间的良好沟通主要是通过积分奖分营造的"家文化"与会议文化来实现的。首先，积分制管理营造的"家文化"让团队成员如家人一般互相尊重、互相帮助，让团队氛围如家庭氛围一样和谐，最终在这种和谐的氛围中，实现员工与员工之间的良好沟通。其次，积分制管理营造的会议文化让员工在各种团队会议上不再懈怠，不再沉默寡言，而是积极主动地向领导汇报团队工作的整体推进情况，针对团队项目中出现的问题积极地提出自己的见解与思路等，有效实现了员工与领导的沟通。最后，积分制管理通过积分奖分的方式鼓励员工、领导一起参与公司举办的各种活动，如快乐会议、户外训练等，这样就能在轻松愉悦的氛围中顺利实现员工与员工、员工与领导在工作场合之外的沟通，增进彼此的感情。

参 考 文 献

[1] HERZBERG F. One more time: how do you motivate employees?[J]. Harvard business review, 2003, 81(1): 87-96.

[2] MAYER R C, DAVIS J H, DAVID SCHOORMAN F. An integrative model of organizational trust[J]. Academy of management review, 1995, 20(3):

709-734.

[3] CHARLES DUHIGG, 戴晓橙. 谷歌高效团队的秘诀是什么 [J]. 中国社会组织, 2016（14）: 50.

[4] 常玉栋, 司菡. 如何打造高效团队 [J]. 现代商业, 2017（32）: 117-119.

[5] 郭然, 刘兵, 李媛. 企业高层管理团队决策行为对决策效果的影响 [J]. 企业经济, 2013（09）: 19-23.

[6] 郝金磊, 尹萌. 团队冲突、团队沟通与团队绩效关系的实证研究 [J]. 西安财经学院学报, 2018, 31（06）: 43-49.

[7] 胡超, 杨梦君, 任钰, 等. 高效团队建设与实现路径探究 [J]. 广西质量监督导报, 2019（09）: 95-96.

[8] 蒋巍巍. 高效率团队的五个构成要素 [J]. 人才资源开发, 2016（05）: 71-72.

[9] 蒋丽, 于广涛, 李永娟. 团队决策及其影响因素 [J]. 心理科学进展, 2007（02）: 358-365.

[10] 靳峰, 王超杰, 卜富伟. 企业核心团队激励机制研究 [J]. 中国管理信息化, 2019, 22（13）: 75-77.

[11] 雷庭, 陈芸, 鄢广宇, 等. 引入主动争抢机制, 让人人成为创客 [J]. 传播力研究, 2017, 1（07）: 221-222.

[12] 李荣, 聂志柏. 中国积分制管理 [M]. 武汉: 长江出版社, 2014: 1.

[13] 郎淳刚, 席西民. 信任对管理团队决策过程和结果影响实证研究 [J]. 科学学与科学技术管理, 2007（08）: 170-174.

[14] 刘盛梅. 工作"抢单"积分制的创新运用 [N]. 东方烟草报, 2018-01-25.

[15] 罗伟. 人在一起叫团伙 心在一起叫团队 [M]. 南昌: 江西人民

出版社，2016.

[16] 宋源．团队信任影响因素实证研究——传统团队与虚拟团队的差异分析 [J]．河南社会科学，2010，18（01）：143-148.

[17] 赵凤敏．高效团队建设的关键因素之探析 [J]．中国青年政治学院学报，2012，31（06）：66-70.

[18] 张周圆．高效能团队建设 [M]．北京：经济管理出版社，2015.

[19] 钟伟君．A 公司高效团队建设研究 [D]．桂林：广西师范大学，2019.

第六章 积分制管理与领导

管理的本质是管人，管人的本质是赢得人心。领导力的关键在于影响力，领导者唯有抓住员工的真实期望和内在需求，才能真正激发员工的潜能和创造力，吸引和留住人才（艾伦·卡特勒，2017）。

当下，社会经济体制的转型、全球化进程的加速、知识经济时代的到来以及跨文化的信息交流与价值碰撞都在不断地对社会中各种组织的生存与发展提出新的挑战。面对时代的变化，企业若想实现更好的发展，除了要提升自身的核心竞争力，还需要不断地提升领导力。在企业中，领导力的强弱直接关系到企业经营管理工作水平与效率的高低，而积分制管理的实施不仅有助于领导者判断一个人是否具备领导特质、能否了解和满足员工的真实需求、实现对员工的有效领导，还有助于塑造领导者行为，培养领导力，实现领导者与员工之间的高效、和谐互动。

第一节 积分制管理与领导选拔

领导是组织的管理者，具有极其重要的地位与作用，组织的价值观和文化常常由组织的领导者决定（马庆霞，2017）。在组织中，好的领导可以提升组织绩效，差的领导对于组织绩效则有较大的负面影响。因此，找到科学的、行之有效的方式来选拔合适的领导者，在组织发展中是至关重要的。

一、现有的领导选拔机制

对于领导职位的招聘和选拔，最关键的是要将合适的人安排到合适的职位上。然而，在实际工作中，要选拔出合适的人并不容易。管理大师德鲁克指出：企业在选拔管理者时，大概3个中有1个是准确的，即准确率在33%左右。因此，对于领导者的选拔要遵循科学的原则，才能达到事半功倍的效果。

（一）选拔的准则

1. 从企业战略层面出发

企业在进行领导者选拔时要结合自身战略立场，以实现组织战略目标为前提，不应该从小团队或小帮派的视角选拔领导者。在选拔合适的领导者的过程中，要以提升组织业务能力为基础、以实现企业战略目标为方向。特别地，评选者在对候选人进行甄别时，首先要看其个人目标是否与组织战略目标相一致，然后再考虑其个人专业技能、业务水平以及综合素质等，不能只讲究论资排辈，不能脱离企业的运营管理。

2. 制定科学的选拔标准

科技的不断革新为人力资源管理领域带来了科学的工具，企业通过利用专业的测评手段与工具，制定适合岗位的用人标准，可以为量才用人提供可靠的依据。在选拔的过程中，企业需要使用专业的方式规范岗位说明，制定人岗匹配的用人标准，实现细则化、灵活化选拔。企业的不断发展需要高素质、强业务、懂管理、有经验、精专业的复合型领导人才，只有从科学的角度制定选拔标准，采用专业的手段进行甄别，才能甄选出优秀的领导者。

3. 坚持德才兼备的原则

领导者的选拔必须把品德与能力作为主要依据，即从态度着眼、从能力着手、从绩效"着陆"、从细节考量、从大事把握，开发与培育德才兼备的领导者。所谓"德"，是指领导者需要具备高素质的道德品质；所谓"才"，是指领导者需要具备做好本职工作所需的专业知识与业务能力。优秀的领导者需要处理好德与才之间的关系，无才有德或无德有才都不足以成为优秀的领导者，二者应该是统一的、相辅相成的。企业在选拔领导者时，必须注意"德"看主流，"才"看专长，防止出现重才轻德和以德代才的倾向。

4. 公开、客观、公正

领导者的选拔要面向组织内部公开进行，单凭传统的伯乐式的相马，很难发现合适的人才。整个选拔的过程要以客观评价为原则，公平地看待每一位候选人。面试小组成员应来自相关的业务部门以及人力资源部，所有成员参照岗位标准进行评价，要坚持理智重于情感的原则，避免出现组织内部小团体相互推选的情况，影响结果的客观性与公正性。

（二）选拔的方法

在现代管理中，对于领导者的选拔方式主要有以下几种。

1. 测验法

测验法是一种标准化程度较高的评价方法，它在大多数情况下会被作为人才选拔的第一环节。常见的测验法有笔试、心理测试和工作取样测试。

（1）笔试。笔试是最为常见的一种测验方式，使用范围广泛且能够较好地反映出应试者的专业水平。近年来，笔试的形式越来越趋向于标准化、专业化，能够客观地反映出所要考查的应试者具备的知识与技能。但是，它在人才选拔中，多被应用于基础性、专业型岗位，较少应用于领导者的人才选拔过程。

（2）心理测试。心理测试是现代企业管理中较为常用的考查应试者的性格、行为、能力等综合素质的测评技术。它能反映出应试者的心理与能力特征，从而预测出与其发展潜能及其性格相匹配的职业或岗位。通常情况下，心理测试包含衡量智力水平与工作水平的能力测试，针对职业性格与价值观念的人格测试以及对个性、职业倾向进行评估的测试。在实际操作中，较为常见的测量形式是评价量表，它的信、效度都较高，而且容易操作，从而被广泛使用。

（3）工作取样测试。工作取样测试类似于情景模拟，是一种操作难度较高的测试方式。其测试流程为：首先，需要对岗位进行分析，确定该岗位需要的关键行为，然后设计打分系统。这种测试方法一般较为复杂，不同专业之间没有通用性，需要企业根据岗位的性质进行个性化设置。

2. 面试法

面试是被使用得最多的选拔方式，面试官需要通过与应聘者面对面地交谈与观察来判断其是否适合该岗位。面试通常分为结构化面试和非结构化面试。

（1）结构化面试。结构化面试是一种根据特定职位的胜任特征要求，遵循固定的程序，采用专门的题库、评价标准和评价方法，通过考官小组与应聘者面对面的言语交流等方式，评价应聘者是否符合招聘岗位要求的人才测评方法。结构化面试能够帮助面试官发现应聘者与招聘职位职业行为相关的各种具体表现，面试官在这个过程中可以获得更多有关候选人的职业背景、岗位能力等信息，并通过这些信息判断该候选人是否能够胜任这个职位。因此，进行科学有效的结构化面试，可以帮助企业对应聘者进行更为准确的个人能力评估，降低企业的招聘成本，提升员工绩效。

（2）非结构化面试。非结构化面试亦称"随机面试"。在随机面试过程中，面试官无须遵循事先安排好的规则和框架，可以随意地与应聘者讨论各种话题，或根据不同的应聘者提出不同问题。整个面试过程较为自然，具有较高的自由度，面试官可以由此全面地了解应聘者的情况，应聘者也会感觉更加随意和放松，由此更容易敞开心扉。非结构化面试易操作、成本低，可以帮助面试官深入了解应聘者的经验并得到及时反馈，但是由于其结构化和标准化程度较低，不同被试者间的可比性不强，从而会影响面试的信度和效度。

3. 评价中心

评价中心是包含了多种测评方式与技术的综合评价系统，主要是在专门建立起来的测量情境中对行为进行评定，评价者们将各自的评定结果集中在一起进行讨论以达成一致，或者用统计的方法对评价结果进行整合，从而得到对应试者行为表现的综合评价。评价中心主要有以下几种形式。

（1）公文筐测验。公文筐测验在领导者选拔的过程中较为常见，主要是设定一个固定的工作情景，要求应试者在规定的时间内完成一系列的公文处理，包括处理这些公文的次序、做出批示、召开会议、组织和安排工作等。公文筐测验适用于中高层管理人员的招聘，主要是测试管理者的整体业务运作与处理能力。测验过程中主要评价以下内容：对于工作中公文处理的先后顺序有无分清主次、有无按照轻重缓急的原则处理，对于突发事件的应急反应、判断以及做出决策的过程，安排与协调工作的情况以及处理团队间内部矛盾的能力。这种情景模拟可以将岗位的专业知识、业务知识、操作经验以及能力要素都涵盖其中，实现对应试者的综合素质考查。

（2）管理游戏。管理游戏是让应试者通过游戏的方式来完成某项任务的测评方法，一般针对企业的中高层管理者。面试官会设计一些游戏内容，由应试者组队完成。在整个游戏过程中，应试者在参与问题讨论、解决问题时能表现出很多种能力和素质，包括动手能力、协调能力、创造力、职业操守等。这种游戏的测评方式可以使应试者保持放松的状态，充分地表现自己。

（3）角色扮演。角色扮演主要是让应试者通过预先设定的角色内容，模拟实际工作中的一些活动，处理面临的问题和冲突，从而判断应试者所掌握的工作技能以及岗位胜任程度。角色扮演一般考查的是应试者对角色的把握程度，即能否快速地分析形势并进入角色、是否按照角色规范采取对策及行动。

例证 6-1 丰华公司：多种方式选拔领导

重庆丰华公司是一家于 1999 年上市的大型企业集团，2000 年，丰华公司董事会做出了战略调整，把环保作为公司的主营方向。随着经营规模的不断扩大，企业面临用人的困境，为了能够顺利解决这个问题，公司面向内外部公开招聘管理人员。为了科学地选拔出合适的管理者，人力资源部借助人才测评技术对项目经理和副总进行人才甄选。

（1）线上测验。主要进行了针对专业知识、综合素质（个性品质、发展潜能、核心能力等）的线上测评。

（2）投射练习。针对职业经理人进行成就愿望、工作动机的测量，从而挖掘普通面试环节无法发现的潜在信息。

（3）评价中心。选取角色扮演的方式设定副总的角色，观察候选人在处理事务时的表现与能力。

通过以上专业的选拔手段，公司将 300 位候选人分为 5 个等级。其中，5 级是所有应聘者中"最优秀"者，所占比例为 2%；4 级为"比较优秀"者，所占比例为 8%；3 级为"合格"者，所占比例为 45%；2 级为"慎重使用"者；1 级则被淘汰。最后，公司录用了表现优秀的 30 人。

（本案例源于网络并经作者加工整理）

二、现有领导选拔机制存在的问题

从上述对现有领导选拔准则和方法的分析中可以看到，很多企业采用的领导选拔机制中存在一些问题，总结起来主要有以下四个。

（一）缺乏客观明确的量化标准

通过前文内容可知，现代企业一般采用笔试和面试相结合的方式来选拔领导者。不管是笔试还是面试，其实质都是一种沟通，是获取信息的一种渠道。应试者想要获取的是关于企业基本情况、工资待遇、工作环境等方面的信息，而企业想要获取的是应试者的职业规划、期望的薪资水平以及是否具备工作所需的技能等方面的信息。然而，通过笔试和面试的沟通所获得的信息并不能够保证完全客观准确，其过程会受到一些主观因素的影响，如面试官对应试者是否有"眼缘"等，这反映出企业缺乏一种客观明确的量化标准来衡量和考查应试者，在一定程度上导致了选拔结果的不确定性。

（二）竞争性选拔方法具有片面性

一般情况下，一个空缺职位往往会引来大批应试者竞争，这使得现代企业在选拔人才时普遍采用差额选拔标准，而这会给应试者带来很大的压力。通常，企业采取笔试和面试的方式来考核应试者，并根据综合得分的排名决定最终的选择，这往往导致面试官要在短时间内（通常是半天或一天之内）面试数量众多的候选人。由于工作任务繁重，面试官在考查候选人的过程中很容易疲倦，进而影响其对候选人的评价和打分。同时，仅仅与候选人进行 10～20 分钟的交流也很难全面准确地了解应试者是否具备胜任应聘岗位的能力。可见，这种竞争性的选拔方式不仅无法全面地了解每一位应试者，还具有片面性。

（三）员工监督的积极性低

新的岗位领导人既可以从企业外部招聘，也可以通过企业内部晋升、推荐的方式来确定。当通过内部选拔方式确定新晋领导人时，员工对候选人的评价与监督就应当纳入考核的范围。员工对领导候选人在领导能力、管理能力、工作态度、与同事关系等方面的评价是全面了解候选人的重要渠道。同时，员工的监督也可以帮助企业筛选出更合适的领导者。然而，我们发现，在实际工作中，企业内部员工参与评价和监督候选人的积极性并不高，有的员工甚至会表现出"事不关己""不予参与"的态度，这严重影响了领导候选人内部选拔的成功率。

（四）不注重日常考核数据的积累

企业通过内部晋升的方式选拔领导者时，一般会综合考虑候选人的日常工作表现和近年年度考核情况等，以便深入了解其是否能够胜任更高的职位。要掌握一个人在行为准则、思想品质、职业操守和职业道德等方面的情况，是需要多方面的、大量的、翔实的材料和线索进行参考印证，才能够得出结论的。如果企业在平时注重对员工日常考核数据的积累，在了解候选人的成长经历、职业道德、职业操守等信息时就会更方便，也不会因为信息不充分而做出不合理的决定。

三、积分制管理下的领导选拔机制

在积分制管理下，企业内部领导干部的选拔机制主要依据积分规则与积分评价标准进行，克服了现有选拔机制存在的诸多问题，具有选拔指标清晰明确、员工积极监督等优势。

（一）积分制管理下领导选拔的机制

1. 领导选拔积分规则

在这里，我们提供一份《领导选拔积分规则》示例以供参考，但各企业的具体规则应根据实际情况来设置。

（1）个人基础素质分。具体分为：① 健康状况方面，员工1年内病假假期在7天以内的，加5分；病假假期为1~3个月的，扣2分；病假假期为3~6个月的，扣5分；病假假期为6个月以上的，扣10分。② 学历学位方面，大专学历的，加2分；大学本科学历的，加5分；研究生学历的，加10分。③ 技能资格认证方面，员工获得与岗位相关的职业资格证书的，每项资格认证加10分，获得多项资格认证的，积分可累加。④ 工作年限方面，工作满一年即可获得加分，工作年限越长，获得的积分越多。

（2）月度、年度考核分。员工月度考核合格的，每次加2分，考核不合格的则每次扣5分；年度考核合格的员工，每次加10分，考核不合格的，每次扣20分。

（3）日常工作表现分。员工每完成1项职责内工作，加1分；完成领导交办事项，每件加1分；按时上下班，不迟到、不早退，加2分；保持工作环境干净整洁，加2分；帮助同事，每次加2分；与同事、上级领导主动打招呼，加2分。

（4）其他情况的积分规则。员工通过参加培训掌握一项对工作有帮助的技能时，加10分；员工获得体育竞技类、文艺类、科学技术类等奖项时，每项加2分；员工见义勇为或做出其他对个人或单位有正面积极作用的行为，每项加5分。

2. 积分评价标准

积分制管理的引入为企业领导干部的选拔打造了一个相对公开、透明、机会平等的竞争平台。在积分制管理下，企业在进行领导干部的选拔时，每个候选人的积分总排名情况是企业的首要参考标准。因为积分的制定和实施代表了企业的发展目标与发展方向，表达了企业对优秀员工的要求。某员工的积分高，说明其个人目标与企业的发展目标趋于一致，说明该员工工作绩效卓越，对企业发展做出了突出贡献，是一名综合素质较高的优秀员工。因此，企业在选择合适的领导干部时，首先要将候选人根据积分从高到低进行排序，然后根据选拔工作方案，按照一定比例选取积分总排名靠前的一批候选人作为参考对象。其次，企业除了关注候选人的积分排名外，还应重点关注细项积分情况，如上述积分规则中的学历、工作年限、健康状况、同事的认可等方面的积分情况，特别是员工在关键时刻承担急、难、险、重任务的次数及得分情况。在积分制管理下，积分作为确定候选对象的重要依据，可在领导干部的选拔阶段发挥重要的参考作用。

第六章 积分制管理与领导

例证 6-2 基于积分制管理的厦门海事局科级干部选拔

厦门海事局先前采用的科级干部选拔机制是典型的委任制，这种选拔机制存在很多问题，如缺乏量化标准和有效的激励手段、竞争性选拔方法具有片面性、群众监督的积极性很低、缺乏日常考核数据的积累等。

鉴于存在的问题，厦门海事局引入积分制管理，建立了一套符合厦门海事局实情的科级干部积分制选拔机制。其具体的积分选拔规则包括：第一，个人基础素质方面。根据健康状况、学位学历、技能资格认证、工作年限、个人奖惩等实际情况分别进行相应的积分计分。第二，民意基础方面。根据民主推荐和民主测评的结果获得 0～2 个积分。第三，重大贡献方面。针对参与重大海上险情排查与事故搜救的、参与课题或科技项目研究获奖并在行业内推广的、连续 3 年获得市级以上表彰的，每次加 3 分。第四，年度考核方面。考核等次为优秀的，加 2 分，称职加 1 分，基本称职加 0.5 分，不称职不加分。第五，日常履职情况方面。每完成 1 项职责内工作加 1 分；完成领导交办事项，每件加 1 分。第六，廉政情况方面。受到廉政投诉、信访、举报的，经查实后，1 件扣 1 分。第七，其他情况。政治面貌方面，党员加 1 分，其他民主党派加 0.5 分；业余爱好及成果方面，获得体育竞技类、文艺类、科学技术类等奖项的，每项加 1 分。

（资料来源：洪晓东，2016）

（二）积分制管理下领导选拔的流程

在积分制管理下，企业领导干部的选拔大致可以分为以下四个步骤。

第一步，由公司高层根据工作需要和管理人员队伍建设的实际情况提出选拔新的领导干部的工作意见，并综合各方面意见和平时掌握的情况，开会讨论选拔任用的职位、资格条件、范围、方式、程序等事项，最终形成选拔工作方案。然后将选拔方案进行公示，吸引企业内外的优秀人才报名参选。选拔工作方案中应明晰该领导岗位的生存环境与胜任力模型，进行该岗位的场景化模拟，使候选人可以掌握最全面的岗位信息，并从战略的高度认识到岗位的价值。

第二步，公司高层按照选拔工作方案，按规定组织公司内部中层以上领导干部和职工代表开展民主推荐，职工代表人数应不低于企业中层以上领导干部总数的三分之二。同时，激活报名参选的所有候选人的积分档案，统计分析所有候选人截至参选时的积分情况，并按照积分高低依次排名，然后将排名前10位的候选人进行公示。

第三步，公司高层对筛选出来的合适的候选人的前期积分统计结果进行讨论，以积分为主要参考依据，结合日常和年度考核情况、平时表现、人岗匹配等情况综合考量，经过充分酝酿后决定考查对象的范围。

第四步，企业高层开会讨论、决定任免结果，按规定进行公示，且公示时间不得少于5个工作日。对公示结果有异议的，可以提出书面核查申请。公示结束后，正式下发任职通知。

（三）积分制管理下选拔领导的优势

1. 指标清晰明确

在积分制管理下，领导选拔的积分指标设置得合理、科学，能够全面涵盖候选人的综合能力情况，结合后期考查，能够较为快速地对考查对象做出客观、准确的评价。同时，积分规则、评价标准明确清晰，算法简便易懂，既能从数据方面快速真实地反映候选人的职业道德、工作能力、工作绩效等信息，也为企业高层进一步考查和选拔领导人员并做出决策提供重要参考依据。

2. 员工积极监督

企业采用积分奖励的方式可以激励员工对领导候选人进行真实的评价，改变员工"事不关己"的想法，激励员工对候选人进行积极监督，

第六章 积分制管理与领导

充分调动员工的积极性。例如，员工认真填写针对候选人员的评价表，可以获得10个积分；员工真实地反映候选人平时的工作表现、工作态度以及与同事关系等信息，可以获得15个积分；员工积极行使监督权，监督候选人在考查期内的表现或反馈其违规行为的，可以获得20个积分等。

3. 领导选拔效率高

积分制管理可以提高领导干部选拔的效率主要体现在三个方面：一是积分的量化指标易于统计分析。将员工的各项积分信息输入配套的积分软件后，积分软件会自动进行计算汇总，同时还可自由选择按日、月、年等方式输出积分排名结果，大大减少了指标分析时的工作量。二是积分的量化指标易于理解，有利于提高企业高层获取候选人信息的效率，提高对候选人认识的客观性和准确性，最终提高决策的效率。三是积分的量化指标易于公示。清晰的积分规则和评价体系、简洁的数字，既方便对候选人情况的公示，也有利于员工对候选人进行及时了解，同时还可以增强选拔的透明度，利于员工监督。

4. 为领导干部竞争上岗提供切实可行的方法

一方面，积分对候选人评价的覆盖面更广泛，评价方式更科学，得出的结论也更全面、更客观、更有效率。选拔工作可以将候选人的日常积分进行集中统计分析，迅速地将分散的积分整合起来，快速反映出候选人在各方面的能力和水平。另一方面，积分选拔机制受时间、地点、人为等因素的影响较小，可以减轻主观因素的干扰，程序更加简单，方法更加科学，有利于与信息化平台进行整合，形成数字化的个人积分账户，便于随时使用和永久保存。

例证 6-3　凭祥镇积极推行基层干部积分制管理新模式

广西壮族自治区凭祥市凭祥镇的党委班子在深入调研和探索的基础上，提出了试行村（社区）及"两委"干部积分制管理办法，把"数字化"

运用到对人的管理上，运用积分来选拔基层干部，并以积分来衡量组织的工作绩效和个人的自我价值。通过实行积分制管理新模式，凭祥镇充分享受到了积分选拔干部所带来的好处，这些优势具体表现在以下几个方面：一是积分制管理的规范化和科学化提高了村干部日常管理的全面性；二是积分月评制考核提高了村干部日常管理的操作性；三是通过对积分制管理实施的监督和跟踪，提高了村干部日常管理的科学性；四是通过对每月考评结果进行分析统计，根据各村的得失分情况，整理出其工作中的不足并找出原因，提高了村干部日常工作管理的严肃性。

（资料来源：杨健，2015）

第二节 积分制管理与领导行为塑造

领导的管理过程实际上是领导影响员工的过程，即领导通过自己的行为对员工起到引导和指引作用（王辉，2008）。企业中，领导的行为最终会影响到整个组织的行为，通过企业文化培养整个企业的做事风格，使员工与领导形成相同的价值观。

一、积分制管理与 LMX 理论

领导—成员交换理论（Leader-member Exchange，简称 LMX 理论）是由 George Graeo 和 Uhl-Bien 在 1976 年提出的，他们在研究 VDL 模型（Vertical Dyad Linkage，垂直对子联结理论）的过程中提出了该理论。在 LMX 理论中，领导与员工之间存在三种关系：领导与单个下属之间的关系、领导与一个下属群体之间的关系、领导与两个有区别的下属群体之间的关系。从 LMX 理论中可以发现，在企业中，领导与员工之间相互影响。换言之，领导表现出来的行为会影响员工的工作绩效，而反过来，员工在工作中的一些行为也会对领导的工作方式产生影响。

第六章 积分制管理与领导

（一）员工层面：快乐工作

现在，对于大多数新生代员工来说，金钱已经不是其唯一的工作追求，因此企业通过物质对员工进行激励的效果也越来越不明显。新生代员工大都有着较好的物质生活条件，他们工作的目的不单单是为了生存，而是具有更高层次的追求，如获得尊重和自我价值的实现。

基于员工的工作动机，决定员工工作效率与质量的不再仅仅是企业提供的工资与奖励，更重要的是员工的工作心情与工作氛围。根据LMX理论，采用积分制管理时，领导通过积分奖励、肯定员工的工作表现与行为，员工获得积分奖励后，心理上会得到极大的满足。一边工作，一边挣积分的模式会让他感觉是在玩游戏，挣积分就像在不断地累积"经验值"，这会让他们感受到工作的快乐，由此变得更加乐于为工作付出。同时，领导的认可会给予员工成就感和荣誉感，激发员工的正能量。

（二）领导层面：有责有权

传统企业管理中，一些基层管理人员只是起到了从上到下的信息传达作用，由于手中没有实权，导致他们不愿意管理员工，更不用说主动地激励员工了。这种领导与员工之间缺乏互动的情况，不利于管理工作的开展。

在实行积分制管理后，不管领导在企业中的职级如何，其手里都拥有实实在在的奖扣分权力。在自己的奖扣分权限范围内，领导可以自由地进行奖扣分。在这种相对自由的环境下，领导会更愿意去影响员工。员工表现得好，领导就给予奖分，这会不断地增强领导与员工之间的互动性，让领导学会管理的同时，承担起监督的责任。因此，积分制管理的形式可以解决领导者有责无权的问题，积分成了领导日常管理工作中的抓手，避免了领导安排工作时员工不愿意做，而领导又不能够有效解决问题的情况。领导者手中的积分权利保证了领导岗位有责有权，让领导与员工之间的关系更加紧密，使双方自愿地建立联系，互相影响。

例证 6-4　公牛集团：积分制管理增进领导与员工之间的关系

公牛集团成立于 1995 年，是中国领先的高档开关插座、转换器的专业供应商，在提供优质产品和服务的同时，始终致力于为大众营造更安全的用电环境。秉承"忠信诚和、专业专注"的发展理念，公牛电器将专业精神融入公司运营的每一个环节。它没有百年历史，却称得上是中国最具工匠精神的企业。为了追求极致，公牛坚持在行业内深耕，在一个技术不高的制造领域，以及一个行业体量不大的市场，它缔造了市场占有率全球第一的"公牛神话"。

2017 年 1 月，积分制管理在公牛集团落地。随着积分制管理项目在公牛集团的全面铺开，积分制管理在公牛集团的经营管理深化方面产生了重要的影响。公牛集团党委书记陈彩莲说："首先，积分制让管理人员用积分对下属的付出表示认可，不再是一个得罪人的管理者；其次，积分制管理主张对员工的所有付出和贡献进行认可，从精神和物质上让员工能够感到有成就，极大地改善了员工与管理者之间的关系。后来，我们在座谈的过程中，好多员工都对我说：'陈书记，谢谢你，原来我们不能认识领导，现在我们的领导对我们都很关心。'在实施积分制管理之前，集团的官僚主义太严重，连车间主任都不认识自己的员工，有了积分制考核之后，领导干部与群众之间的关系更紧密了，所以不管是集团内的领导还是员工，大家都感觉很好。"

在引入积分制管理 3 年后，公牛集团股份有限公司于 2020 年 2 月 6 日在上海证券交易所主板挂牌上市（股票简称：公牛集团，股票代码：603195），这标志着公牛集团正式迈入资本市场，公司发展再上新台阶。

（资料来源：群艺集团积分制管理心理学课题组调研记录）

第六章　积分制管理与领导

（三）企业层面：让优秀的员工不吃亏

企业采用积分制管理后，员工在工作中的点点滴滴都会被记录，领导的各种管理行为也会被员工监督，尤其是那些埋头苦干但不愿意过多表现自己的员工也得以慢慢被领导挖掘与重视，这一方面保证了优秀员工不被埋没，另一方面也锻炼了领导的管理能力。根据 LMX 理论，领导与员工能够感知到彼此倾注的努力与情感，员工会被领导的魅力所吸引，就会产生更高的忠诚度。同时，员工在工作中做的每一件好事、每一个良好的行为，都会被领导以积分的形式量化，从而产生名次，员工再通过名次来换取相应的奖励或者福利。这样一来，越来越多的优秀的或者有潜力的员工将被领导发现，从而真正做到让优秀的员工不吃亏，同时也提升了领导的洞察与管理能力。

二、积分制管理对领导行为的影响

积分制管理的实施不仅带来了员工行为的改善，同时也对领导行为产生了一定程度的影响。这些影响会改变领导的管理方式，促使其不断自省与进步。

（一）正向激励

引入积分制管理可以极大地调动领导的管理积极性，积分奖扣标准的存在会促使员工积极地向领导汇报自己的工作表现以及提出一些关于企业发展的意见或建议，提升领导对自己的重视程度。例如，技术部门的领导者往往都是工程师出身，他们可能缺乏领导经验，而积分奖罚的形式可以提升他们对于员工的重视程度，激励他们主动参与员工的工作，通过对事件的奖扣处理规范自己的管理方式。

积分的管理形式会在一定程度上给予领导者管理自由度。尤其是对一些基层的领导者来说，他们工作在生产车间的一线，最能掌握一线员工的工作环境与状况，他们手里的积分权限可以激励他们不断地学习，提升管理能力，增强协调与调动能力，以更好地行使奖扣分的权力。

（二）行为约束

领导者的自我行为约束在管理工作中尤为重要，作为员工的榜样，他们稍有不慎就会对员工产生不好的影响。特别是当领导者手中掌握一些实权后，他们就更容易受到利益的驱使，从而做出一些偏颇的行为。而积分制管理的特别之处就在于，它并没有试图消灭自私行为，而是认可自私行为的存在与不可避免。因为人没有私心，社会就不能进步，因此，领导者在工作中出现一些稍有私心的行为是情理之中的事情。但是，人不能过度自私，否则将不利于企业的发展。积分制管理正是以人性为准则，贴近人心、贴近人性、顺应人的本性的同时又能对其加以约束。

积分制管理模式可以在激励领导的同时，很好地约束领导的行为，避免其偏离轨道。在一定程度上，积分制管理允许领导存在私心，这是对传统管理模式的补充与升华，而这种所谓的私心包括对员工"做事"和"做人"的私心。在积分制管理模式下，领导者通过积分奖扣的操作表达自己的意愿，从而在自我权责范围内形成自己的规则，实现真正的授权管理和人性管理。同时，企业要求领导者对下属员工每天的综合表现进行奖扣分，如果不能按时完成，领导者则会被扣分。而且每日的奖扣分事项会于次日在部门内进行公示，每一次公示都是一种隐形的对领导行为的约束，这种约束是透明的、是受到全体员工共同监督的，不存在任何暗箱操作的可能。这种公开透明的做法，有效地约束了领导者的管理行为。

三、积分制管理对领导行为的塑造

企业要发展，领导与管理缺一不可。一个企业要想成功，不仅要以令人满意的、系统的、合理的方式来计划、组织和配备人员，控制、解决问题，还要确定一个合适的发展方向，并在必要时对这个方向进行调整，

第六章 积分制管理与领导

带领员工朝此方向不懈努力,即使要付出沉痛的代价,也要激励员工们继续前进。而只有优秀领导人的领导行为与科学的管理行为相辅相成,才能促使企业逐步实现战略愿景。积分制管理的出现实现了对领导行为的塑造与约束,使领导者将自己的行为与科学的管理方法相融合,以不断推动员工创造、创新、进步。

(一)以身作则

孔子曰:"其身正,不令而行;其不正,虽令不从。"也就是说,领导要端正自身,做出表率,以身作则,员工才能被调动起来;反之,若领导自身不端正,却三令五申,要求员工努力工作,这样是没有办法获得认可和拥护的。试想一下,如果一个团队的成员都不信任自己的领导,那么这个团队还能取得成功吗?当然不能。一个领导要想带领好一个团队,最关键的一点就是要让每一位成员都信服自己。

一方面,积分制管理为领导获得成员的信服创造了条件,具体表现在:积分制管理拥有一套标准化的流程,该流程设立了标准化的考核准则,形成了文件式的规章制度,根据领导级别的不同,制定了奖扣分的具体分值,并划定了权限,所有操作都有制度可以参考。另一方面,积分制管理创造了特定的管理文化。领导可以通过自身的言行举止对员工起到模范表率的作用,或者在自己的团队中设立一些行为规范标准,引导员工树立正确的价值取向。以上内容都要依靠领导者以身作则、身体力行地去感召、影响下属,而不是依靠具体的量化指标去表述。在很多实施积分制管理的企业中,领导者都会主动地与员工打招呼、关心下属等,虽然只是简单的动作或交流,却可以在员工的心中树立典范形象,对团队产生正向影响。

同时,积分制管理也让领导者的行为处在众目睽睽之下,时刻受到员工的监督。无论领导者愿不愿意,都将时时刻刻被关注,他们的每项工作都会接受员工的检查,也会受到员工的质疑。领导者作为团队的领头大雁，其速度与方向决定了身后"群雁"的前进轨迹。因此，领导者需要以身作则地努力工作，这种状态会影响其下属，让所有成员都形成积极向上的态度，在企业内部形成热情的工作氛围。作为一名领导者，应该永远记住：领导者是被学习的榜样，而不是被赞扬的对象；只有先给别人树立学习的榜样，别人才会真正信服自己，领导力才能获得提高。

（二）共启愿景

在企业中，领导用实际行动把愿景、价值观、共同奋斗的目标和意义告诉每个员工，可以让团队成员形成高度的共识、共鸣和共振。积分制管理的出现有效地激发了这种共同愿景，让员工理解企业的发展方向，从工作中获得意义和价值，与领导者共同创造一个拥有共同目标的企业。

从战略家的思维来讲，每个领导者需要回答一个问题："我们要去哪里？"领导要保证每个团队成员都能够明确前进的方向，同时要善于展望未来，准确地对组织进行定位，并努力创造未来。积分制管理可以帮助领导与员工提升共同创造未来的意愿，以前一份工作一个人做的情形变成了现在的大家共同完成所有工作，这在很大程度上提升了工作效率。同时，积分制管理加速了领导对于共同愿景的培养与落地，激发了员工的内在驱动力，让他们与企业共同描绘未来的蓝图。积分可以让员工聚集起来，相互帮助，更快速地完成任务，以获得相应的积分和奖励，慢慢地，员工的价值观念与信念就会与领导者绘制的发展愿景相结合。

（三）挑战现状

企业启用积分制管理后，领导在工作中表现出敢于挑战现状，不断寻找机会解放思想、突破现实，敢于突破现有的常规的管理方式，敢于冒险，善于创新，从错误和失败中不断学习和成长等，这样的管理模式证明了领导的价值，促使领导改变现状以追求更高的成就。

采用积分制管理后，企业领导会更善于捕捉创意，积极地从外部获取创新方法，实现工作的不断变革。例如，在广东顶固家居的一线生产线上,领导设定了 500 分的专项积分,用于奖励在工作中有突破的员工。员工在积分的鼓励下,会积极地替企业出谋划策,从而为生产车间节约运营成本。领导也如同员工一样,通过不断尝试设立各种专项积分,充分发挥岗位的权利,在实践中不断地学习。

(四)使众人行

成功的领导需要懂得把"我"变成"我们",懂得重视团队,形成团队合作,懂得分享权力,让每个员工都能以主人翁的心态对待工作。

在积分制管理下,领导通过手中的积分权限的运用鼓舞员工一起行动起来并始终追随团队。领导可以将积分奖扣的权力分配给团队中的小组长,由小组长负责考查员工的日常工作,提出需要奖扣分的事项。一方面,对组织来说,这样的做法有利于团队中建立起信任关系,增进团队成员间的了解,促进彼此之间的紧密合作。另一方面,对员工来说,这样的做法既避免了领导因事务繁忙而不能周全地照顾每个员工的情况,同时又调动了员工的积极性,切实地维护了员工的利益,确保优秀员工不被忽视。在此过程中,员工还能获得优厚的积分奖励,极大地满足了员工的工作虚荣心,从而促进员工的工作积极性及工作能力的提升。可见,积分制管理的出现,真正做到了让众人行动起来。

(五)激励人心

企业在经营的过程中会遇到种种挫折与困难,不断鼓舞与激励员工,激发其工作斗志是领导工作中极其重要的一项内容。一个好的领导者应该懂得如何去激发每个人的意愿和激情,同时要以富有创造力的、个性化的方法去激励每个团队成员,让整个团队充满乐观向上的氛围。

积分制管理为领导者提供了更加科学的、省时的员工激励方式,可以有效消除员工在工作中产生的疲劳、倦怠等消极情绪。员工每天都会将申请加分的事项提报给自己的领导,领导根据事实、参照标准给予员工奖分,并在次日公布员工的积分情况,让员工可以随时掌握自己的积分排名。这种挣积分、争排名的方式深刻地把握了员工的深层心理需求，及时地对他们的优秀表现给予了认可，从而激励了人心。当团队取得成就时，领导可通过手中的权力对表现突出的员工进行奖分并予以公布，这会让员工感觉到自己的付出得到了公平的回报，从而更加积极努力地工作，力争为团队、组织做出更大的贡献。

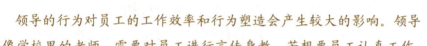

例证 6-5　积分制管理与领导行为

领导的行为对员工的工作效率和行为塑造会产生较大的影响。领导就像学校里的老师，需要对员工进行言传身教，若想要员工认真工作，领导首先要塑造一个好的榜样形象。

2017 年 12 月，广东巴德士化工有限公司总经理邱运凤女士率其团队前往湖北群艺参加了第 156 期积分制管理落地实操班。在为期三天的学习过程中，邱总及团队学习了积分制管理的具体操作实施方法，在管理的方法和见解上有了进一步的提升，收获颇丰。同时，邱总感受到积分制管理能够很好地应用到化工行业中，当即决定在企业内全面引入积分制管理。积分制管理引入巴德士后，领导者真正做到了有权有责，手中有了积分，就有了权利，还有专项积分可以进行分配。同时，领导对于积分的分配要受到员工的监督，员工随时可以提出质疑，领导需要及时根据质疑来改进工作，由此承担了更大的责任，这些都对领导的行为起到了塑造和约束的作用。

（资料来源：群艺集团积分制管理心理学课题组调研记录）

第三节　积分制管理与领导力培养

企业中的领导者展现出来的领导力就是其带领员工达到目标的过程

第六章 积分制管理与领导

中展现出来的影响力,在这样的影响中会与员工培养出共同的价值观、动机、愿望、需求、抱负和理想。积分制管理培养了领导的决策力、创新力、自制力与行动力,有助于塑造企业领导的领导力。

一、领导力

领导力是产生于人类社会生产实践活动之中,并伴随社会始终的一种现象。领导力,亦称影响力,即领导者让他人对其产生敬佩、信赖、认同和服从等心态的能力。从领导力的构成来看,大概可以分成以下四个方面:一是品格因素,包括高尚的品德(职业操守)、激情与勇气、远景与信心、主动与责任、抵抗挫折;二是能力因素,包括战略规划、决策能力、组织实施、学习与创新能力;三是知识因素,包括行业知识、专业知识、经营方法;四是感情因素,包括人际关系、团队建设、培养人才。领导力在现代企业管理和发展中的作用主要体现在以下三个方面(李峰等人,2013)。

第一,领导力对企业发展的战略方向有着至关重要的影响。领导者是企业的领路人,企业走向何方、采取何种战略、要实现何种发展目标在很大程度上取决于领导者的领导能力、管理理念,甚至是商业直觉。如果领导者能够为企业制定正确的战略发展方向,并通过其在企业内部的权威性、公信力和感召力促使全体员工达成共识,鞭策他们精诚团结,为实现企业战略做出奉献,那么,企业将会具有较好的发展基础。反之,如果企业领导者不能够为企业制定正确的战略方向,或者其决策不能得到员工的真心拥护和追随,则很可能导致企业走弯路,或者使企业不能有效地贯彻落实发展战略。

第二,领导力直接决定着企业的执行力。领导者通常会就企业发展中的重大问题做出决策,这些决策只有得到坚决有效的落实,才能保证企业按照领导者指明的方向前进。在具有较强领导力的企业中,员工乐于追随领导者,相信领导者能够带领他们实现企业的发展目标,因此,在执行领导者的决策的过程中,员工会具有较强的能动性。这样一来,领导者的意图和决策就能自上而下地转化为全体员工的有效行动。反之,如果企业中领导力较弱,则很可能导致人心涣散,员工不愿意听从和执行领导者的决策,甚至出现各行其是的乱象,最终使决策不能被有效地执行。

第三,领导力在很大程度上影响着企业的风格和内部环境。领导者的个人风格在很大程度上决定了企业员工的工作作风和企业内部的人文环境。如果领导者官僚作风浓厚、墨守成规,则企业内部气氛也很可能变得死气沉沉,员工循规蹈矩、不思进取。可见,领导力对于员工团队和整个企业的影响是十分关键的。

二、积分制管理促进领导力培养

积分制管理的实施可以从三个方面促进企业领导力的培养:一是融入文化,在领导与员工之间建立共识;二是培育优秀领导者所具有的特质,如判断力和决断力、创新力和行动力等;三是强化优秀领导者的品质,如公平对待员工、增进与员工之间的关系。

(一)融入文化,建立共识

企业领导力与企业文化之间具有良性互动的关系。一方面,卓越的领导力需要现代企业文化与之协调互动发展,领导力应是建立在现代企业文化基础之上且又能融于企业文化的发展之中的;另一方面,企业领导的文化理念又直接影响其领导力的形成(曹建华,2018)。因此,领导者在增强自身领导力,从而增强企业核心竞争力的同时,也要注重对企业文化的挖掘,不断汲取企业文化中的精华,为自身领导力建设提供不竭的源泉和动力。积分制管理建立了一种相亲相爱的"家文化",结合中国的传统美德,促进真、善、美在企业中的发展与培育。这些因积分产

第六章 积分制管理与领导

生的文化对领导力的培养起到了一种导向作用,为领导力培养提供了价值标准、行为规范和路径指引。

同时,只有在员工都认同企业价值观的前提下,领导力才能在员工中发挥作用,产生影响,否则很难推动下属达成一致的行动来完成目标。而积分制管理有利于员工更简单、高效地理解企业价值观,这为员工认同企业文化、与领导达成共识构筑了基础。因为在这个过程中,领导可以通过积分向员工明确地传达"我们是做什么的""我们在什么环境中""我们需要实现什么样的目标"。其表达路径有以下三种:一是领导者通过设定奖扣分标准使员工明白自身工作岗位内的工作内容以及岗位外的工作内容;二是通过积分评比结果的公示让员工了解自己的工作环境情况;三是设定目标并注入信心,使企业由上至下,达成共识,并进一步树立领导者的权威。

（二）培育领导特质,增强领导

领导之所以可以管理团队主要基于其自身的专业性,如果领导不具备较强的专业能力,则很难进行团队管理,而积分制管理的实施有助于实现对领导者进行领导特质的培育与开发,从而提升领导者的领导力。

1. 判断力和决断力

在企业中,领导者需要正确判断信息的准确性,并做出科学的预测。因而,对于企业的领导者来说,具有市场预见性和发现市场的判断力,具备把握机会的能力和当机立断的决断力是非常重要的（徐匡迪,2007）。判断力从本质上讲是一种着眼未来、把握未来以及预测未来的能力;而决断力主要是指领导者在实施战略的过程中快速而有效地解决遇到的各种问题和处理各种突发事件的决策能力。积分制管理要求领导对于员工提请的事项进行判断,从而准确地进行奖扣分处理,并确保奖扣分的合理性。同时,根据企业员工的任务进展情况,领导者要能够对企业的运转状态了如指掌,从而制定出符合企业发展的战略规划。在这样日复一日的处理与积累中，领导者的判断和决断力自然会逐渐获得提升。

2. 创新力和行动力

创新力是指人在顺利完成以原有知识经验为基础创建新事物活动中表现出来的潜在心理品质，是人类能力中层次最高的一种能力，是一种对现状的突破力，是一种不走寻常路的魄力，是一种勇于超越的能力，具有综合独特性、结构优化性等特征（杨铭芬，2012）。执行力则是贯彻组织战略意图、完成组织预定目标的操作能力，它是一个组织竞争力的核心要素，是把企业战略、规划转化为效益及成果的关键（刘兆鑫，2019）。大到一个社会，小到一个企业，如果没有了执行力，再好的制度和愿景都难以得到实现。

一个成功的企业领导者需要具有创新意识以及积极创新的态度，需要不断进行创新思维的训练，提高主动性和思维的广阔性。在企业制定好规章制度和做好职能分配之后，企业领导者对规章制度的执行力就显得至关重要。领导者的执行力强，企业的所有员工就能拧成一股绳，充满干劲；执行力弱，公司就会变成一盘散沙。积分制管理的引入通过专项积分的设立可以很好地鼓舞领导进行管理方式上的创新，激发领导者多方位的创造能力；同时，积分制管理的引入将规章制度与现实激励结合起来，增强了领导者的执行力。

3. 自制力和控制力

所谓自制力，是指一个人在意志行动中善于控制自己的情绪、约束自己的言行，是一种可贵的品质和重要的能力（康健，2011）。自制力的作用具体表现在发动行为和抑制行为两个方面，即控制自己去干什么和不去干什么。控制力则是领导者有效控制组织的发展方向、战略实施过程的能力（谢英，2011）。一名优秀的领导要有良好的自我约束能力，养成良好的行为习惯，这需要强大的自制力，只有这样才能有效地管理团队，以保证目标的顺利实现。积分制管理的引入让领导手里有了积分，也就有了赏罚员工的权利,而对积分的调配能力其实就是一种自我控制力的体现。依据客观的评分标准,领导可以在员工群体中建立威信,增强自己在团队中的可信度。

(三)强化品质,成功领导

积分制管理的实施能够促使领导者公平地对待每一位员工,让领导者与员工之间建立良好的关系,从而实现对员工的成功领导。

1. 公平对待,赢得尊重

在实际工作中,谁来承担责任、谁来享受利益、谁来应对突发状况等问题常常困扰着团队的管理者。公平是团队存在与发展的必要条件,领导需要公平地对待上下级,公平地进行利益分配,从客观的角度上进行预判。人就是自私的,领导也不例外,他们很容易受到情感和利益的驱动,做出一些不公平的行为。在一定程度上,积分的存在将利益的分配进行了量化,所有员工通过积分名次来换取相应的利益,这使领导有了理性的自利。同时,领导要敢于使用手中的权力,不过分地纠结角色内与角色外行为的界定,不纠结短期利益,而是寻求长期激励带来的超额收益。

2. 携手并进,品质沉淀

积分制管理强化了领导者与员工之间的紧密关系,这对组织目标的实现起到了很好的支撑作用。同时,组织目标的实现又会"反哺"领导力,进一步沉淀领导者在工作中的领导特质。最重要的是,积分制管理把工作中出现的角色内和角色外的事情全部通过积分进行了量化,领导者的许多管理工作都可以精简并做到精准,这为领导力的长期培养创造了条件。例如,领导者在下属面前做出的承诺会时刻受到员工的提醒与监督,长此以往,领导者与员工之间的稳定关系就可以不断得到巩固,从而实现携手并进。

参 考 文 献

[1] 艾伦·卡特勒. 领导力心理学：洞悉人心 激活团队 [M]. 钱思钉, 译. 北京：人民邮电出版社，2017：12.

[2] 曹建华. 企业文化与领导力的融合发展研究 [J]. 企业改革与管理，2018（07）：177+179.

[3] 德鲁克. 卓有成效的管理者 [M]. 许是祥, 译. 北京：机械工业出版社，2009.

[4] 郭燕华. 关于对建立积分制激励机制的探讨 [J]. 人力资源管理，2014（11）：119.

[5] 洪晓东. 基于积分制的厦门海事局科级干部选拔机制研究 [D]. 大连：大连海事大学，2016.

[6] 康健. 企业领导力的开发与培养 [J]. 企业家天地，2011（03）：33-34.

[7] 李峰，初蕊，刘岩，等. 企业领导力提升策略研究 [C]. 中国航空学会管理科学专业委员会年会论文集，2013：6.

[8] 刘兆鑫. 强化执行力的领导力建设论析 [J]. 领导科学，2019（22）：65-67.

[9] 马庆霞. 领导的整合模型：选拔和发展领导者的综合理论 [J]. 人力资源管理，2017（05）：65-67.

[10] 王辉. 组织中的领导行为 [M]. 北京：北京大学出版社，2008：10.

[11] 王咏. 浅谈以"积分制"推动烟草行业县级分公司客户经理激励机制的完善 [C]. 中国烟草学会，2016：12.

[12] 谢英. 中小企业领导力培养研究 [D]. 昆明：云南大学，2011.

[13] 徐匡迪. 领导力与成功 [J]. 北京师范大学学报（社会科学版），

2007（1）：112-114.

[14] 杨健. 激发干部活力 促进工作开展——凭祥市凭祥镇积极推行基层干部"积分制"管理新模式 [J]. 当代广西，2015（13）：59.

[15] 杨铭芬. 如何提高员工在工作中的执行力和创新力 [J]. 科技与企业，2012（07）：34-35.

第七章 积分制管理与组织变革

组织不会一成不变，外部环境的不断变化、组织内部的发展以及组织面临的机遇与挑战都在促使组织发生变革。组织变革的本质是企业为适应外部环境和内部条件的变化，实现自身生存和持续性发展而在组织结构上做出的重大调整和改革，包括使命、目标和企业文化等方面的变革。在组织变革过程中，无论是组织外部还是内部，总是会产生变革动力以及变革阻力两种力量。这两种力量反映了人们对变革的两种截然不同的态度并表现出方向相反的作用力量，这两种力量的强弱将决定变革的过程、成本以及最终的结果。因此，组织变革的过程就是变革动力与变革阻力的博弈过程。

在有关组织变革的研究中，主要的组织变革理论有库尔特·卢恩的三阶段组织变革过程模型、卡斯特的组织变革学说、沙恩的适应循环学说、唐纳利等人的组织变革模式以及威廉·大内的Z理论等（李作战，2007）。积分制管理作为一种较为新颖的管理模式，其对于组织成员的假设为"以自我为中心的人"。因此，该模式的核心思想是在实现利己的同时实现利他。积分制管理模式对组织变革会产生什么影响？它与组织变革是什么关系？它对组织建设有何作用？对于上述这些问题，本章将从积分制管理作为导入组织的新的管理模式以及作为管理工具两个角度展开讨论。

第一节 积分制管理——新的管理模式导入

积分制管理作为一种较为新颖的管理模式已逐渐被众多企业采用，该管理模式的引入改变了企业原有的管理模式，可视为企业组织的变革。组织变革成功与否将决定企业是持续发展壮大还是逐渐衰败。因此，企业如何顺利引入积分制管理模式、积分制管理模式如何在变革过程增强变革动力或抑制变革阻力就成了企业家关注的焦点。本节将针对这些问题加以讨论并提供解决方案。

例证 7-1　建设银行之运营变革——网络金融

中小企业在推动中国经济发展的过程中起着重要作用，但融资难问题仍是困扰中小企业发展的最大障碍之一。近年来，中小企业融资贷款成了商业银行的业务增长点，各商业银行纷纷致力于解决这一难题，但多数只在产品创新上下功夫。并且，受人力成本约束，传统银行模式难以为中小企业提供大规模的服务。其中，中小企业资源最为丰富、民营经济最为发达的浙江省更是如此。建设银行浙江分行通过与电子商务平台合作，依托丰富的客户群体，引入网络信用机制，利用客户相互约束与管理机制，以网络替代人工，批量地开展业务，在有限的人力资源条件下，选择与阿里巴巴公司合作，参考其提供的网络信用数据，以"网络联贷联保"的形式，让其平台上的1 800万中小企业电子商务客户最先获益。在此基础上，完成新业务流程核心要素的设计，"客户做、集中做、系统做"，落脚到科技系统。在对其产品系统进行研发的同时，实现了运营模式的成功改革，使建行拥有全国银行系统内第一条全网络化的信贷业务流水线，实现了建行业务的高速增长、中小企业贷款规模化。

（本案例源于网络并经作者加工整理）

一、积分制管理导入"三阶段"

积分制管理导入是自上而下的过程，组织结构中职位权力的变化方向由群体行为向个体层面的个体行为、态度直至知识的变化过程，如图7-1所示。

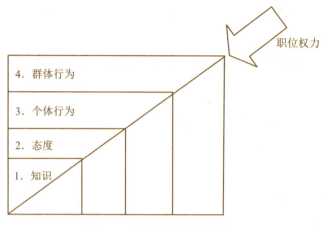

图 7-1 职位权力的变化方向

因此，基于库尔特·卢恩的组织变革过程模型，积分制管理导入可分为解冻（起步）、变革（完善）、再冻结（成熟）三个阶段，如图 7-2 所示。

图 7-2 积分制管理导入"三阶段"

（一）解冻（起步）

作为变革的第一阶段，解冻是对组织原有的平衡状态的打破，即接受新的现实，否定过去的状态。组织的上层管理者需要认识到组织进行整体变革（管理模式变革）的必要性及重要性，同时，还需要将信息传递给员工，帮助员工意识到原有的管理模式已经无法适应新的发展要求，企业管理模式变革势在必行。

根据积分制管理模式将行为量化的特点，从员工日常工作行为入手，根据工种或行政级别建立行为积分标准并结合非财务激励、"快乐会议"等措施，从员工行为层面渗透，使员工初步了解和认同积分制管理。此阶段的积分制管理模式应以多奖分、不扣分为佳。

(二)变革(完善)

变革阶段的组织整体及其成员已对新管理模式有一定程度的认同,但仍处于暂时的不平衡状态。在这一阶段,组织的工作目标在于实施变革,使成员适应暂时的不平衡状态,并且努力促使成员向变革的目标迈进。新行为习惯的形成不可能一蹴而就,正如行为心理学中的"21天效应",即一个人的新习惯或新理念的形成并得以巩固至少需要21天,组织变革需要组织成员在心理上认同接受并自觉维护变革后的管理模式。此时,部分成员会因为变革对自身带来的益处而改变原有行为。同时,处于不平衡状态的组织会出现部分成员形成新行为习惯、部分成员未形成甚至反对变革的分化现象。而组织作为人群社会实体,分化现象必然会产生榜样作用。

在积分制管理导入的第二阶段,部分成员已从积分制管理模式中获益并形成了行为积分化的行为习惯。但是,不可避免仍有部分员工未形成新习惯或对该管理模式采取不理睬态度。因此,该阶段需要管理者在成员间树立榜样作用,正确引导并设置梯度积分奖惩制度,结合正强化及负强化的合理措施,促使成员的新行为习惯形成并加以强化。在此阶段,积分奖惩范围应扩充至与工作绩效挂钩,积分制管理条例已制定,并以多奖分、少扣分模式更为适宜。

(三)再冻结(成熟)

再冻结作为变革的最后一个阶段,表明组织整体变革已基本完成,并处于新的平衡状态。此时,新平衡状态必须被固化,即把组织稳定在一个新的均衡状态,其目的是保证组织的新的工作习惯和方式不会被轻易改变。同样地,此时组织成员已形成了新的行为习惯,并处于新的平衡状态。例如,员工已养成了行为积分化、关注积分动态的习惯,员工能够在新的管理模式下更高效地工作,员工之间形成互帮互助的良好氛围等具体状态等都可以说明积分制管理模式已成功导入。

在积分制管理导入至变革的最后阶段,积分制管理模式涉及的范围会再次扩充,从日常工作行为积分评价到与工作绩效挂钩的积分制考核,再到日常生活行为的积分考评。积分制管理模式导入在最后阶段已被组织成员接受且充分理解,并融入成员的日常生活。在此阶段,积分制管理条例已全面成熟,积分奖惩力度相比前两个阶段更大,其方式以积分奖励为主、积分扣除为辅,已建立反馈体系并进一步完善积分考评标准。

例证 7-2　如何正确导入积分制管理

国网长治市潞州区供电公司在成功导入积分制管理模式后获得了较好的发展。该企业将积分制管理的导入过程分为如下三个阶段:第一阶段,根据原有的架构设置积分管理权限,并根据企业流程、岗位制定积分标准;通过微信群、培训会、培训小组、快乐会议等方式,从企业员工的工作行为积分考评入手,使员工初步了解积分制管理。第二阶段是在原有基础上全面导入模式,考评范围不仅涉及工作绩效、质量管理等方面,还涉及员工的思想道德行为、党建群团工作。通过评比、对模范员工进行积分奖励等方式,结合扣分的方式进行量化考核。在定期举办的快乐会议中按照公布的积分排名对排名靠前的员工及其家属给予相应的奖励,进而达到强化员工新的行为习惯的目的。第三阶段,积分制考核涉及公司的所有事件、所有做人与做事的方方面面,做到了积分无处不在、无人不用。该公司借助相关技术,形成了较为完整、全面的积分考评体系,最终,实现了管理模式的成功转变。

(资料来源:群艺集团积分制管理心理学课题组调研记录)

二、积分制管理导入与变革力量

作为一种新的管理模式,导入积分制管理模式的目的在于改变并替

第七章 积分制管理与组织变革

代组织原有的管理模式。但是，由于"组织惯性"的存在，即组织一直以来所坚持的行为方式和思考模式的存在，其中含有组织文化及人员的意识形态（Amburgey，Miner，1992），在积分制管理的导入过程中必然存在变革动力与变革阻力两种力量。

（一）积分制管理导入与变革动力

在导入过程中，变革动力推动着积分制管理模式的导入。此时的变革动力可分为外部动力和内部动力。外部动力，亦称为宏观动力，即引起组织变革的某种外部环境因素。组织导入积分制管理的外部动力主要是企业外部生存环境的变化、积分制管理取得的较好的效果、行业生产力水平的提高以及人才和劳动力市场的要求。而内部动力则是在企业内部起作用且在组织管理控制范围内要求改革的力量。具体而言，在积分制管理导入过程中会受到以下几种内部动力的影响。

1. 领导动力

领导者是积分制管理导入过程的中心人物和决策者，也是决定积分制管理导入能否成功的关键性因素。这是因为，积分制管理导入过程若遭遇阻力，一方面，领导可通过对自身行为进行调整，如改变领导风格、对积分制采取计划控制的方法或参与决策的程序等来消除或削弱阻力；另一方面，领导可以发挥自身优势，积极地敦促变革或利用企业内部和外部的顾问、参谋来协商解决阻碍。此外，作为领导，若想要实现积分制管理成功落地，在面临阻碍时，需要平衡理想、现实和理性三者的关系，并懂得和善于运用"势"的力量：当势头比较微弱时，要造势、蓄势；势头渐起时，要借势、因势利导；而当势头猛烈时，要顺势而为、乘势而上。

2. 技术动力

一套完整的积分制管理体系是企业变革的重大推动力。先进的积分制管理模式能够提升企业业绩，有效控制企业成本，影响成员的心理状态，实现更为有效的人力资源管理。若要成功实施积分制管理模式，技术动力尤为重要,管理者首先要学习和掌握积分制管理配套的软件技术,如何使用积分应用软件、如何实现快速的计分统分、如何实现积分的永久保存等。

3. 管理动力

企业的管理无疑是推行积分制管理模式的重要因素。管理部门要实现企业目标,顺利完成促使积分制管理模式成功落地的任务,必须对积分制管理模式做出准确的预测和制订有效的计划,对积分制管理导入过程的各种要素和各个环节进行指挥、协调,对企业成员进行激励与教导,等等。因此,管理动力是积分制管理能够成功导入的条件和基础,成功的企业管理要能够借助于各种工具和手段,将各种力量引导至有利的发展方向。

4. 成员个体动力

企业变革的动力来源于企业内部成员的心理系统,而积分制管理的成功导入也在很大程度上依赖于人的因素。企业内部的群体动力状态和人际关系,信息交流和意见沟通,团体的凝聚力和士气以及每个企业员工的士气、态度、行为、意见和要求等对企业整个管理模式的变革都有重要的影响。员工对企业新的要求是实行积分制管理的驱动性因素,也是成功导入积分制管理模式的基础。对企业现状的不满、希望获得更大的发展空间等会促使员工热情地接受积分制管理模式,并为其提供持续的动力。

(二)积分制管理导入与变革阻力

与变革动力的作用相反,变革阻力是抵制组织变革的力量。在积分制管理导入的过程中,根据阻力的主体不同,变革阻力主要分为组织和个体两个层面。

1. 组织层面

(1)组织结构障碍。任何一种新主意和对资源的新用法都会触动组织的某些权力关系，因此积分制管理模式的导入可能会因被视为对群体的严重威胁而遭受抵制。

（2）资源的限制。许多企业常常会由于资金、技术等条件的局限性而不得不维持现状，但如果能够得到可用的资源，企业是愿意通过引入积分制管理进行管理模式的变革的。

（3）经济亏损造成处境困难。无论是资本稀少还是资本雄厚的企业，都可能会由于亏本而陷入艰难的处境，导致积分制管理导入受挫或终止，甚至根本不能进行积分制管理的导入。

（4）企业内部非正式组织造成的阻力。在组织中普遍存在着非正式组织，该类组织具有一定的自主性和独立性。积分制管理变革可能会被这类组织视为威胁，从而遭受到该类组织的抵制。

2. 个体层面

从个体层面来说，对积分制管理导入的变革阻力可总结为以下四个方面（刘德才，2009）。

（1）工作习惯与依赖性。企业成员适应了变革前组织相对稳定的平衡状态，在一定程度上形成了固定的工作方式和职业习惯。一旦企业由原有的管理模式变革为积分制管理模式，员工心理上会感到不舒适，由此可能会产生抵触情绪。

（2）安全性的考虑。根据需求层次理论，变革前，组织原有的管理模式已满足了员工的基本性和安全性需求。一旦组织决定推行积分制管理模式，安全性是成员需要考虑的要素之一。积分制管理的导入打破了原有的平衡且在达到新的平衡状态的过程中，成员会感觉到不稳定、前途未卜，进而会在员工层面产生变革阻力。

（3）经济利益的权衡。变革会为组织带来长远利益和整体利益，因此积分制管理模式的导入必然会为成员带来经济利益的变化，但不能使所有人同等受益。就短期变化而言，积分制管理的导入可能会为一部分成员带来利益,而损害另一部分成员的利益。因此,利益受到损害的成员必然成为积分制管理导入过程中最直接的抵制者。

(4)对积分制管理模式的模糊认识。企业的大部分成员都属于积分制管理变革的被动接受者,他们掌握的有关积分制管理的信息有限,难以全面了解积分制管理。因此,对于积分制管理的导入,成员会采取观望态度以及消极行为。

积分制管理导入过程即是变革动力与变革阻力的博弈过程。企业在导入积分制管理模式时,要分析其动力和阻力产生的表层和深层原因,并采用相关措施促进变革动力、抑制变革阻力,合理控制好动力和阻力,使积分制管理导入得以按计划顺利进行。

例证 7-3　酒店实习生的积分制管理

荆门帝豪国际酒店(湖北天泰帝豪酒店管理有限公司)是按照五星级标准投资兴建的精品酒店,坐落于荆门内环线长宁大道 21 号,雄踞荆门金融、经济、文化商圈之核心,地理位置极其优越。酒店整体设计汇聚大师智慧,凭借其卓尔不凡的前瞻理念独占品牌之巅。

荆门帝豪国际酒店于 2016 年 2 月派出团队参加了湖北群艺第 121 期积分制管理落地实操班,团队成员学习后感觉非常好,回到公司后,立即制定了积分制管理落地方案,开始导入积分制管理模式。为有效地开展实习生积分制管理工作,荆门帝豪国际酒店首先建立了酒店实习生积分制管理体系,开展实习积分管理培训以及完善配套保障。但在实行积分制管理过程中,荆门帝豪国际酒店也遇到了一些变革阻力,包括实习生反映奖分项目少、扣分项目多;对酒店的专业技能操作认同度低;质疑积分标准;实习生返聘率不高,对积分制管理的反馈未达到预期状况等问题。针对这些问题,荆门帝豪国际酒店采取了以下措施:一是设置

第七章 积分制管理与组织变革

多种不同类型的获奖积分,开展实习生竞技活动;二是搭建校企共享的双师队伍,将实习生的积分排名情况作为老员工的绩效考核数据之一,实现师徒利益一体化;三是对员工进行全面的岗前培训,并设计合理的实习绩效考评周期;四是设置出勤积分,弹性执行出勤考核制度等一系列措施。荆门帝豪国际酒店在试行解决措施一段时间后,在一定程度上减少了变革阻力。而且,自实行积分制管理以来,在提高实习生积极性、缩短实习生适应期、减少实习生投诉等方面明显得到改善。

(资料来源:群艺集团积分制管理心理学课题组调研记录)

(三)积分制管理导入的实践建议

"积分与钱和物质没有直接关系""积分使用后不清零、不作废,终身有效"是积分制管理模式的两大原则。在坚持这两大原则的前提下,积分制管理能够成功导入的关键不仅在于管理者真正控制好管理模式变革过程中的变革动力和变革阻力,还在于合理的积分标准的制定以及积分体系的形成。

1. 制定合理的积分标准

合理的积分标准是积分制管理导入的关键所在,积分标准的制定关系着企业是否能够完整、公平地评价成员的岗位职责以及影响成员业绩的重点因素。制定积分标准及界定积分管理范围能够有效地推进积分制管理的导入,同时可以使管理者清晰地了解对企业来说最为关键的经营活动,使员工更为全面地了解新的管理模式。

(1) 积分奖扣标准的范围。积分奖分标准的范围包括考勤奖分(如出勤奖分、会议奖分、节假日值班奖分等)、学习奖分、职称奖分、职务奖分、技术奖分、个人特长奖分、团队考核奖分、服务奖分、员工建议奖分、各类标准奖分、安全奖分、营销奖分、产值奖分等,涉及员工工作行为和日常生活的方方面面。积分扣分标准的范围除与奖分范围相对应的内容外，凡与公司规章制度有关的项目均有相应的扣分标准，主要的扣分范围有员工考勤、任务完成情况、卫生检查、设备检查、质量检查、服务态度以及各种规章制度遵守情况等。

（2）奖分和扣分标准要平衡。奖扣分标准的平衡体现了积分制管理模式的引导意图和价值观，意味着企业对员工工作活动期望的大小。奖扣标准的平衡直接影响评价的结果和员工的动力。在积分制管理导入过程中，针对公司的各类单项事件或个性化事件，企业在对员工明确了目的、要求、完成时间的情况下，按规定进行一对一奖扣。

2. 形成积分体系

积分制管理既是管理模式同时也是一项系统性工程，涉及公司管理的方方面面。因此，在实践中，逐步形成一个具有可操作性的积分体系就显得至关重要，那么，如何才能形成具有可操作性的积分体系呢？要做到这一点，需要注意以下五个方面：一是奖励与惩罚要有轻重之分，重要环节采取重奖、重扣；二是应根据各项目、各部门的特点，一切从实际出发，设计合理的积分考核制度；三是扣分标准要适当，既要考虑扣分的处罚力度，又要考虑企业成员的承受能力；四是建立积分公布和查询系统，在维护成员的知情权的同时，通过该系统宣传正能量、营造良好的组织氛围；五是设立纠错、补记、审核和处罚机制或成立专门的部门，保证积分数据的完整性、准确性及真实性。

第二节　积分制管理——管理工具推动组织变革

积分制管理在不同时期扮演着不同的角色。在积分制管理尚未真正导入组织时，积分制管理仅被视为一种管理模式；但当积分制管理成为组织的管理模式时，它就同时作为一种有效的管理工具而存在了。积分制管理作为一种管理工具，主要表现为：一方面，积分制管理能够有效

第七章 积分制管理与组织变革

地规范员工的行为，对员工产生持续激励作用；另一方面，对于企业的变革活动，积分制管理亦能以辅助工具的形式有效地促进企业变革。本节将从积分制管理作为管理工具的角度，分析积分制管理对组织变革的影响及作用。

一、积分制管理增加变革动力

每个企业都是由不同性格、不同年龄和具备不同能力的员工构成的。因此，企业管理者需要对不同类型的员工进行互补性搭配和优化组合，以提高员工的工作效率，切实增强企业的整体协调性，推动企业有序发展。积分制管理能够很好地帮助企业管理者做到这一点。成功导入积分制管理模式的企业，可以把积分制管理作为一种管理工具去执行，它能够帮助企业系统地解决团队管理难题，让每个团队成员都能发挥所长，进而实现优势互补，同时增强企业变革中的领导动力、文化动力、个体动力，推进组织变革的顺利进行。

（一）领导动力

由前面的内容我们已经知道，领导者在积分制管理模式的导入过程中起着关键性作用，他们在组织变革中行使着最终的决定权及相应的命令权，能够以合法的地位、足够的权威来保证变革方案顺利实施。在企业成功导入积分制管理模式后，积分制管理作为一种管理工具，也能增加企业进行组织变革的领导动力。因为在积分制管理中，企业领导者可以通过授予管理干部奖扣分的权力，给公司的每位管理人员分配奖扣分任务，这就要求每位管理者既要能随时发现公司每个岗位、每个部门存在的问题，又要注重观察员工的表现，同时必须要完成自己的奖扣分任务，这就使得每一位管理人员都要认真地管事。这样，即使领导不在公司时，照样有人通过执行奖扣分任务来管理公司，由此真正实现了领导在或不在都一样的管理目的。积分制管理将领导从繁忙的事务中解放了出来，让他们拥有更多的时间和精力调整自身领导行为，研究组织的管理和战略问题，使组织更好地变革发展。同时，积分制管理也能够促使领导者在宏观层次上更好地把握企业的发展方向，制定企业发展的中长期目标，做好每一个判断和决策，带领员工不断地取得成绩，从一个胜利走向另一个胜利。此外，在组织变革中，企业领导者也可以通过自身行为产生榜样作用以及通过奖分等方式进一步强调组织变革的重要性，使组织成员能够更为直观地了解组织变革，从而推动组织变革的顺利进行。

例证7-4　积分制管理让老板更加轻松快乐

当前，全国数万家企业在使用积分制管理。每个月主动报名到湖北群艺集团学习积分制管理的人数都有几百至上千人。目前，前来学习的企业家或者公司高管的人数还在增加，每期的学员都要排队进行安排管理。为什么会有这么多人想去学积分管理制呢？其根本原因在于这套管理方法具有较好的实施效果。企业家们学习结束后，回到公司试用积分制管理后就产生了效果，工作也轻松了，心情也快乐了。带来这一结果的原因主要源自以下几点。

第一，这套方法用在员工身上后，员工有了原动力。员工为了挣积分，就会主动去加班、为客户服务以及创造效益，老板从此不用扣员工的钱，不用做思想工作，不用批评人，只需靠扣分发信号就能达到事事都能处理、事事都有结果的目的。

第二，这套方法用在管理者身上后，管理者的管理积极性显著提高，管理方法高效易行。一方面，为了挣积分，管理者争着去管理；另一方面，由于管理者拥有奖扣分的权力，不管老板是否在公司，公司的管理都能有序进行。如此一来，老板就同时实现了"什么都可以管"与"什么都可以不管"。"什么都可以管"很好理解，而"什么都可以不管"就是因为有管理团队与积分系统在管,老板可以说离开就离开而不用担心公司乱作一团。

一个人干不过一个团队,一个团队干不过一个系统,有了积分制管理这个系统,管理上的困惑迎刃而解,企业家们从此也就开心了、快乐了。

(资料来源:李荣,聂志柏,2017)

(二)文化动力

文化反映了组织的价值观,是企业经营活动的"统帅"和企业行动的思想指导,它在企业经营实践中具有引导企业整体和企业成员的价值观和行为,凝聚企业成员的力量,规范与约束员工的思想、心理和行为等重要作用。积分制管理通过奖扣分的方式,一方面能够帮助组织营造勇于创新、乐于变革发展的文化氛围,进而影响员工行为;另一方面能够引导和整合组织中的行为和态度,促使企业新的行为准则的形成并将其制度化,减少组织变革的阻力。在具体实施中,就是发挥积分奖励的正强化作用,将员工支持组织改革、创新的行为与高额的积分奖励挂钩,激发追求卓越、勇于变革创新的组织文化动力,从而对员工的行为产生影响,促使员工积极支持组织的变革和创新。

(三)个体动力

积分制管理对个体层面变革动力的促进作用更为显著。一方面,积分制管理促使组织全体成员认识到组织的愿景及其价值,更好地鼓舞员工为了实现组织愿景而努力,为组织的不断变革和获得成功做出更大的贡献。另一方面,积分制管理使成员与组织成为利益共同体,成员的各种表现通过积分得到组织的认可、获得回报。组织变革的最终目的是发展,成员在支持组织发展的同时,也能够获得更多的收益。此外,积分制管理中的积分与钱和物质没有直接关系,积分奖励满足了员工的自我价值实现需求,同时,基于竞争优势定律,成员之间会因积分高低产生竞争心理，形成良性竞争，进而促进组织变革。

例证7-5　积分制管理——变革的助燃剂

湖北群艺集团发展到一定规模后，为了使公司结构更为合理、更易于管理，公司做出了对组织架构进行变革调整的决策。在变革过程中，公司为了收集员工对于公司结构改革的看法和意见，定期举办员工大会，但无论是支持还是反对公司变革，都只有极少数员工发言表态，讨论时经常出现冷场现象。

随后，公司将积分制方法用于对公司变革的意见和建议调查，对于在大会上表达自身意见及提出建议的员工，给予10～20分的积分奖励；对在会下通过邮箱、与主管沟通等方式提出自身意见的员工，给予10分的积分奖励。通过这个方法，积极表达自身看法的员工受到了鼓励，参与性变得更高了，同时也带动了一批不善于表达自身看法的员工。积分制管理使公司充分了解了员工对于公司变革的看法及建议。最终，公司根据员工的意见和建议，顺利地对组织结构进行了调整，在变革后的一年内，该公司的业务销售额翻了3倍。究其原因，积分制管理一方面使公司逐步形成了追求变革发展的文化氛围，使更多支持变革的员工发声，增强了变革动力；另一方面，通过收集意见和建议对变革进行了调整，使其符合更多成员的要求（包括反对公司变革的员工），这在一定程度上抑制甚至消除了来自部分个体的变革阻力，最终帮助公司顺利地实现了变革。

（资料来源：李荣，聂志柏，2015）

二、积分制管理减少变革阻力

在组织变革过程中，抑制变革阻力与增强变革动力同样重要。积分制管理作为有效的管理工具,在增强变革动力的同时,亦能抑制变革阻力,具体体现在制度与个体两个层面上。

(一)制度层面

在制度层面,积分制管理的核心是让员工在公平竞争的环境中自由地发展,这能够有效地减少变革过程中资源、利益倾斜的现象。此外,针对成员抗拒、阻挠组织变革的行为,积分制管理采取了高额的扣分处罚措施。

1. 强化信息沟通

当企业要进行的变革与企业当前的制度体系存在冲突时,变革就会遭遇到来自制度方面的阻力。此时,企业要么调整现有的规章制度以配合变革的实施,要么争取在不改变原有制度体系的前提下进行变革,如果以上两种方法都不可行,则必须停止变革的实施。但是,积分制管理可以有效化解这方面的冲突。因为组织管理者通过积分制管理可以直观地了解到员工的所有信息,特别是可以从员工积分的得分情况分析出员工对已有制度的看法,如员工主要满意原有制度中的哪些方面、不满意原有制度中的哪些规定等。通过全面知悉员工对已有规章制度的看法,组织管理者可以做到"对症下药"。可见,积分制管理的实施有利于组织加强与员工的沟通,使组织获得更多的信息,从而帮助员工知晓变革的迫切性和重要性,以及变革会给他们带来的好处,从而减少员工对变革的抵触情绪,为营造良好的变革氛围打下基础。

2. 保障员工利益

一项变革的实施必然会触及很多权力关系,组织若想顺利地实施变革,首先必须清楚地知道该项变革对哪些成员来说是有利的,又会危及哪些成员的利益。对于那些会因为变革的实施而利益受损的群体,组织应当给予不同形式的补偿,从而减少该群体对变革的阻力。在变革期间,对勇于参与变革的员工也要给予适当的奖励和报酬,以提高员工参与变革的积极性(李斌,周亚波,2015)。员工面对组织变革时,往往将自身利益放在第一位,这就需要组织尽可能地不损害员工利益,而在积分制管理下,积分与金钱和物质没有直接关系,而是主要通过奖分发挥积分的激励作用,因此,在组织变革时,积分制管理能够在一定程度上保障员工的利益,增加制度的执行力,从而有效地抑制来自制度及个人两个层面的变革阻力。

例证 7-6　积分制管理增强制度的执行力

惠州金华悦国际酒店是一家五星级酒店。过去,顾客的主菜上完过后,厨师就开始喝茶聊天。对于客人要加菜的要求,谁都不愿意执行,甚至采用猜拳的方式来解决,谁输了谁去炒,逐渐形成了习惯。该酒店在引入积分制管理后,规定对主动去炒菜的厨师给予 20 分的加分。根据制度,积分高的厨师不仅可以有更好的福利待遇,还可以得到额外的奖励,如更多的奖金、出国旅行、带薪休假等。自此以后,每次客人加菜,厨师们都争着去炒菜。由此可见,将积分制作为管理工具,管理制度的执行力产生了巨大的变化,制度的执行力增强了,员工也会主动去做事了。

(本案例源于网络并经作者加工整理)

(二)个体层面

变革会打破员工与企业长期共存而形成的心理契约,这种变化必然会使员工产生兴奋或失落的感受。要想重构员工与企业的新的心理契约,约束员工不切实际的想法,化解变革中的员工个体阻力,鼓励员工参与新的变化,需要企业在变革中认真对待员工阻力。

与企业实施积分制管理改革可能遇到来自个人方面的阻力一样,组

第七章 积分制管理与组织变革

织进行其他方面的变革同样会遇到来自员工由于个人工作习惯、安全性、经济利益受到影响而实施的阻力。那么，该如何化解这些变革阻力呢？有研究表明，通过实施分层分类的激励约束机制，可以有效地化解变革阻力（赵文红，2018）。因此，企业可以对内部所有员工进行分类，大致分为变革的支持者、变革的反对者、变革的中立者，然后运用积分对不同类别的员工进行管理。当明确知道一项变革对企业而言是有好处的、有利于组织的发展时，企业对于那些支持变革的员工应予以奖励，因为该类员工做到了和组织利益一致、支持组织发展；而对那些明知有利却依然反对的员工，企业应当进行教育甚至给予一定的惩罚。积分制管理模式下组织福利待遇可设置为阶梯奖励制度，向高分人员倾斜，这能够让表现优秀、富有创造性的员工不吃亏。这些支持变革的高分成员鉴于自身获益越来越多，也会在成员之间形成榜样作用，激励更多的员工支持组织变革，减少成员抗拒、阻挠组织变革的行为，进而有效抑制组织变革的个体阻力。

同时，针对抗拒、阻挠组织变革的员工，企业可以通过积分制管理中积分扣分的方式释放一些信号，提醒他们做出改变。由于积分的高低直接与各种福利奖金挂钩，扣分会使他们意识到自己的行为会损害其个人利益，从而驱使他们转变对组织变革的态度，做出支持组织变革的行为。此外，成员为了获得更高的积分，会相互引导以支持组织变革，达到从员工层面推动组织变革的目的。

例证 7-7 积分制管理增加员工的执行力

重庆亚西酒店自成功导入积分制管理以来，得到了公司全体员工的踊跃参与，提高了员工的积极性，增强了团队凝聚力和员工的执行力，具体表现在以下几个方面。

一是员工从抱怨工作到热爱工作，发生了质的改变。过去开会时，总有员工因种种理由缺席，导致公司的重要决定无法快速正常地上传下达，制度的执行力差。实行积分制管理采取迟到扣20分、早到加分、参加者平均奖5分的规定后，再也没有员工缺席了。

二是多劳多得去挣分。因为积分会给干部带来更多实惠，同时他们也怕自己的积分比员工少而没面子，因此时刻都在为自己设挣分目标，甚至超前完成工作以挣分。

三是是用心服务去挣分。过去，员工不会注意酒店客人有什么小病小痛，现在他们会主动地关注客人有什么需求。遇到客人感冒、腹泻或需要购物时，他们会主动送药、送针线、帮助购物等，随时问候、关爱客人，这样做既能让客人感动，又能给自己挣分。同时，员工还进行了很多服务创新，如节假日会用气球布置酒店，让客人感觉更加温馨，既挣得了积分，又对企业品牌做了推广。

四是任务分配。过去，领导安排部门任务时，总有人因为多干活而心理不平衡，或因事不关己而态度冷淡。现在，只要不同部门有需要时在内部发布信息，员工立即会互相告知，想办法帮助该部门解决问题，这样既完成了部门的工作，也能为企业排忧解难。在这种和谐的工作环境中，员工更加积极主动、同心协力，也提升了干部的工作执行能力。

（资料来源：群艺集团积分制管理心理学课题组调研记录）

三、积分制管理推动项目落地

在组织变革方面，积分制管理能够有效地增加变革动力、减少变革阻力，推动组织变革的顺利进行。然而，积分制管理不仅能在组织变革中起到重要的推动作用，还能在促进组织项目落地方面起到重要的推动作用，主要表现在增强项目的执行力、为项目管理者和员工提供及时的反馈信息、利于项目管理目标和个人目标的协调统一三个方面。

第七章　积分制管理与组织变革

（一）增强项目的执行力

所谓执行力，指的是贯彻战略意图、完成预定目标的操作能力，是把组织战略、规划转化成为效益、成果的关键。执行力包含完成任务的意愿、完成任务的能力以及完成任务的程度。对个人而言，执行力就是办事能力；对团队而言，执行力就是战斗力；对组织而言，执行力就是经营能力；而对项目管理而言，执行力就是推动项目顺利落地以及在既定质量、进度、成本、安全等控制目标内顺利开展的能力（连文玉，2006）。一直以来，项目的执行力都是企业管理的一个瓶颈，而实行积分制管理后，这一难题就能得到根本性的解决。首先，积分制管理的奖分机制能够充分调动员工的工作积极性；其次，员工的违规、违章行为由扣钱处罚改为扣分，这可以减少员工的抵触情绪，使管理更加人性化。此外，积分制管理模式给项目管理人员规定了奖分和扣分任务，若完不成扣分任务，项目管理者本人的积分就要受到相应的影响。通过这一方法，可以做到不管领导在不在，都会有项目管理人员认真管事，从而使企业的各项制度真正成为全体员工的行为准则，大大增加项目的执行力。

（二）为项目管理者和员工提供及时的反馈信息

项目的绩效反馈是项目管理的最终环节，也是非常重要的环节，如果不将考核结果及时反馈给被考核者，考核将失去激励、奖惩的功能。传统的考核方法大多都在考核期期末公布结果，但在积分制管理下，管理人员和员工可通过积分软件随时查询积分明细和排名情况，这种实时反馈一方面有利于企业对项目管理过程进行控制，另一方面也有利于项目管理人员及时掌握整个项目的推进情况。不仅如此，这种及时的绩效反馈也增加了项目管理的透明度，提高了员工对管理者的信任度，相应地缓解考核人员的压力。

（三）利于项目管理目标和个人目标的协调统一

在多数情况下，员工个人目标和项目管理目标并不是完全统一的，二者存在一定的冲突，如企业追求以更低的成本生产更多的产品，员工则追求更高的工资、更多的假期等。项目管理目标与员工个人目标产生冲突会导致双方利益受损，既不利于员工个人目标的实现，也不利于项目管理目标的实现。而通过实施积分制管理，可以用积分建立起员工个人目标和项目管理目标间的"桥梁"，即将与项目管理目标相一致的指标设置为加分项、与项目管理目标相背离的指标设置为扣分项，把员工的期望（升职、提薪、休假等）设置为奖励并与积分排名挂钩。通过这种奖扣分的方式来引导员工行为，既能协调员工个人目标与项目管理目标之间的关系，尽量实现二者的统一，也能减少因员工与组织进行反复利益博弈而产生的成本消耗。

例证7-8 积分制管理——项目落地的"加速器"

广东顶固集创家居股份有限公司始创于2002年12月,旗下拥有衣柜、门业、五金三大家居建材品类及广东中山、江苏昆山、北京燕郊、四川成都四大生产基地，倾力打造高端时尚的家居生活，每年为数百万家庭提供一站式家居整体解决方案。目前，顶固集创家居的销售服务网络已覆盖全国各省份，在国内建有标准化终端门店一千多家，并在国外多个国家设有专卖店及销售服务机构，产品远销全球六大洲、数十个国家。

顶固集创家居导入积分制管理后，全方位地提高了员工的积极性，培养了员工的好习惯,建立了优秀的管理团队。在未导入积分制管理模式前，顶固集创家居的海外市场开拓项目经常迟迟不能落地，主要原因是管理团队在项目筹备过程中的管理能力不足以及项目成员执行不力。引入积分制管理后，只要员工做得好，企业将通过奖分随时随地给予员工激励。在运用积分制进行团队管理时，信息传递得非常快速，激励具有及时性（通过积分App，奖励一个积分，员工马上就能收到信息）。因此，顶固

第七章　积分制管理与组织变革

集创家居通过将积分制作为一种管理手段去执行，培养了优秀的管理团队，改善了项目管理状况。2018 年 6 月，顶固集创家居与德国知名品牌德硅·雷诺丽特达成了战略合作，曾经迟迟不能落地的海外市场开拓项目得以落地，企业向海外市场迈出了第一步。

（资料来源：群艺集团积分制管理心理学课题组调研记录）

第三节　积分制管理与组织发展

发展是一个永恒的主题，发展问题是国家、社会和个体共同关注的焦点。对处于激烈竞争中的企业而言，发展更是其渴求的目标。如何实现企业的持续经营与长远发展是所有企业所面临的共同问题与挑战。而积分制管理作为一种管理工具，不仅能够推动组织的变革，还能够促进组织的发展建设。本节将分两部分进行分析和探讨，第一部分介绍现代组织的发展趋势，包括健康型组织、幸福型组织、学习型组织，以及积分制管理与这些组织发展之间的联系；第二部分将详细论述积分制管理如何促进上述组织的发展。

一、现代组织的发展趋势

现代组织发展（Organization Development，OD）的定义为：由干预技术、理论、原则和价值观组成，是一套产生于行为科学并在现实世界中得到了检验的、非常有力的概念和技术，它可以增进组织有效性和个人幸福感。它依赖的基本价值观包括对人尊重、信任和支持，权力均等，正视问题，参与精神等（姚健，2010）。在现代组织的发展变迁中，组织发展及其发展趋势决定着企业的盛衰且不容忽视。德鲁克在《21 世纪的管理挑战》中提到："在 21 世纪，组织（包括企业和非营利性组织）最有价值的资产将是知识工作者及其生产率。"随着全球化和知识经济时代的到来,"个人"被再次大写。员工和管理者不再是一个职称和职位,而是对组织、对自身的一种责任。管理者以及知识型员工对于组织而言,越来越被视为创造价值的主体,是一个组织最有价值的资产。由此,知识型员工及管理者作为个体的价值与组织的价值越来越紧密地被联系在了一起。为使组织管理者更好地提高员工的劳动生产率,健康型组织、幸福型组织、学习型组织应运而生。

(一)健康型组织

组织环境的急剧变迁势必使得职场中的各类工作者不断面临压力和考验,如职业发展的不确定性、缺失工作安全感、可雇佣性问题等。同时,社会经济的发展也需要个体身体健康、精神饱满、职业胜任能力突出。因此,打造健康型组织成为当前社会经济持续良好发展的重要任务。这主要是因为健康型组织的建设不仅可以为提高组织运作效率、增强组织竞争力、促进组织对突发情况的预防和快速处理提供帮助,还可以为员工创造良好的工作环境,进而为员工的心理健康和幸福发展服务,使他们为提升组织效率做出重要的贡献。因此,加强对健康型组织建设方面的投入具有重要的意义。

当前,对于何为健康型组织,不同的学者给予了不同的解释。例如,Cooper 和 Cartwright(1994)认为,健康型组织的特征不仅包括财务上的成功(如利润),还包括健康的工作场所,"健康"在这里是指具有健康的和令人满意的工作氛围和组织文化。基于前人对组织健康的研究,结合现代社会背景提出了"健康型组织"这一概念,时勘等(2007)认为,健康型组织包括三大维度,即正常的心理状态、成功的胜任特征以及创新的组织文化。王志琳(2008)则认为,健康的组织须同时包含有活力、有士气的组织和健康、热情而满意的成员,应同时关注不同层次的健康,包括个体、团体与组织,甚至外部环境的健康。健康组织管理的终极目的是通过管理(也就是干预)帮助被管理者实现健康良性循环,由此得以实现组织的健康发展。学者们普遍认同健康型组织具有环境适应性、自我调节性、学习创新性以及持续成长性四个特征。

（二）幸福型组织

继国家"十二五"规划提出要提高国民幸福指数，打造"幸福中国"的奋斗目标之后，党的十八大又做出了新的指示："加强和改进思想政治工作，注重人文关怀和心理疏导，培育自尊自信、理性平和、积极向上的社会心态。"党的十九大报告中进一步指出"使人民获得感、幸福感、安全感更加充实、更有保障、更可持续"。在越来越高的民众呼声中，建设"幸福中国"，打造"幸福型组织"已成为当今中国社会发展的主流趋势，成为必须以行动落实的关于人的幸福的伟大工程。

那么，什么是"幸福型组织"？幸福型组织首先必须是一个健康型组织，是在幸福健康、胜任高效和创新发展基础上的能够满足企业员工幸福需要的企业（时勘等，2016）。幸福型组织不是一种乌托邦式的理想，而是通过企业的管理实践能够实现的企业发展的理想状态。具体来讲，所谓"幸福型组织"，就是指：在组织层面，能够保持健康可持续的发展、秉持公平公正的原则、受人尊敬；在团队层面，领导者具备良好的积极领导力，团队成员间协作良好；在个人层面，员工能够保持健康、幸福、高效的良好状态，与组织同步成长，拥有较高的心理资本（张西超，刘艳，2013）。当前，实施积极的员工帮扶计划（Employee Assistance Program，EAP），即企业向员工提供系统的、专业的、长期的免费心理咨询服务的援助与福利项目，是构建中国现代幸福企业的重要路径。企业旨在通过EAP项目的实施帮助员工解决心理和行为方面的问题，使员工在面对环境变化时和在组织变革过程中，保持心理健康并胜任工作，从而实现个人与组织的和谐幸福发展。

（三）学习型组织

在知识经济时代，知识成为重要的生产要素，不断创造、共享和应用知识以改进企业的产品、服务成为企业经济增长的源泉。企业的员工，特别是知识型员工，已成为企业谋取竞争优势及塑造核心竞争力的关键。自20世纪90年代美国学者彼得·圣吉的代表作《第五项修炼》一书出版以来，国内企业关于建设学习型组织的热情渐趋高涨。彼得·圣吉认为，"学习型组织是以共同愿景为基础、以团体学习为特征的扁平化横向网络管理组织系统。它以增强组织的学习能力为核心，通过提高组织的群体智商，使员工活出生命的意义。"他同时指出，"学习型组织是一个不断创新、进步的组织，它将工作和学习融为一体"（彼得·圣吉，2003）。近年来，随着学习型社会理念的普及、终身教育思想的广泛传播，国内一些企业也越来越重视学习型组织的建设，并开始迈向新的阶段。

我国著名学习型组织专家张声雄认为，学习型组织的真谛可以如此概括：第一，学习型组织是全体成员能全身心投入并创造持续增长的学习力的组织；第二，学习型组织是能让全体成员活出生命意义的组织；第三，学习型组织是能通过学习创造自我，扩展创造未来能量的组织（宋宏，2003）。简单来说，学习型组织既是一种新的组织形态，也是一种通过学习不断自我超越的发展状态。加强学习型组织的建设，既是一种提高组织效能的领导策略，也是一种通过加强组织学习，改善心智模式、提高组织智商和情商、不断提升创造力的组织文化。

二、积分制管理促进不同组织的建设

随着时代的发展，越来越多的企业管理者开始接受人本主义思想，认识到员工是组织中最为珍贵的财富，由此越发重视人力资本的开发与培养。为此，企业的管理者开始不断创新管理思路和管理模式，探索能更好地促进健康型组织建设、幸福型组织建设以及学习型组织建设的方法，而积分制管理在这一方面具有很好的实践经验。

（一）积分制管理促进健康型组织的建设

积分制管理作为一种新型管理模式，其内在核心是对人的管理，它

第七章　积分制管理与组织变革

通过激发员工的工作热情、提高员工的工作满意度对健康型组织的建设产生积极影响和促进作用。下面将从组织、个体两个层面分析积分制管理对健康型组织建设的促进作用。

1. 组织层面

在组织层面，积分制管理对健康型组织建设的促进作用主要体现在组织制度、组织文化和组织创新三个方面。

（1）组织制度。组织的规章制度涉及组织管理的方方面面，甚至细致到近乎烦琐的程度。工作安排自上而下的逐层下达后，难免会出现事情或任务安排执行不到位等问题，其根本原因在于制度的执行力不足，而积分制管理能通过改变传统管理中用罚钱来惩罚员工的方式，增强制度的执行力。积分制管理对于员工的违反规定的行为用积分来处理落实，这既避免了直接伤害员工利益，又能警示员工，从而有利于员工及时改正错误。此外，通过积分的全方位量化，企业能够实现对员工的点对点的认可与激励，使员工得到精神上的满足，从而逐步强化并提升组织制度的执行力。

（2）组织文化。组织文化方面，通过积分排名公开透明的原则，员工能够感觉到组织管理的公平性，以及管理者对员工个人价值的肯定，从而使组织内部充满活力，形成和谐、快乐的健康组织文化。此外，积分制管理中的积分可以具体细分为"做事的分"和"做人的分"，这就意味着管理者不仅要求员工做好事，还要求员工做好人。因此，在形成良好和谐的组织文化的同时，也建立了一个科学的人性化的育人平台，能够有效地促进健康型组织的建设。

（3）组织创新。创新不仅是组织活力的体现，而且是组织生命力的源泉。创新需要动力，而采用积分制管理能够解决组织创新的动力问题。组织可以通过将创新项目、需要研发的产品及服务与高额的积分奖励挂钩，激励成员想办法创新并付诸行动。

例证 7-9　中通生化：积分制管理塑造健康企业文化

在积分制管理中，中通生化公司通过奖扣分项对员工的行为进行引导，培养了员工许多良好的习惯，有助于塑造健康的企业文化，主要表现在以下三点。

一是改善员工的不良行为。例如，以前，员工的宿舍很难管理，卫生又脏又乱，私拉电线、吸烟等行为不仅违规，还会造成安全隐患。对于企业的罚款手段，员工们的意见很大，可不罚款又管不住他们。实施积分制管理后，公司规定了宿舍检查、评比的奖惩办法，做得好的，奖励宿舍成员积分，还奖励现金；做得差的，按检查分数和排名扣积分并张榜公布。现在，宿舍员工都会相互提醒，宿舍的卫生、安全状况大大改善，员工都开始自觉地维护环境卫生。

二是增强员工的自觉性。例如，以前，车间每月的公共管理优化工作和每个班组的产前准备工作都要靠车间领导分配。现在，实施积分制管理后，班组人员会主动申请承担管理优化工作，以获得项目积分；班前会上，班长告知员工次日要做什么，员工也都会主动自觉地去做。员工完成工作后，就可以得到加分，加分会使他们产生一种成就感，从而更加积极地工作并通过分享经验给别人，再次获得加分。由此，员工的责任感得到了加强，自身价值也得以提升。

三是强化团队精神，增强协作性。以前，员工们都是一个人做一项工作，做得快或慢都取决于自身能力。现在，当哪个员工或者哪个班组有困难时，其他员工都愿意去帮忙，因为主动帮助别人是有积分的。这样一来，不仅提高了工作效率，还促进了员工间的交流，增进了同事间的关系。

（资料来源：群艺集团积分制管理心理学课题组调研记录）

2. 个体层面

积分制管理除了作用于组织层面，还在个体层面对健康型组织的建

第七章　积分制管理与组织变革

设起到显著的促进作用，主要体现在以下三个方面。

（1）用量化的方式激发员工的工作积极性。积分制管理会告诉成员分数达到什么阶段可以得到什么样的回报；为达到相应目标，需要在哪些方面付出努力；还需要经过多长时间能够实现个人目标等，它完全不被管理者的喜好左右，也完全不由与老板的关系亲疏决定，而是由员工自己掌握，这样必然会调动起员工的积极性。

（2）提高员工的个人综合素质。在思想道德素质方面，积分制管理用积分奖分引导员工做事先做人、勇于吃苦、多做好事，并对表现突出的员工给予积分奖励。同样地，在员工技能方面，积分制管理对通过技能评比大赛的技术标兵，主动参与技术培训、持续学习的员工进行积分奖励，这样就促使员工在组织内部形成了自主学习、积极向上的良性发展氛围。同时，员工综合素质的提高也能带动组织整体的发展。

（3）缓解员工的工作—家庭冲突。工作—家庭冲突是员工工作压力的来源之一，而工作效率的提高则能够有效地释放一部分工作压力，帮助员工更好地平衡家庭与工作的关系，对成员的心理以及精神健康产生积极影响（时勘，2006）。积分制管理一方面通过积分奖惩的方式评估员工的工作、任务完成情况；另一方面也通过积分的形式将人文关怀传递给员工，使其对组织产生认同感。这样，员工才能够以积极的态度执行企业的决策与战略，并尽可能地发挥个人潜能和工作能力，工作效率也因此得到极大的提高。

例证 7-10　积分制管理使员工保持身心健康

湖北群艺集团会定期或不定期地举办各类员工活动，包括员工生日会、舞会、登山比赛、拔河比赛、吃橘子比赛等。公司通过积分制管理方法用积分有效引导了员工参与公司的健康活动：凡参加活动的员工，均给予 10～20 分的积分奖分；对未参加活动的员工给予 10～20 分的积分扣分。同时，在活动中有个人特长的，如能歌善舞，另给予20～30分的奖励。由于奖扣分不直接影响员工的当月待遇，故既能起到引导作用，又不会引起员工反感。引导员工多参加此类活动有益于员工的身心健康，也能使员工在日常繁忙的工作之余得到适当的精神放松，增进员工之间的友谊，由此达到员工健康与组织健康协同并进的目的。

（资料来源：李荣，张广科，2017）

（二）积分制管理促进幸福型组织的建设

积分制管理的实施一方面有助于营造"幸福文化"，为幸福型组织的建设奠定基石；另一方面能增加员工对组织的信任感，增强员工的自我动力，强化幸福型组织的发展动力，从而推动幸福型组织的建设。积分制管理对幸福型组织的建设的促进作用同样可从组织和个体两个层面入手。

1. 组织层面

要建设幸福型组织，首先要营造"幸福文化"，它是培育幸福组织的基础。积分制管理的实施有助于培育出真正能够滋养员工心灵的"幸福文化"，主要表现为：首先，通过积分奖分激励成员的组织公民行为，如积极打扫公共区卫生等，这有助于创造安全、环保、幸福的工作环境；其次，通过用积分扣分代替扣钱、批评员工的方式，使得管理更具人性化，这有助于创造健康、幸福的组织环境；再次，通过各种详细的积分奖项设置引导员工互帮互助及促进不同部门间、团队间的合作与交流，促进成员间、部门间、团队间形成良好的人际关系，创造和谐、幸福的组织环境；最后，通过用积分奖扣分引导成员的日常行为，如对遵守公民日常行为规范、孝顺父母及献爱心的行为给予奖分，对不好的行为（如违背规则、随地丢垃圾等）给予扣分，从而推动成员对社会公益活动、环境保护等问题的积极参与，帮助组织树立追求和谐、共筑幸福的健康公众形象。

第七章　积分制管理与组织变革

2. 个体层面

对员工而言，积分制管理增强了他们追求幸福的自觉动力和信心。著名的管理心理学家 Alan Wilkins 在《塑造企业性格》中指出，员工的工作动力取决于他们对组织的信任度和对组织未来发展前景的信心。员工会根据他们从组织中得到的承诺以及对组织的信任度来决定要为组织做出多少贡献。在积分制管理模式下，员工的积分与其绩效的关系成正比，企业依据积分排名分配奖励资源，对排名靠前的员工予以充分的奖励，对排名靠后的员工予以适当的提醒或处罚，过程公开，结果公示，做到了"有理有据，赏罚分明"，这在一定程度上做到了程序公平和分配公平，提升了组织的公平感。由此，员工会对组织产生极高的信任度，并且在工作中产生强大的自我动力。因此，积分制管理模式解决了员工原动力不足的问题，强化了幸福型组织的发展动力，从而推动了幸福型组织的建设。

（三）积分制管理促进学习型组织的建设

推行积分制管理的企业可以充分调动员工学习的积极性，创新员工的学习形式，从而提升学习的有效性，促进学习型组织的建设。下面将从两个方面详细分析积分制管理是如何促进学习型组织的建设的。

1. 转变员工的学习理念——由"要我学"变为"我要学"

传统管理模式下，企业员工缺乏学习积极性，对学习的生产性、发展性和必要性认识不足，总觉得自己在当前阶段还应付得过去，学不学没什么差别，因此员工的日常学习需要依靠组织的强制性要求。而在积分制管理模式下，由于制订了个人成长积分计划（正面的奖分、负面的扣分），每个人都可以根据自己的学习情况得到不同的积分，积分的累积决定了个人的物质和精神收益，而且积分不清零、永久有效，这对员工的思想和理念起到了引领和导向作用，可以不断地激励员工将组织愿景和个人需求相结合，增强员工自身的使命感和责任意识，使他们主动梳理个人的知识短板，制订切实可行的短期、中期及长期学习计划，使学习成为组织和个人发展的永恒主题。因此，积分制管理模式的实施可以有效地转变员工的学习理念与学习态度，促进员工进行持续性学习，从而有利于加强学习型组织的建设。

2. 创新学习形式——由个人学习变为互动式、反思式学习

传统模式下，企业员工的学习大多采用个人学习形式；而在积分制管理模式下，如若员工帮助同事解决了工作中的难题，就可以获得一定的奖分，这有利于引导企业员工通过互动、交流、分享产生互补效应，达到相互启发心智、共享学习成果、激发创新思维与增强综合能力的目的。同时，这种互动也有利于员工发现问题，及时纠错。另外，积分制管理模式的实施能够促进"双环学习"的实现。"双环学习"是学习型组织建设的有效途径与方法，它是一种"行动—反馈—反思前提与思考方式—调整心智模式—调整行动"的双循环学习形式，让员工不仅是在就事论事地调整行为，还能进一步深刻地反思自己的思维与假设（王增芬，2015）。因为积分制管理模式将员工的日常综合表现纳入了考核范围，并通过奖分和扣分的方式激励或约束员工行为，员工在得到反馈后，能够更加直观地看到自己的工作近况，发现自己的不足之处，进行反思并调整自己的行为。因此，积分制管理能够促进学习型组织的建设。

参 考 文 献

[1] AMBURGEY T L, MINER A S. Strategic momentum: the effects of repetitive positional and central momentum on merge activity[J]. Strategic management journal, 1992: 335-348.

[2] COOPER C L, CARTWRIGHT S. Healthy mind; healthy organization-a proactive approach to occupational stress[J]. Human relations, 1994, 47(4).

[3] 彼得·圣吉. 第五项修炼——学习型组织的艺术与实务 [M]. 郭进隆, 译. 上海: 三联书店, 2003.

[4] 陈师伟. 劳动积分制的构建及其在长期激励中的应用 [D]. 厦门: 厦门大学, 2006.

[5] 李斌, 周亚波. 如何应对企业变革中的员工个体阻力 [J]. 企业管理, 2015（05）: 94-97.

[6] 李荣, 聂志柏. 中国积分制管理 [M]. 武汉: 长江出版社, 2014.

[7] 李荣, 聂志柏. 让优秀员工不吃亏: 一套令人向往的管理方法 [M]. 武汉: 湖北人民出版社, 2015: 23-25.

[8] 李荣, 张广科. 积分制管理概论 [M]. 北京: 清华大学出版社, 2017.

[9] 连文玉. 鲁能领秀城项目执行力研究 [D]. 济南: 山东大学, 2006.

[10] 刘德才, 杜晓林. 浅析企业组织变革中个人阻力及其控制策略——以海尔集团为例 [J]. 中国商界（上半月）, 2009（11）: 124-125.

[11] 李作战. 从组织变革的模式选择看组织变革的阻力及其克服 [J]. 现代管理科学, 2007（06）: 45-46.

[12] 李作战. 组织变革理论研究与评述 [J]. 现代管理科学, 2007（04）: 49-50+101.

[13] 彭惠林. 酒店实习生积分制管理探索——以某国际会议中心为例 [D]. 湘潭: 湘潭大学, 2015.

[14] 秦尊文, 徐志宽, 彭雪莲. 一种新的绩效管理模式——对企业积分制管理的研究与思考 [J]. 湖北社会科学, 2017（02）: 70-76.

[15] 时勘, 郑蕊. 健康型组织建设的思考 [J]. 首都经济贸易大学学报, 2007（01）: 12-19.

[16] 时勘, 周海明, 朱厚强, 等. 健康型组织的评价模型构建及研究展望 [J]. 科研管理, 2016, 37（1）: 630-635.

[17] 时勘，周海明，朱厚强，等. 幸福企业离我们还有多远 [J]. 清华管理评论，2016（1）：80-83.

[18] 宋宏. 关于学习型组织的探讨——上海明德学习型组织研究所所长张声雄教授访谈录 [J]. 经济师，2003（05）：6-7.

[19] 王增芬. 高职院学习型班级建设研究——基于辅导员工作的实践与反思 [D]. 南京：南京师范大学，2015.

[20] 王志琳. 健康型组织的管理内涵 [J]. 科学大众，2008（10）：140-141.

[21] 谢成军. 高新科技企业创业管理模式变革研究 [J]. 工业技术经济，2008（09）：112-114.

[22] 谢开宇，涂辉文. 如何推动组织的变革？——基于扎根理论的组织变革动力研究 [J]. 中国人力资源开发，2016（08）：71-79.

[23] 姚健. 浅谈组织发展（OD）及其发展趋势 [J]. 企业导报，2010（02）：197-199.

[24] 赵海波. 基于N银行网点转型绩效的银行业组织变革案例研究 [D]. 绵阳：西南科技大学，2014.

[25] 张西超，刘艳. 幸福组织建设之道 [J]. 企业文明，2013（01）：59-60.

[26] 赵文红. 广电行业组织变革中的人力资源管理 [J]. 现代企业文化（上旬），2018（Z1）：149.

第八章 积分制管理与组织文化建设

组织文化是一种被组织内部成员所接纳的共同价值观体系，其外在表现为组织信仰、追求和行为准则（陈国海，2018）。组织文化的形成并非一朝一夕的事，而是需要一个长期积累的过程，需要时间的沉淀。不同的组织在经营发展过程中会形成各具特色的组织文化，好的组织文化会在价值观树立以及行为约束等方面对内部成员产生积极的引导作用。

组织文化是一个组织的软实力，也是组织实现可持续发展的核心力量。因此，积分制管理创始人李荣先生（2017）提出"要实现组织文化与积分制管理的有机融合，用文化来推动工作效率"。积分制管理从员工的日常行为入手，用积分规范员工的行为，正如李荣先生（2014）所说，"企业文化就是员工习惯的整合"，当员工都养成了好的行为习惯之后，自然就会形成积极健康的组织文化。

第一节 积分制管理中的文化内涵

"把企业做得有文化"是积分制管理的精髓所在（李荣，2014）。从文化层面来讲，积分制管理既融合了中国传统的孝道文化和"家文化"，也吸收了西方的贵族精神，可谓是东方传统文化与西方文化结合的产物。

一、孝文化："百善孝为先"

从古至今，"孝"一直都是中国传统道德文化的基本元素之一。"孝"字最早出现在殷商时期的甲骨文卜辞上；《尔雅·释训》将其解释为"善事父母"；东汉许慎在《说文解字》中对"孝"的解释是："善事父母者。从老省，从子，子承老也。"由此可见，"孝"的本义是指善待和侍奉父母和长辈。随着社会的进步以及家庭观念的形成，"孝"也逐渐从一种无意识的行为演变成为中国传统儒家文化中的重要组成部分。

第八章　积分制管理与组织文化建设

（一）孝文化的来源

孝文化的形成与个体家庭的建立、血亲关系的明确密不可分（杨贤堂，2008）。随着婚姻制度的形成和发展，父母与子女组成一个家庭，共同生活在一起，明确了父母与子女之间的血缘关系，建立起了家庭关系，并逐渐产生了"孝"的意识和行为。因此，家庭关系的建立是孝文化形成的基础。当家庭观念形成之后，人们又逐渐形成了"宗族"以及"尊卑伦理"等观念，而行孝的对象也不再仅仅局限于父母，还延伸到了宗族、民族，如宗族的祭祖活动就是孝的体现。《管子·牧民》里说，"不恭祖旧则孝悌不备。"可见，敬祖是"孝"文化中特别重要的一项内容，而祭祖活动则是人们对祖先表示尊敬之情的重要方式。在古代社会，祭祖活动需要准备大量的祭品，还要举行一系列繁杂的仪式，是整个宗族最为重要的事情之一。祭祖活动体现了人们对祖先、对生命繁衍的崇拜，部分人类祖先甚至被人们供奉为神，如黄帝、炎帝等，这也是原始信仰的主要组成部分。由此可见，"孝"不仅是一种观念、一种意识，还是一种信仰。这种信仰强化了人与人之间的家族伦理关系和观念，使得同一宗族的人团结一致、同心同德。

（二）孔孟的仁孝思想

根据儒家经典的记载，最早提倡孝悌的是尧舜，将其理论化的是孔子，而后被历代统治者传承和发展，最终成为历久弥新的中国孝文化（舒大刚，2012）。"仁"是孔孟儒家思想的精髓，"仁"字始见于儒家经典《尚书·金滕》——"予仁若考能，多材多艺，能事鬼神"，此处的"仁"是指良好的道德。孔子首先把仁作为儒家最高的道德规范，提出了以仁为核心的一套学说。仁的内容包涵甚广，核心是爱人。仁字从人从二，也就是人们互存、互助、互爱的意思，故其基本含义是指对他人的尊重和友爱。而"孝"是"仁"的表现形式，《国语·晋语一》中有"爱亲之谓仁"，"仁"体现在父子关系上就是爱亲，就是孝。具体而言，孔孟的"仁孝"思想主要包括以下三个方面的内容。

1. 仁孝是天经地义的

《孝经》中云："夫孝，天之经也，地之义也，民之行也。"由此可见，孔子认为，行孝是天经地义的，也是道德的根本。孔子还认为，子女奉养父母是人的天性，并提出了五项奉养父母的要求，即"居则致其敬，养则致其乐，病则致其忧，丧则致其哀，祭则致其严。五者备矣，然后能事亲。"

2. 孝是仁之本

孔子认为，"孝弟者，仁之祖也"；《论语》中有"孝悌也者，其为仁之本欤"；孟子也认为，"亲亲，仁也"，由此可见，在孔孟儒家思想中，"孝"是"仁"的源泉。

3. 仁孝是教化之基础

《孝经》中有言，"人之行，莫大于孝""故不爱其亲而爱他人者，谓之悖德；不敬其亲而敬他人者，谓之悖礼"。也就是说，人不敬爱自己的父母，反而敬爱别人，那是有违道德和礼法的；反过来说，一个人如果没有学会敬爱自己的父母的话，那么他也不可能懂得尊敬和爱护他人。社会的伦理道德规范应该是始于家庭而延伸到社会的，因此，人的教化也应该始于家庭，先从孝敬父母开始，而后再衍生出其他品行。另外，孔子所倡导的"孝"并不止于子女孝敬父母，还包括敬畏和爱护自然万物——"断一树，杀一兽，不以其时，非孝也"（《礼记·祭义》）。

正所谓"百善孝为先"，"孝"是人的基本道德，人需要先学会感恩父母、孝顺父母，才会懂得感恩社会、感恩自然、感恩自己所获得的一切。一个孝顺父母、懂得感恩的人，必定也是一个心存善良的人。

例证 8-1 两汉崇尚孝悌

据考察，两汉时期察举孝廉者共 74 000 余人，现在有名可考的就有 300 余人。许多孝悌廉洁之士都得以进入仕途，甚至官至三公、二千石。

汉武帝以石庆家"子孙至孝,其以御史大夫(石)庆为丞相,封牧丘侯"(《汉书·万石君传》)。其他如西汉末严诩"以孝行为官",至颍川太守,征为"美俗使者";东汉江革以"巨孝"至谏议大夫;等等。早在西汉景帝末、武帝初年,文翁守蜀郡时,即建立石室学宫,讲授儒家"七经",其中就有《论语》和《孝经》;其弟子学成后,"高者以补郡县吏,次为孝弟力田"。

武帝时,黄霸为颍川太守,励行教化,民风大变,涌现出大批"孝子"和悌弟,社会治安大为好转,监狱里面八年没有重刑罪犯。于是,汉武帝下诏褒奖黄霸:"颍川太守霸,宣布诏令,百姓向化,孝子悌弟,贞妇顺孙,日以众多。田者让畔,道不拾遗。养视鳏寡,赡助贫穷,狱或八年亡重罪囚。吏民乡(向)于教化,兴于行谊,可谓贤人君子矣!"孝悌之教启发人的善心,做好事的人多了,做坏事的人自然就少了,孔子说:"君子学道则爱人,小人学道则易使。"(君子学习了礼乐,就会爱人;老百姓学习了礼乐,就容易使唤了。)(《论语·阳货》),又说:"导之以政,齐之以刑,民免而无耻。导之以德,齐之以礼,有耻且格。"(以政令来管理,以刑法来约束,百姓虽不敢犯罪,但不以犯罪为耻。以道德来引导,以礼法来约束,百姓不仅遵纪守法,而且引以为荣。)(《史记》)

东汉的地方官也继承了这崇尚孝悌教化的传统,会稽郡尉任延"每时行县,辄使慰勉孝子,就餐饭之"。自此之后,整个东汉时期,士大夫多重视忠义、讲求气节,当奸臣、宦官秽乱朝纲、陷害忠良时,才会有大批忠直节义之士,如郭泰、李膺、范滂等人,挺身而出,仗义执言,形成褒善贬恶的清议,自觉维护着将倾的纲常伦理。

(资料来源:舒大刚,2012)

(三)积分制管理中的"孝文化"

"孝文化"的落地首先需要组织领导者认同和重视这种传统文化的价值,并且真心实意地把它落到实处、贯彻到底。如果组织的领导者都没有真正地认同自己所推崇的组织文化,却妄图借助这种组织文化赚取利益,那只能是给组织披上了文化的外衣,而不可能真正拥有文化的内涵。"孝"是儒家伦理思想的核心,是千百年来中国社会维系家庭关系的道德准则,是中华民族的传统美德和传统文化的精髓。孝顺父母是个体拥有美好内心世界的反映,一个人只要在生活中不断地培养美德、增长智慧,就能够成为有伟大作为的人;反之,一个不孝的人很难成为一个成大器的人。积分制管理从小事、从员工的日常行为中鼓励员工行孝,如过年给父母买礼物、常给父母打电话等,这些行为都可以获得相应的加分。

例证 8-2 用积分制管理培养员工孝敬父母的爱心

"孝"有很多种表现形式,如陪老人聊天、交流感情,为老人买保险、订书刊等,这些小事不论你多么繁忙都能做到。湖北群艺集团的员工选择了以为父母买春节礼品的方式来表示自己对父母的孝心。6年前,公司规定,每年春节前,员工若为自己的父母购买了礼品,则给予 5 分的积分奖励(现在已经增加到 50 分)。刚开始,许多人不理解,孝敬父母是员工自己的事情,与公司有什么关系?现在,形成一种风气后,员工开始认识到,正是公司的这项规定让大家形成了一种习惯,即将自己对父母的孝心表达出来。在没有这项规定之前,许多员工虽然对父母怀有满满的孝心,但因为工作忙碌,并没有做出任何行动。现在,公司的规定,一方面让大家养成了向父母表达孝意的好习惯,另一方面也促进了企业"孝"文化的形成与发展。

(资料来源:李荣、聂志柏,2018)

二、家文化

篓子里的螃蟹会为了爬出篓子而竭尽全力,甚至不惜踩着其他螃蟹向上爬,导致每只螃蟹都会被后面的螃蟹拖下来,最后没有一只螃蟹能够逃出去,这就是"螃蟹效应"。该效应反映在组织中就是组织成员只关注个人利益和眼前利益,而忽视了集体利益和长远利益。员工为了个人利益形成小团体,团体之间内斗,这对组织的利益和发展是有百害而无一利的。为了避免这种情况的发生,越来越多的企业开始关注对组织内部成员团结协作能力的培养,努力打造"家文化",增强团队的凝聚力和向心力。

(一)家文化的内涵

1. 传统意义上的家文化

何为"家"?有学者认为,家是人类社会的一种具有鲜明特点的基本组织(戚璇,2016)。也有学者认为,家是一个在血缘聚居团体的基础上建立起来的财产单位(梁颖,1996)。从"家"延伸出来的是"家族"这个概念。家族是以核心家庭为基础、以血缘关系为纽带而建立起来的血缘集团,是家庭的延伸和扩大(张晓盈,钟锦文,2006)。由此可见,"家"是一个以血缘为基础形成的具有经济功能的组织。而传统意义上的家文化是从儒家经典中不断提炼、发展而来的,并逐渐成为社会的行为规范(储小平,2003)。家文化是中国传统文化的核心,也是中国文化的特色所在(梁漱溟,1987)。一般来说,中国传统的"家文化"具有以下四个特征。

(1)注重"家和"。以儒家文化为主流的中华文化向来注重"家和",主张"家和万事兴""修身、齐家、治国、平天下"。正所谓"不齐其家者,无以治其国",家庭和睦了,社会才会和谐,天下才会和平;"仁者人也,亲亲为大",此处的"仁"是处理人际关系的一种方式,而在人际关系处理中,亲人之间的关系最为重要。因此,儒家先贤深刻地指出,"仁爱"就是要爱护自己的亲人。以血缘关系为纽带的中华文化之所以能够绵延不绝,就是因为它重视家庭,强调孝悌敬慈。

(2)注重家庭伦理。儒家伦理是基于"五伦"关系的伦理。"五伦",即孟子所谓的"君臣、父子、夫妇、兄弟、朋友"五种人伦关系,包含

"义、亲、序、别、信"等人伦准则。五伦中有三伦是家庭关系："父慈子孝"（即父母要对子女慈爱，子女要对父母孝顺）、"夫义妇顺"（即为夫者要恩义待妻，为妻者要对夫顺从）、"兄友弟恭"（即兄对弟要友爱，弟对兄要恭敬）。因此，重家庭伦理是传统"家文化"的重要特征之一。

（3）注重家训教化。"家训"是中华民族传统文化宝库中一份极具特色的道德文化遗产，是古代进行孝道教育的重要载体和有效途径。"家训"又称家戒、家范、家约、庭训等，是指家庭或家族中父祖等长辈训示、教诲子孙及族人立身处世、持家治业等的行为准则。传统家训蕴含着丰富的孝道思想，重视传统家训的孝道思想有利于形成孝亲尊老的社会风尚和增强民族的凝聚力。同时，"孝"也是爱国的根源所在，孝亲与爱国一脉相承。因此，重家训教化也是传统"家文化"的重要特征。

（4）注重与时俱进。传统的"家文化"由于受旧时政治经济文化的影响，总会打上时代的烙印，内含不合时宜的内容，随着社会的发展和时代的变迁，后代子孙在继承与保留祖训及治家之道或赋予新含义的前提下对其补充修订，发扬光大，以使"家文化"具有相对稳定性和家族特色。同时，也要对"家文化"中的封建礼教及没落思想进行剔除，对其中的忠亲爱国、尊师重教、顺养孝道、戒奢节俭、谦恭礼让、廉洁自律进行传承引导，以使其更符合社会发展的需要与时代核心价值观的规范要求。

2. 泛家文化

伴随着社会生产力的发展，家文化已经渗透社会生活的方方面面，扩展到家族以外的社会组织和团体，如企业。从管理学的角度来说，家文化指的是将组织视为一个大家庭，从而建立起来以和谐为基础，能够提升团队忠诚度、凝聚力以及竞争力的和合文化，其核心是"家和"，即指一种和谐观，强调的是组织团队内部成员相互尊重、和而不同、和谐互助的工作氛围（姜越宇，2010）。这就标志着由中国传统意义上的"家文化"演绎出了一种"泛家文化"。所谓"泛家文化"，是一种与西方契约文化相对而言的文化，主要是指基于血缘的家文化社群按差序格局的方式向外推出，包容了挚友、地域、同学和生意伙伴等关系人群的一种文化（蒋神州，2010）。这种泛家文化家族是与契约关系团体相对的"有机团体"，因此，泛家文化往往具有以下两个特征。

（1）重家族主义。家族已成为中国社会生活、经济生活及文化生活的核心，甚至也是政治生活的核心。家族是具有共同的祖先、围绕公共财产而组合的一群人，他们的统一性由家谱赋予合理化，他们相互给予忠诚和相互支持。在"泛家文化"中，家族企业最能体现其家族主义倾向，主要表现为家族对企业的控制。首先，在所有权方面，绝大部分家族企业中，家族持股比例超过50%。其次，在公司治理方面，家族对董事会的控制非常明显。董事长绝大多数由家族成员担任，小部分的董事长人选来自企业家的朋友、外聘人才和其他人。最后，在家族企业管理方面，由家族成员担任总裁和总经理的企业占到了92.1%，中高层领导中家族成员所占的比重也较大（中国民营经济研究会家族企业委员会，2019）。

（2）家长式专权。家长式专权的作风表现为不愿授权、缺乏下行沟通、独享信息及严格控制等，而下属的相应表现为公开附和领导的决定、无条件接受领导的指派、效忠并信任领导者等。在家长式专权的组织中，组织的领导者扮演着类似于父亲的角色，下属则扮演着子女的角色，即领导必须保护和照顾下属，而下属必须忠于领导者并服从其指挥。这种基于人治的权威服从，容易促使官僚体系的形成。

3. 传统"家文化"与"泛家文化"的异同

基于以上对"家文化"和"泛家文化"的内涵及各自特点的分析，我们可以看到，两者之间既有相同之处，也存在一定的差异。相同之处在于不管是"家文化"还是"泛家文化"，都很注重家族关系，重视维护家庭关系和家族利益，讲究等级秩序，按照规定和程序行事。而不同之处则表现在两者应用的范围不同，"家文化"主要应用于一个家族或家庭之中，只在一个家庭或家族内部讲究尊卑秩序和利益关系；而"泛家文化"是家文化拓展于各类组织的产物，由家族内部推广到家族以外的社会组织和团体。其中，最典型的是在政府、企事业单位等组织中形成的广泛的家长式管理模式，特别是家族企业中的家长式专权领导方式。

例证 8-3 儒道在方太

方太集团创建于1996年，二十年多来，方太始终专注于高端厨电领域，坚持"专业、高端、负责"的战略性定位，向着成为一家伟大企业的愿景迈进。方太董事长茅忠群先生表示，过去二十多年来方太取得卓越成绩的主要原因在于以下两个方面：一是打造了中国五金及家电行业内第一个中国人自己的高端品牌；二是从2008年开始全面引入中华优秀传统文化，成为用中华传统文化管理现代企业的先行者。

作为家族企业的方太集团，推行的是儒家文化，并将儒家文化的核心思想融入方太的使命、愿景和核心价值观中。"儒家有一个思想，要求官员们'作之君、作之亲、作之师'，方太对干部的要求就是君、亲、师三位一体。"高旭升说。具体来说，"作之君"就是作为领导者，任何事情要"我先做"，不能推给别人，结果自然是人们效法你、尊重你、推崇你；"作之亲"就是要抱有父母爱护子女之心，存有此心，方能自然地对下属照顾得无微不至；"作之师"就是说要从自身做起，做好榜样，认真努力地去教导他人。因此，方太形成了自己的管理工具——"两要五法"，"两要"是主线，即以顾客为中心，以员工为根本；"五法"是实施措施，即教育熏化、关爱感化、礼制固化、专业强化、领导垂范。

（资料来源：庄文静，2017）

（二）家文化的落地

家文化的落地可以从以下三个方面入手，层层渗透：一是需要将"家

第八章 积分制管理与组织文化建设

文化"制度化、形象化。也就是说,需要将"家文化"的具体内容融入组织文化的管理制度中,将抽象的文化演变为具体的制度细则,使得"家文化"的实践有据可依、有矩可循。二是组织管理者要从心底里真正将员工当作家人,在组织内部营造出一种温馨的家的氛围,真心关怀员工。同时,还要通过培训、宣传等方式,引导和鼓励员工将组织当作一个大家庭,勇于提出自己的想法和意见,提高员工的主人翁意识。三是"家文化"还应该体现在组织的经营理念上,将"家文化"从组织的"小家"延伸到社会的"大家"上,带领员工积极地承担起社会责任,回馈社会。

例证 8-4　让涂装师感受家的温暖——涂装师俱乐部举行第二次会议

"把涂装师当员工、当家人,让涂装师处处感受到家的温暖!"这是法莱利涂装师俱乐部董事长楼红龙在 2014 年 12 月 11 日晚上举行俱乐部第二次会议上的讲话。

晚上 6 点在法莱利丰潭店举行的第二次会议,共有 150 多名涂装师和法莱利员工参加。此次会议在工程部自创自演的小品《跟着法莱利能赚钱》的欢乐气氛中开始,随后俱乐部负责人杜继红、杨婷、王小丽、祝林峰、李海红、金巧霞等依次登台亮相。法莱利总经理、俱乐部董事长楼红龙即兴在大会上发言:"我们成立涂装师俱乐部是为了让涂装师们感到家的温暖。我们的积分制管理是非常严格的,力求做到公平公正,如有不妥当的奖扣,可以及时提出批评;自己做了好事,可以毛遂自荐,争取加分。涂装师的福利待遇,如会议纪念品、积分制排名奖品、生日庆贺礼品等,都与正式员工一样。"

会议中间员工跳起欢快激悦的"抓钱舞",精彩的文艺演出贯穿全过程,大合唱《涂料行业之歌》《产品走秀》、杜继红独唱《牡丹之歌》等表演节目给大家带来了很多欢乐。会议还对涂装师们 11 月的积分进行了排名，并对排在前10名的陈斌能、叶义存、黄永国、张伟成、陈宗英、刘孝齐、叶卫建、叶义中、徐再勤、缪东子颁发了1～3箱高档苹果。会议中还多次进行了抽奖，最高的一等奖为一台大规格液晶电视机。所有这些活动，都让涂装师们感受到了家的温暖和快乐。

（本案例源于网络并经作者加工整理）

三、贵族精神

贵族精神包含三个方面：文化教养、社会担当与灵魂自由（李荣，2014）。也就是说，贵族精神是指有教养、有道德、有情操。而积分制管理先从"有教养"入手，从日常行为开始培养员工的教养。比如，在湖北群艺，"谢谢"是每个员工的口头禅，除了要学会对同事、客户道谢，每个员工对送报员、清洁工以及环卫工人等都要懂得道谢。

积分制管理所强调的"贵族"并不是指出身的高贵，而是重视品质和素质的高贵。由于人的日常行为规范是一个人品质和素质的最好体现，因此，积分制管理从员工的一言一行入手，进行全方位量化，真正做到从细微处推动员工贵族气质的培养。

综合素质是积分制管理体系的主要考核内容。也就是说，积分越高的员工，其综合素质越高，在组织内的地位和价值也就越高。为了最大程度地激励员工与调动员工的积极性，积分制管理还设置了对尊贵员工的等级奖励，如积分高的员工可以使用擦鞋机、可以享有乘坐高级交通工具的待遇等。人有涵养、有素质，才是真正意义上的高贵。虽然培养一个人的贵族气质需要一个比较漫长的过程，但是积分制管理的实施能够持续推动员工贵族气质的养成。

无论是何种文化，高举旗帜、呐喊口号总是容易的，关键是要落到实处，如何将这些文化真正在组织内部"落地"才是管理者需要深入思考和探索的问题。

第八章 积分制管理与组织文化建设

第二节 组织文化落地的抓手

组织文化的塑造主要有两种方式：一种是自然形成，另一种是组织管理者塑造。组织文化落地主要指的是将组织管理者所提倡的文化价值观在组织内部贯彻与落实的过程（周子云，2010）。组织文化落地是一个漫长且缓慢的过程，需要持续不断地在组织内深入和渗透。

一、传递充满正能量的价值观

组织价值观是一个组织的文化核心，它应该是被全体组织成员共同认可的，它会影响一个组织的整体精神状态和工作氛围。树立充满正能量的价值观就等于为组织成员树立了一个积极向上的共同思想目标，它不仅能促使成员不断追求自我成长，提高工作积极性，同时也能提升团队的凝聚力和向心力，推动组织目标的实现。

（一）何为组织价值观

组织价值观一般体现了领导者的言语、行为和思想观念，并逐渐渗透进组织管理中的方方面面，经过时间的推移，逐渐形成系统的组织文化管理体制，衍生出组织精神。也可以说，组织价值观是组织精神文化的基础，它可以促使组织内部成员在思想观念上达成统一，这有利于解决组织矛盾，协调组织内部各个主体的利益。

（二）应知应会，公序良俗

积分制管理从小事着手，规范员工的日常行为，引人向善，帮助员工成为更好的人。先成为一个好人，再成为一名好员工，这是积分制管理所倡导的基本价值观。积分制管理将组织文化与社会道德文化结合起来，既体现了不同组织的文化特色，又体现了组织的社会责任感。它既要求组织成员在工作中展现出相适应的能力和素质，也要求成员铭记自己"社会人"的身份，自觉遵守社会道德规范。在积分制管理中，积分的奖扣项目除了与岗位职责相对应之外，还与员工个人的日常行为、员工对组织和社会的贡献相关。概括来说，积分奖扣项目就是与"应知应会，公序良俗"相关的内容。用更通俗的话来说，"应知应会，公序良俗"也就是"知对错,明善恶"。具体而言,积分制管理模式涵盖了"应知""应会""公序""良俗"四大维度。其中，"应知""应会"指企业员工应该了解、知道、掌握其所在岗位的基本知识和基本技能；"公序""良俗"指企业员工的行为应当遵守公共秩序，符合善良风俗，不得违反国家的公共秩序和社会的一般道德。

在积分制管理的实施过程中，湖北群艺集团坚持借助积分制来培养员工的好习惯，改正其坏习惯，促使湖北群艺集团逐渐形成一种积极向上、热情饱满、团结互助的企业文化。在这样的一种企业文化的引领下，整个团队焕发出一种新的活力，提升了员工的工作动力、工作能动性和主人翁意识，也使得很多管理问题迎刃而解。

例证 8-5　积分制管理加速了健康企业文化的形成

湖北群艺集团在企业文化建设中推出独特的积分制管理，员工的一切健康行为和良好习惯都会受到公司的积分奖励。例如，公司放置的拱门气模倒了，员工主动参与抢险扶正，公司给予5~10分的积分奖励；在外做庆典活动，员工主动要求守夜，可得到20分的积分奖励；下班后，因客户需求又赶到公司加班的，可得到10分的积分奖励；因工作需要通宵加班的，可得到20分的积分奖励，早晨5点以前上班加班的，可得到10分的积分奖励；员工在会上积极发言，可得到20分的积分奖励；员工业务考试成绩优秀者，可得到20分的积分奖励；春节期间，员工给父母买了纪念品的，可得到50分的积分奖励等。通过这些奖分激励，培养了员工许多好的习惯，由于有积分对员工的健康行为进行引导，快速形成

第八章 积分制管理与组织文化建设

了健康的企业文化，积分制管理开创了企业文化建设的新局面。

（本案例源于网络并经作者加工整理）

二、"快乐会议"——文化仪式

企业仪式是指企业按照一定的标准和程序进行的时空有序活动。企业仪式是企业文化的具体外显形式，以集体行为的结构化和稳定的模式特征，使企业中的某些活动固定化、程式化，从而强化自身的企业文化。常见的企业仪式有五种，即通过类仪式（如就职仪式、退休仪式等）、提升类仪式（如庆功仪式、干部就职仪式等）、融入类仪式（如亲子活动日、新年晚会等）、发展类仪式（如各种组织发展活动、客户服务中心畅想会等）和交流类仪式（如开放日、客户联谊活动等）。精心设计的企业仪式会让员工在其中充当不可或缺的角色，使其获得一种心理体验，并令其意识到自己在企业这个大家庭中的重要性以及自己对企业发展的贡献和力量，从而可以增强员工的归属感和自豪感。

文化仪式是组织文化的一种外在表现形式，它既表达了组织对其员工的要求，也是组织输出自身经营管理理念和价值观念的一种方式。同时，举行组织文化仪式也是强化组织文化的过程。随着生活水平的提高，人们已经不再只是为了能吃饱穿暖、过上舒适的生活而劳动，还要求获得精神上的满足和幸福感。因此，如何让员工在充满幸福和满足的氛围中高效地完成工作是当下企业管理者所面临的难题之一。为了解决这一难题，增强员工的幸福感，积分制管理模式的创立者在积分制管理模式中专门设计了"快乐会议"。作为企业文化仪式的一种表现形式，"快乐会议"具有增强员工荣誉感和成就感、为员工提供才艺技能展示的机会、锻炼员工能力、释放员工压力、促进管理者与员工交流沟通等方面的作用。

（一）何为快乐会议

快乐会议是积分制管理的一个特色活动，也是员工兑换积分奖励的主要途径。每月举办一次的快乐会议主要由文艺汇演和奖票抽奖两个环节组成。其中，文艺汇演的节目均是由员工主动报名参加、自导自演的作品。另外，在快乐会议上，企业会公布每个月的员工积分排名，员工可以将自己一个月积累下来的奖票投入抽奖箱，参与抽奖。同时，组织也会在快乐会议上给当月过生日的员工送上生日礼物。充满仪式感的快乐会议能够拉近员工与企业之间的距离，提高员工对公司文化的认同感和归属感。

（二）快乐会议的功能

很多传统管理模式的仪式活动的功能比较单一，或是表彰奖励，或是工作总结、行为管理等，积分制管理的快乐会议则具有以下多重功能。

1. 增强员工的成就感和荣誉感

快乐会议中一个重要的环节就是抽奖和颁奖。根据员工的积分排名，排名靠前的员工会得到相应的奖励，这些奖励可以是金钱方面的，也可以是一次免费出国旅游的机会，或是诸如"优秀员工""学习标兵"等荣誉称号。不管奖励的形式如何，都会极大地增强员工的荣誉感，让获奖的员工觉得自己很有面子。

2. 锻炼员工能力，释放工作压力

快乐会议中的文艺表演环节全部由员工负责策划和演出，如喜欢唱歌的员工会给大家带来歌唱类节目、对书法有兴趣的员工会给大家带来书法写作表演等，不同爱好的员工通过在快乐会议上表演节目，不仅可以锻炼上台展示才艺技能的能力，更重要的是可以让员工释放压力，调整自己的状态，以更轻松、充满干劲的心态开展接下来的工作。

3. 促进企业交流沟通，培养和谐的企业文化

一方面，快乐会议将企业领导、员工都聚集在一起，可以加强企业内部的沟通与交流，拉近领导者与员工之间、员工与员工之间的距离，营造良好的企业氛围。另一方面，快乐会议也宣传和强化了组织文化。

第八章 积分制管理与组织文化建设

通过快乐会议对员工进行积分奖励和表彰,这在无形之中也向员工传递了组织的管理理念和价值观念,有助于和谐企业的建设及长远发展。

总之,快乐会议作为实施积分制管理企业的一项"规定动作",不仅可以使员工重视组织的文化仪式活动,意识到行为规范的重要性,还可以拓宽企业文化仪式活动的功能,强化仪式的象征作用,有效地将组织管理与组织文化紧密结合在一起,使企业文化真正地"活"在员工心里。

例证 8-6 快乐与会议并行

领导与员工济济一堂、谈笑风生,在这里,没有高大威严的主席台,也无中规中矩的会议一应摆设,员工可以肆无忌惮地唱歌,也能够别出心裁地表演自己擅长的文艺节目;可以大声地说出自己内心的想法,也能够开门见山、直抒胸臆,畅谈自己对于公司某项决策、部署的意见和看法。请注意,这里既不是一场只图一时开心热闹、放松情绪的文艺晚会,也非传统意义上按部就班、严肃认真的会议,而是广东茂名三环药业有限公司新近推出的"快乐会议",旨在以快乐的方式促进彼此沟通,进行民主协商,求同存异、聚同化异、凝聚公司可持续发展的最大合力。

在快乐会议上,大家尽情表演,独唱、合唱、舞蹈、器乐、相声、小品、朗诵、杂技,各展才能,每月的抽奖活动更是使会议现场高潮迭起。快乐会议无异于一个快乐的海洋,是一个令员工放松身心、挥洒激情的大舞台。因为参加快乐会议有加分,演了节目还有奖分,所以员工在业余时间都会积极地练习自己的才艺和才能。在广东茂名三环药业有限公司,定期或不定期的活动非常多,如拔河比赛、乒乓球比赛、吃西瓜比赛、喝啤酒大赛等。凡是参加这些活动的员工每次都可得到50分的积分奖分,而积分排名靠前的员工,除了可以获得物质奖励外,还会获得其他形式的奖励。这些活动除了让员工放松身心、感受快乐外,还激发了大家的团队意识和集体观念,极大地增强了企业的凝聚力。

(资料来源:群艺集团积分制管理心理学课题组调研记录)

三、组织文化落地的作用

组织文化在组织的发展中具有重要作用,具体表现为激励功能、凝聚与协调功能、导向与规范功能(陈国海,2018)。

(一)组织文化的激励功能

组织文化的激励功能主要是指组织文化具有激发员工工作动力以及潜力的作用。一种好的组织文化能够使组织内部形成和谐的工作氛围,减少纷争。员工在和谐的氛围中工作,会更具有活力与热情,从而提高工作绩效。此外,好的组织文化还能够满足员工的精神需求,提高员工对组织的归属感和认同感,从而激发员工的工作积极性和潜能。

积分制管理赋予管理者根据实际情况设置、调整积分配比的权力以及奖扣分的权限,因此,积分其实是对组织管理者意志和需求的体现。另外,积分制管理是具有弹性的,组织制定的措施、发布的任务都是利用积分去引导员工完成的,而不是强制性的。积分制管理运用的是一种柔性手段,触发员工自觉地、自发地去完成组织任务,这既能使员工充分发挥主观能动性,也能够充分发挥员工的个人才能,提高工作效率。

例证 8-7 让员工充分实现自我价值

一个企业或者单位在实行积分制管理后,通过积分的积累就能够满足员工的精神需求。因为员工的积分越高,说明其对公司的贡献越大,在公司的地位也就越高,成就感就会越强,而积分终生累计,不清零、不作废、永远有效可以使员工的自我实现感随着积分的增加越来越强。例如,永康市求新工贸有限公司采用积分制管理方法后,公司每个月都

第八章 积分制管理与组织文化建设

会根据积分对员工进行排名,如进行加班次数排名、出勤准时率排名、工作任务完成率排名等。然后,根据不同表现的重要性给予一定的权重,最后根据排名和权重计算综合得分,并按照综合得分给员工排序。排名靠前的员工不仅会得到奖品等物质奖励,还可以获得一次岗位调整的机会,他可申请级别更高的工作职位,这可以满足员工对自我价值的追求。积分制管理的运用不仅极大地激励了员工,提高了员工的工作积极性,而且还会促使员工努力在所有方面都争取做到最好,在潜移默化中形成良好的企业文化。

(本案例源于网络并经作者加工整理)

(二)组织文化的凝聚与协调功能

组织文化具有强大的凝聚力,能够引导组织成员形成统一的价值观,并让他们在这种价值观的引领下,产生对组织经营观念、组织目标、组织管理制度等的认同感,进而对自己的工作产生责任感、自豪感以及成就感,这就能够促使员工从内心深处自发、自觉地努力工作,为组织做出贡献。此外,组织文化还有助于强化组织成员间的团队信任与合作,提升成员对组织的归属感、信任感。一旦组织成员对组织形成了较强的信任感和归属感,组织内部的各种关系便会变得和谐,团队配合度、成员间的默契度也会随之提升。因此,优秀的组织文化能够帮助组织留住组织成员的心,打造出一支稳定且凝聚力强的队伍。

积分制管理的本质和核心是"让每个员工都有当老板的感觉,人人都替企业操心"(李荣,2017)。积分制管理承认人性的自私,并且提倡顺从人性的私欲,通过积分奖励的方式,对利人利己以及利己不损人的行为进行肯定,从而很好地协调个人利益与组织利益间的关系,激发组织发展的动力。此外,积分与组织成员的福利待遇以及职业发展挂钩,这就紧紧地将组织成员的个人利益与集体利益联系在了一起,形成了利益共同体。因此，在积分制管理模式下，组织目标与成员的积分紧密结合，成员在挣积分的同时，也在为组织目标奋斗着，整个团队目标一致、行动一致，团队活力、向心力以及凝聚力自然而然就会增强。

（三）组织文化的导向与规范功能

组织文化一旦形成，便会对组织成员的行为具有导向和规范作用。组织文化的本质是对组织管理者意志的体现，因此，组织鼓励什么行为或者抑制什么行为都会通过组织文化传递出来，从而引导组织成员向组织所期望的目标努力。组织文化的规范作用是基于组织成员对组织文化的认同感，通过成员的内省和自律产生作用的。

很多组织的管理模式都侧重在员工的工作管理方面，很少或者几乎没有涉及员工日常行为，即很少针对员工做人方面进行规范管理，积分制管理则弥补了这一项缺陷。积分制管理对员工的日常行为具有导向功能，能够引导员工的行为符合组织发展的期望，引导员工朝着组织目标努力。组织结合自身的实际情况，合理制定奖扣分标准，对鼓励的行为进行奖分，对抑制的行为进行扣分，长期实行下去，员工自然就会有意识地多做组织鼓励的行为，不断地朝着组织所期望的目标贴近。这正是组织文化强化和固化的过程。

积分申报主要有两种方式：一种是由具有奖扣分权限的上级领导依据积分制管理制度实行奖扣分；另外一种则是由员工主动向领导申报。根据积分制管理允许个人自私行为的观点，在积分申报上，不排除有员工谎报、管理者偏私的行为出现，但是，员工谎报、管理者偏私不可能出现在所有行为的积分申报上。因为不实行为一旦被发现，除奖分被取消外，还将给予涉事者5～10倍甚至更高额的扣分。因此，总的来说，积分制管理允许私心的存在，但更倡导公平和公德，这也促使员工更加诚信和自省。

第八章 积分制管理与组织文化建设

例证 8-8　从员工的行为抓起

湖北群艺集团坚持不懈地用积分奖扣制度来规范员工的行为。例如，针对下班后不关电脑的行为，刚开始时，公司采用了扣钱的方式，结果还是有人不关，而启动积分奖扣制度后，凡不关电脑的，每次扣 500 分，结果下班后大家全关电脑了。

再如，公司要求每个员工下班后都要把座椅摆放整齐，如果没有摆放好，则要扣 20 分。通过这一方法，大家都养成了好习惯，每天一下班就把桌椅摆放得整整齐齐的。

公司要求每天早晨八点钟开晨会，前几名到的有奖分，未到的有扣分，站队整齐的有奖分，最后到场的两个人扣 5 分。八点一到，广播中的《群艺数码之歌》一放，大家都主动站队，排得整整齐齐的。因为将员工的日常行为与积分挂钩，湖北群艺集团督促所有员工都养成了良好的习惯。

（资料来源：李荣，聂志柏，2014）

积分制管理是组织文化落地的媒介。不同组织可以根据自身的管理理念和价值观给积分制管理赋予不同的内容。将抽象的组织文化通过具体的积分制管理制度表现出来，可以为员工营造出独特的人文氛围，使员工更好地理解和体会组织文化的内涵，从而逐渐形成统一的文化意识，并且不断地加强、巩固，进而在组织内部形成强大的向心力和凝聚力。

第三节　积分制管理与组织文化变革

企业在长期发展过程中，每个阶段的需求和目标都是不同的，因此组织文化也要适时地做出变革，创造出令员工满意度更高、对组织发展更有益的组织生活方式。好的组织文化如若运用得当，可以对员工产生无形而实际存在的凝聚力；若优化得当，就能够使企业在知识经济时代获取竞争优势。积分制管理模式的实施可以通过引导员工的行为和获得员工的支持，从而推动组织文化的变革。

一、组织文化变革

组织文化是指组织在长期的实践活动中所形成的并且为组织成员普遍认可和遵循的具有本组织特色的价值观念、团体意识、行为规范和思维模式的总和。组织文化变革是组织为了适应市场经济环境的变化，推进组织战略、组织以及经营管理的变革，而对原有的组织文化所进行的部分或整体性的革新和再造（徐耀强，2009）。有效的文化变革主要体现在以下几个方面（李毅，陈忠杰，2016）：一是能够明确组织发展的方向和道路，为组织提供前进的指引和动力；二是能够适应组织的发展并满足多数人的利益诉求，得到员工的认同和支持，形成发展凝聚力；三是有助于提出灵活的策略以减少变革中的摩擦和资源损耗，降低变革成本；四是在制度和行为上有明确的引导作用，最终使员工形成习惯，自觉自发地贯彻下去。

组织文化变革是组织变革的前奏，不仅能为组织指引方向，更重要的是能提供思想保障，因此越来越受到组织的重视。推动组织文化变革的原因来自内外部环境。从组织内部环境来说，如果组织文化本身出现问题，如与组织整体发展战略和组织生产经营及管理体系不协调，甚至阻碍组织的可持续性发展时，组织文化就有变革的需要；从外部环境而言，在市场经济风起云涌的今天，各种组织为紧跟时代发展的步伐都开始迅速调整自身发展战略，改革组织文化，组织文化必须顺应时代的发展变革。组织文化的变革是组织得以长远、可持续发展的重要保障。

但是，同组织变革一样，在具体实践中，组织文化的变革也面临着各个层面和方向上的阻力，可谓困难重重。阻力是企业文化变革不得不

第八章 积分制管理与组织文化建设

面对的话题。例如，企业文化的强惯性会对组织文化变革产生很大的阻力和障碍（陈亭楠，2003）；变革带来的不确定性会使员工产生恐惧心理而进行对抗；企业的既得利益者随着组织文化的变革可能会失去原有的职位或权力，出于个人或小团体的利益，会做出谋权活动，千方百计地阻碍文化的变革等。因此，为有效地减少企业文化变革的阻力，一套行而有效的规章制度就成为保护企业文化变革不可或缺的堡垒。

二、积分制管理促进组织文化变革

在组织文化变革中，虽然领导者的意见是组织文化变革的首要和先决条件，决定着组织是否要进行文化变革，但员工的态度与行为也在很大程度上决定着文化变革能否成功。积分制管理通过营造团结和谐的组织文化氛围、塑造组织榜样、融入奖惩制度与及时反馈与激励，最大化地得到员工的支持和改善员工的行为，从而推动组织文化的变革。

（一）营造团结和谐的氛围，获得员工支持

在组织文化变革期间，企业员工同时具有变革的主体和变革的客体的双重身份，员工支持与否在很大程度上决定着组织文化变革的成败。因此，与员工进行广泛的沟通交流，让员工充分了解组织，了解组织现阶段战略目标中所进行的文化变革的目的及意义，以及了解变革所带来的实际好处要大于坏处，才可能推动员工认同并自主地参与企业文化变革，共同努力改变原组织文化惯性。积分制管理中将积分奖扣的权限充分授予中基层管理者的做法可以有效地精简人事管理环节，拉近基层员工与管理者的距离，有利于在组织内部营造团结和谐的文化氛围，确保组织内部的团队协作和沟通的顺畅。此外，在每月的快乐会议上，员工可以与管理者就组织发展中的各种问题进行沟通交流，提出合理化建议的员工还可以获得相应的积分奖励，这能够在最大程度上获得员工的支持，为组织进行文化变革奠定基础。

（二）塑造组织榜样，传承组织文化

无论是在思想方面还是在工作表现方面，组织榜样都是在组织中名列前茅的成员，他们往往对组织价值观具有深刻的认识并付诸实践，在实践中取得了优异的成绩。组织榜样是组织文化人格化、形象化、立体化的表现。塑造组织榜样也就是给组织成员一个可以效仿和学习的活生生的范例，帮助组织成员更好地理解和认识组织文化的内涵，将组织文化的要求切实落到实处，从而强化和传承组织文化，使组织文化真正成为组织源远流长、生生不息的"软实力"。

在积分制管理实施下，组织榜样是通过积分高低筛选出来的。排名在组织中名列前茅的组织成员往往在工作表现方面，能力突出、工作绩效高、对组织忠诚度高；在个人行为方面，自觉遵守各项规章制度、乐于助人、有道德、有爱心、勇于担当。组织领导可通过快乐会议，在组织内部对组织榜样进行公开表彰和奖励。在这种充满仪式感的氛围下，组织成员更容易受到感染，从而积极效仿组织榜样的行为，组织文化便在这样的模仿中得到传承。

（三）融入奖惩制度，引导员工行为

积分制管理模式能够将组织所提倡的文化理念融入组织的制度中，将组织进行文化变革的要求显性化、具体化，从而保障变革文化的有效落地。例如，若公司想要提倡"加班文化"，就可以通过积分制管理制定相应的积分奖扣规则，将奖扣分的标准与企业所倡导的价值标准和导向紧密结合，以激励员工为了获取更多的积分而积极主动地加班。因此，积分制管理最重要的作用是将文化理念体现在企业的积分奖扣规则中，针对企业文化提倡或禁止的，可规定奖扣多少积分，具有一定的主观性与灵活性。而积分的多少最终与员工的各种福利与物质待遇挂钩，这就与员工的切身利益联系了起来，能够对员工的行为产生直接的引导，促使员工支持组织文化的变革。同时,"积分永不清零、动态调整"的机制使得积分具有动态性和延续性,这也使得组织管理者可以根据客观环境的变化随时调整积分的奖扣机制,从而进行组织文化的革新。

(四)及时反馈与激励,固化员工行为

价值观的形成是不断累积的过程,组织需要对文化变革期间与实现文化变革后的员工行为模式进行及时的反馈与激励。这样,一方面能够引导员工为实现文化变革后的任务目标和行为进行转变;另一方面,员工的合理行为只有得到不断的正激励才能得以强化,这样才能使员工的行为得以固化。积分制管理体系提倡对员工要及时反馈、及时激励,员工的任何正面行为都可以通过自行申报或者上级主动奖分的模式进行积分奖励,奖分的同时还会有奖票(企业每月快乐会议抽奖、年度出国游等福利),即员工在当天、当月或当年就会得到回报,这样就能够很大程度上减少企业文化的强惯性产生的变革阻力,强化和固化员工的合理行为,从而有效促成组织文化的变革。

参 考 文 献

[1] 陈国海. 组织行为学 [M]. 5 版. 北京:清华大学出版社,2018.

[2] 陈凌. 信息特征、交易成本和家族式组织 [J]. 经济研究,1998(7):27-33.

[3] 陈亭楠. 现代企业文化 [M]. 北京:企业管理出版社,2003.

[4] 储小平. 中国"家文化"泛化的机制与文化资本 [J]. 学术研究,2003(11):15-19.

[5] 郭璞. 尔雅 [M]. 上海:上海古籍出版社,2015.

[6] 姜越宇,朱祖平. 企业中家文化的内涵与外延 [J]. 企业改革与管

理，2010（6）：40-41.

[7] 蒋神州. 泛家文化、差序格局与公司治理的合谋防范 [J]. 社会科学家，2010（07）：62-65.

[8] 中国民营经济研究会家族企业委员会. 中国家族企业生态40年 [M]. 北京：中华工商联合出版社，2019.

[9] 李荣，张广科. 积分制管理概论 [M]. 北京：清华大学出版社，2017.

[10] 李荣，聂志柏. 中国积分制管理 [M]. 武汉：长江出版社，2014.

[11] 黎翔凤. 管子校注 [M]. 北京：中华书局，2015.

[12] 李毅，陈忠杰. 如何开展企业文化的有效变革 [J]. 中国劳动，2016（03）：46-49.

[13] 梁漱溟. 中国文化要义 [M]. 北京：学林出版社，1987.

[14] 梁颖. "家"字之谜及其相关问题 [J]. 广西师范大学学报（哲学社会科学版），1996（4）：91-96.

[15] 戚璇. 中国传统家文化及其在组织中的泛化研究综述 [J]. 中国劳动关系学院学报，2016，30（06）：104-108.

[16] 舒大刚. 至德要道：儒家孝悌文化 [M]. 济宁：山东教育出版社，2012.

[17] 王文锦. 礼记译解 [M]. 北京：中华书局，2016.

[18] 邢昺，李隆基，金良年. 孝经注疏 [M]. 上海：上海古籍出版社，2009.

[19] 许慎. 说文解字 [M]. 北京：中华书局，2013.

[20] 徐耀强. 企业文化变革的归因与方式选择 [J]. 中国电力企业管理，2009（19）：72-74.

[21] 杨伯峻. 论语译注 [M]. 北京：中华书局，2012.

[22] 杨伯峻. 孟子译注 [M]. 北京：中华书局，2008.

[23] 杨贤堂. 中华孝道——从造字原理谈孝道文化 [M]. 北京：中国文史出版社，2008.

[24] 张晓盈，钟锦文. 中国家族文化与家族企业成长 [J]. 南昌大学学报（人文社会科学版），2006（06）：114-117+133.

[25] 周子云. 企业文化落地中的几个关键点 [J]. 现代企业文化，2010（9）：40-41.

[26] 庄文静. 方太大学 儒家文化下的培训真功 [J]. 中外管理，2017（08）：50-53.

第九章 积分制管理与组织公民行为

无论企业采用何种管理模式，目的都是为了使员工能够积极地工作，一心一意地为企业做贡献，使企业的运行更加顺畅，绩效更上一层楼。积分制管理对员工的行为具有重要的影响。员工行为的类型多种多样，其中，组织公民行为是员工行为的重要表现形式之一。那么，组织公民行为是什么？积分制管理模式和员工的组织公民行为有何关系？实践结果表明，积分制管理能够极大地促进组织公民行为的出现，为企业带来意想不到的积极效果。

第一节 组织公民行为知多少

组织中有时会出现这样一系列有趣的现象：除了本职工作外，有些员工会自愿加班，却不要加班费；会牺牲自己的时间帮助同事解决问题；会自愿参加没有硬性规定要求参与但有利于提升组织形象的活动；会为组织省电、省水等。虽然组织中没有明文规定这些责任是员工需要承担的，但部分员工似乎乐此不疲，而这些行为就被称为"组织公民行为"。从整体上来说，这些行为有益于提高组织运行效能。只有深入了解组织公民行为，企业才能对员工的各种行为进行合理的评估。

一、组织公民行为

（一）何为组织公民行为

"组织公民行为"这个概念起源于组织学派创始人 Barnard 提出的"合作意愿"。Barnard（1938）指出，组织如果只有正式的架构和制度，而没有"合作意愿"的话，那么这个组织只是一个空架子。Katz（1964）将员工的行为分为角色内行为和自发行为，并提出"组织公民"的概念。那么究竟何为组织公民行为？Bateman 和 Organ（1983）认为，在整体上有利于组织功效发挥的、员工的自主性行为就是组织公民行为。换言之，

第九章 积分制管理与组织公民行为

除了本职工作外,员工自发做的一切对于组织有益的事情都是组织公民行为。组织公民行为在工作描述里没有相应的强制性要求,在雇用合同书里也没有说明,完全属于员工的自主选择,即使员工没有做出这些行为,也不会受到惩罚。具体来说,组织公民行为具有以下特征(Organ, 1988):一是角色外行为,即组织公民行为不是工作角色所要求的,而是由员工个人自主决定表现出来的行为。二是不在正式奖罚制度内,即组织公民行为不在组织赏罚的标准范围之内。例如,组织内没有哪条规定说明了员工自觉捡一次垃圾要奖励多少钱或者对其绩效有何影响。三是对组织整体起到积极的作用。对于组织来说,组织公民行为是一种正面的行为,有利于组织整体的运行和发展。因此,组织总是希望员工在完成自己的角色内行为的同时,还能表现出组织公民行为。

(二)组织公民行为的类型

员工在工作中的自发行为各式各样,如义务加班、主动帮助同事、保持工作环境整洁等,这些行为都属于组织公民行为。那么,组织公民行为可以划分为哪些类型呢?目前,被大众广泛接受的组织公民行为主要包括以下七种类型(汪文娟,费广洪,2011)。

第一,利他行为,指员工自觉自愿地帮助其他人的行为。例如,帮助其他同事处理工作,为同事分忧;及时回答同事的请教;防止同事在工作上出现错误;帮助同事解决组织工作中发生的问题;等等。

第二,文明礼貌,指员工能够用尊重的态度对待其他人。例如,上班见到同事主动打招呼;交流时,使用同事或客户乐于接受的称谓;与人交谈时语气语调温和,礼貌待人;等等。

第三,运动员精神。例如,当工作环境不太如意时,依然尽心尽责、任劳任怨,毫无怨言,有时甚至会为了工作团队的利益而牺牲个人的利益。

第四,尽职行为,指员工尽心尽责、严格对待工作的行为。例如,能够尽早地规划自己的工作以及提前设定好交付工作成果的时间。尽职是员工对组织制度和程序的内化和接受的表现，表明即使在没有任何人监督的情况下，员工也会自觉地遵守这些制度。

第五，公民美德，指员工主动关心和参加组织中的各种活动。例如，关心组织内的重大事件、对组织发展提建议、维护组织的利益等。一般来说，具有公民美德的员工具有高度的组织主人翁意识，能够把自己视为组织的一份子，如同公民作为国家的成员一样。

第六，组织忠诚，指对组织忠诚，能够自觉地维护组织的利益，对外宣传组织，保护组织不受到任何威胁。

第七，自我发展，指员工从事提高自身知识、技术、能力的自愿行为。例如，员工自主学习、自主发展，为了对组织做出更多的贡献而去学习新技术，为组织的创新做出奉献。

除了上述七种类型，Farh 等人（2004）提出了公私分明、保持工作环境整洁、人际和谐、帮助同事、自我培训、维护和节约组织资源、参与社会公益活动、提升公司形象、保护和拯救公司、参与组织活动十个基于中国背景的组织公民行为类型。

例证 9-1　4S 销售"送点子"　客户满欢喜

某汽车销售公司的销售冠军在年会上分享了令自己印象最深的订单故事。

有一天，有位男客户到店里看车，说要送给夫人做结婚纪念日的礼物，给她一个惊喜。在问清楚客户夫人的喜好后，这位销售员提了一些建议，帮助客户确定了车型和颜色等。按照公司通行的做法，车作为礼物时，4S 店通常会在交车时附赠一束鲜花，再放上一张贺卡。销售员将这些跟客户沟通后，客户很高兴。于是销售员又问客户想要怎么样把车送给夫人，客户说回家把车钥匙给夫人。销售员又问他是否希望这份礼物成为令她

第九章 积分制管理与组织公民行为

终生难忘的礼物。因为客户提到过夫人特别喜欢意外惊喜和浪漫,于是销售员认为如果把送车过程做得更浪漫些,客户的夫人一定会感觉更好。经过长时间的沟通,两个人互相启发,最后确定了送车方案:结婚纪念日当天,客户打电话给夫人,让夫人抬头看窗外,就会看到对面的LED屏幕上自己的名字、结婚纪念祝词及"请下楼领取神秘礼物",等夫人下楼时,先生手捧鲜花在车旁等她。后来,客户在结婚纪念日的第二天就给这位销售员打了电话说效果很棒,他的夫人很高兴。

按理说,这位销售员的考核指标是销售业绩,只要把车卖出去就可以了,但这位销售员做得更多,花时间和客户一起考虑送礼物方案,认真为客户考虑。他这些自发的组织公民行为,公司不会给他加班工资,客户订单也不会因此加价,但这些对公司的声誉和形象而言特别重要。

(资料来源:严文华,2012)

(三)组织公民行为理念与现实的落差

组织公民行为是组织内的一种"正能量",它可以使组织更加高效地运行、令团队更有凝聚力、令员工更有归属感。然而,如此重要的行为在很多企业中似乎难以落地实施,只是偶尔有员工出现这样的行为,而并不能长久维持。这究竟是什么原因造成的呢?主要有两个方面的原因:一是难以及时记录;二是正式报酬体系里没有直接体现。

1. 组织公民行为难以被及时准确记录

对于员工的角色内行为,组织都会下达明确的工作任务,告知员工要在何时何地做何事,而组织公民行为并非如此,它的发生具有随机性,这也就使得在大多数情况下,员工的组织公民行为难以得到及时的记录。比如,员工随手捡起地上的垃圾时如果没有刚好被其他同事或领导看到,那么除了员工自己,没有人会知道他所做的这件好事。由于同事和领导都无法及时知道,针对该员工的褒奖也就无法及时给予。根据前面第四章激励理论的内容我们知道，员工有益于组织的行为是需要一定的正向和及时激励的，而在多次缺少正向激励的情况下，员工渐渐地就不再做这些好事了。

2. 组织公民行为没有在正式报酬体系中直接体现

组织公民行为被定义为在奖惩制度之外的，即不受正式报酬体系所肯定的行为。员工做了好事，一般情况下，只能在滞后的时间里得到领导的褒奖，而没有实质性的收获。如此一来，员工无法形成持续的动力去做好事，组织公民行为自然就会减少。

但随着对组织公民行为的深入研究，学者们发现组织公民行为虽然不会在正式奖惩制度中体现，但它实际上与组织奖惩有着千丝万缕的关系。员工表现更多的组织公民行为会增加领导对其的好感度，年终考评成绩一般会比较高。换句话说，组织公民行为能为员工带来实质性的奖励。另外，组织给予员工更多的额外福利奖励也能够提升员工的归属感，从而增加其出现组织公民行为的可能性。

二、组织公民行为对组织的作用

组织公民行为一直被认为是组织成功的一个重要的因素，组织公民行为的存在使组织更高效地运行，更持续地发展（熊红霞，2011）。组织公民行为可以使组织有效地利用资源、降低成本，促进团队的工作协调，充分地激发人力资源的潜能，从而提高组织的效能。此外，对于组织公民行为与组织绩效之间的关系，Organ（1988）认为，随着时间的推移，组织公民行为在逐渐积累的过程中会提高组织的整体工作绩效，具体表现为组织公民行为，尤其是组织成员的帮助行为可以促使其他成员进步，从而创造一个愉快的工作氛围，增强组织应对环境变化的能力，最终有利于提高团队整体的生产力，并提高工作效率和管理效率。

那么，组织公民行为会对组织起到怎样的作用呢？接下来，我们从组织层面的组织运行、组织凝聚力及个人层面的员工主人翁精神角度进

第九章 积分制管理与组织公民行为

行分析。

（一）推动组织高效运行

如果企业内出现更多的组织公民行为，就可以使稀缺的资源得到合理的利用。例如，有经验的员工表现出利他行为，主动教导新同事，可以减少企业的训练成本；员工之间互相尊重不仅可以避免同事之间的矛盾，减少摩擦，还减少了管理者处理员工矛盾的时间和精力；员工们热爱组织、理解组织的规定，可以减少管理者的沟通成本等。总之，员工在使用组织资源时像对自己的资源一样保护和节约，组织资源就能够得到更合理的利用，减少不必要的浪费。同时，组织成员之间沟通交流得多，也能够提高资源的利用率，使得组织在运行的过程中更加顺畅、更加高效。

（二）提高组织凝聚力

组织凝聚力是组织生命力的重要组成部分，它对组织和组织成员的效益、发展都会产生重要的影响（夏建华等，2008）。有关研究表明，组织凝聚力与组织公民行为中的利他行为、文明礼貌、尽职行为、运动家精神、公民美德存在正相关关系，员工展现组织公民行为有利于提高组织的凝聚力（吴敏，2005）。首先，员工之间互帮互助，既加强了彼此之间的沟通和交流，减少了组织内的摩擦，也避免了许多内部冲突，随着组织内信任度的加强，凝聚力也会增强。其次，员工的组织公民行为与企业发展方向相一致，对企业的发展将产生积极的作用，使得组织凝聚力增强。最后，员工之间彼此尊重、积极承担组织任务、集体意识强，将易于形成轻松和谐的工作氛围，营造出家一样的温馨感，使组织凝聚力进一步提高。

（三）培养主人翁精神，留住人才

留住优秀的人才是组织持续健康发展的动力，主人翁意识是优秀人才忠于组织的一个重要原因。组织公民行为要求成员具有强烈的责任意识、个人主动性、公民美德，员工在展现组织公民行为的过程中会慢慢地形成爱岗敬业、乐于奉献的精神，自觉地为组织做自己力所能及的事情，自愿地服务于组织，充分地融入组织，从而促进组织的发展。因此，组织公民行为有助于培养员工的主人翁意识，留住优秀的人才。

三、如何激发组织公民行为

近年来，企业逐渐认识到组织公民行为的重要性，希望员工有更多这样的行为，提高组织的效能。那么，员工为什么会做出这样的行为？它与正式组织的奖惩制度无关，究竟是什么因素推动员工去做这些事情呢？难道仅仅因为员工个人的无私奉献精神吗？是否有其他原因？接下来，让我们一起从员工与组织的角度探讨企业应该如何激发员工的组织公民行为。

（一）明白员工感受，公民行为多

1. 工作满意度高，组织公民行为多

工作满意度是一个人在组织环境内、在自我工作过程中，对工作本身及与工作有关的方面，如工作挑战性、工作环境、工作方式、工作压力、工作状态、工作中的人际关系等具有良性感受的一种状态，这种状态是一种心理状态（邹宇婷，2019）。员工的工作满意度越高，工作执行力就越强。很多研究也证实，员工的工作满意程度与组织公民行为呈显著的正相关关系（石磊，2008）。试想，如果在工作时，员工对工作的各个方面都是满意的，工作内容是员工所喜欢的，工作环境轻松愉悦，员工对工作满心欢喜，就会以一种更加主动和积极的心态对待工作，自然而然就会心甘情愿地为组织多付出一点，多干一点活，这时，组织公民行为就出现了。

2. 多点公平，组织公民行为多

人都是有比较心理的，不仅会和自己比较，还会和他人比较。在企

第九章　积分制管理与组织公民行为

业里，员工不仅重视自己的待遇，还喜欢将自己的待遇与其他同事的待遇进行对比。当他们对比较结果感到不公平时，不满情绪就会增加，工作的积极性就会降低。由于员工直接减少与工作本职相关的行为会对个人的实质性收入及未来发展状况造成影响，而组织公民行为是存在于正式奖惩制度之外的，具备隐性的特质，因此，员工会选择减少这类行为，以此来回应这种不公平感，从而达到心中的平衡感（Niehoff，Mooman，1995）。反之，倘若员工感受到被公平对待，则会表现出正面的工作态度，基于回报组织的心理，他们会主动增加组织公民行为。

3. 心情愉悦、快乐工作，组织公民行为多

一个人的行为会受到自身心情和情绪的影响。如果一个员工总是因生活琐事而心情郁闷、情绪不佳，那么这种消极的状态必然会影响该员工的工作效率和工作积极性，特别是当工作不顺心又遇到一些问题时，很容易激发一个人对工作的不满情绪，甚至是抱怨。相反，如果一个人每天上班时都能保持愉快的心情，他就会以饱满的精神来面对工作，即使遇到一些难题也会以积极的态度去面对和解决。毫无疑问，员工处在这种状态下时，不管是工作效率还是工作质量都会更高，同时也倾向于做出更多的组织公民行为。例如，心情愉悦的员工对人总是笑脸相迎，会主动跟他人打招呼，更愿意帮助他人，更积极地投入工作，对工作尽职尽责，也更加关心组织发展等问题。

例证 9-2　莱西悦海喜来酒店的组织公民行为

酒店的有效运行离不开酒店员工的组织公民行为，无论是体现在对顾客的服务质量方面，还是体现在客户增加对企业的满意度和忠诚度等方面，都能给酒店带来意想不到的效果。因此，鉴定一个酒店能否持续发展，就要看其员工能否在平时的工作中积极地做出组织公民行为。

莱西悦海喜来酒店是一家准四星级酒店，是中国式"优质生活"的倡导者和推广者，以为顾客提供"完美体验"为目标。而要实现这一目标，需要企业员工在工作中实施更多的组织公民行为，为顾客提供舒适、优质的服务。为激励员工的组织公民行为，酒店非常注重互动公平、程序公平和分配公平；对员工进行培训和教育，使其在工作生活中不断学习，提高工作技能和工作热情，促使其和谐人际关系的形成，从而使员工呈现出组织所期望的公民行为。同时，酒店还十分注重向员工授权，让员工真正参与酒店的经营和管理，通过提高员工工作的自豪感和工作的主动性，使员工更积极地坚持自己的组织公民行为。

（资料来源：解惠，2016）

（二）注重组织氛围，公民行为多

1. 有趣的工作激发"奉献心"

组织公民行为是员工除本职工作以外的行为，它看似和员工原本的工作任务毫无关系，但事实真是如此吗？答案是否定的。早在20世纪90年代就有学者发现了工作特征与组织公民行为之间的关系。Podsakoff等人（1997）经研究发现，工作特征（其中包括工作内容的趣味性）与利他行为、运动家精神、公民美德等存在明显的正相关关系。有趣的工作内容能够增加员工对工作和组织的好感度，从而增加其为组织做出额外奉献的可能性。反之，枯燥重复的工作会让员工对工作丧失兴趣，抑制员工对工作的"奉献心"。

2. 有依赖、有承诺、有贡献

一个人在同一个地方待久了容易产生依赖感，产生这种依赖的原因可能是感情因素，也可能是物质因素。同样地，员工在企业里也会产生这样的依赖感，如老员工或因担心失去养老金等福利，或因个人的责任感，因此离职的可能性比较低，更愿意为组织付出，这就是组织承诺。

第九章　积分制管理与组织公民行为

这种承诺是内化于员工内心的，可以使员工与组织保持更高的一致性，更有可能产生自主性的组织公民行为。

3. 不同的领导风格，不同的激励

领导风格主要分为两种：一种是交换型领导，另一种是变革型领导（Bass，1985）。其中，交换型领导行为重视组织的工作绩效机制，一切的决策都严格按照机制进行，奖罚分明。员工都是精明的，有利可图，自然就多干。因此，领导对员工实施奖励手段，他们表现出来的组织公民行为就会较多；反之，惩罚会抑制他们的组织公民行为。而变革型领导则是通过向员工灌输共同的价值观，以提高员工的绩效，使员工获得更多的满足，从而增加员工的组织公民行为（张爽等，2006）。变革型领导注重与员工的沟通和交流，善于向员工构建美好的组织愿景，使员工感受到工作的价值和意义，对组织产生认同感和归属感。同时，变革型领导了解员工的需求，会在工作上提供帮助和指导，在生活上给予关怀。因此，在变革型领导的影响下，员工会主动站在公司的角度思考问题，致力于组织的发展，从而表现出更多的组织公民行为。

4. 组织文化的力量

组织文化对员工的影响是潜移默化的。组织文化包含组织根深蒂固的观念、行为规范、价值观和其决定的行为模式。有研究发现，组织文化中热情、竞争两个维度对助人维度的解释率达到10.6%，对组织公民行为的尽责维度有14.5%的解释率（Goodman，Svyantek，1999）。这表明组织文化的确对员工的组织公民行为具有一定的影响。特别地，当出现以下两种情况时，员工的组织公民行为的出现会更加频繁。

（1）组织文化里包含着与组织公民行为相对一致的内容。组织文化在对员工的组织公民行为产生影响时，可能更多的是通过员工所知觉到的组织文化来影响他们自身的表现的（Bell，Menguc，2002）。换句话说，当员工知觉到的组织文化鼓励或强调某种行为时，他们会更多地表现出

相应的行为；相反，当他们知觉到的组织文化不鼓励或者不强调某种行为时，他们则可能不会表现出某种行为。

（2）当组织文化对组织的影响比较大时。强调尊重员工意见、人际和谐、鼓励创造等内容的人本与创新取向的组织文化对员工的组织公民行为影响很大。特别是当企业的这种组织文化非常浓厚且与员工的个人价值观很接近、员工基本已经接受这种组织文化时，在这种情况下，员工个人的组织公民行为也会更多。

例证 9-3　万科：以目标为导向的组织文化

万科企业股份有限公司成立于 1984 年，经过三十余年的发展，已经成为国内领先的城乡建设与生活服务商。2016 年，公司首次跻身《财富》"世界 500 强"，位列榜单第 356 位，并于 2017 年、2018 年、2019 年接连上榜。

万科之所以能够取得现在的成功，与其"以目标为导向、注重既定目标的实现"的组织文化是分不开的，在该组织文化的熏染下，万科的员工表现出了维护工作场所环境、自我培训、提升企业的社会形象、投身公益等组织公民行为。例如，为了能够完成预定的销售目标，万科的销售人员开始探索从其他方面寻求差异化的竞争优势。在万科的售楼处，员工会主动将工作环境打扫得非常干净整洁，以求吸引更多的顾客。当顾客看到整洁的售楼处时，会不自觉地将其与所售房子的质量和美观度、舒适度联系起来，从而增加对企业的好感，大大增加看房者的交易成功率。万科的员工还会利用业余时间主动对自己进行业务培训，这样在面对顾客时就会显得更加专业，更易得到顾客的认可和对于企业实力的有利判断。万科员工还十分热衷于参与社会公益活动并设立了专门的社会公益基金。

第九章 积分制管理与组织公民行为

万科员工自发地表现出这些组织公民行为是与万科目标导向的组织文化分不开的,而这些行为都为万科树立了良好的企业形象,在销售竞争中获取了竞争对手所不具备的优势,为实现组织目标奠定了坚实的基础。

(资料来源:史泉,2013)

第二节 积分制管理与组织公民行为的关系

积分制管理是一种创新的激励手段,通过积分奖扣规则对员工的态度与行为产生不同程度的影响。而组织公民行为作为员工在组织里重要的行为表现之一,积分制管理对组织公民行为会产生怎样的影响呢?反过来,组织公民行为也会对积分制管理的推行起到怎样的作用呢?那么,接下来,让我们一起来对这两者间的关系进行探讨。

一、积分制管理激发组织公民行为

组织公民行为最初是基于"性善论"提出的,但人性往往并不是那么完美,员工都有自私的一面,无法时时刻刻都基于无私的奉献精神,自发地做出组织公民行为,而且组织中难免会存在个别心胸狭隘、斤斤计较的员工。如果总是那些善良的人在付出,自私的人却心安理得地享受着别人的帮助,而二者在员工绩效考核上又没有区别,久而久之,善良员工的心理会越来越不平衡,最后很可能会减少组织公民行为。鉴于此,积分制管理利用人性自私这一特点,制定了奖扣分措施,不仅能让员工完成本职工作,还能让员工心甘情愿地做出组织公民行为。

(一)积分制管理覆盖员工组织行为

传统的绩效管理方法无法覆盖员工的组织公民行为,因为从总体上来说,传统绩效管理的范围仅限于工作本身,且只能通过硬性工作指标来考查,无法全方位地评估员工。具体来说,在传统的绩效管理模式下,

积分制管理理论与实践

绩效考核的方式主要以关键绩效指标（Key Performance Indicator，KPI）为代表，把企业的战略目标分解成一个个可操作的工作目标，衡量的是企业重点经营的活动成果，而不是对经营过程的反映。这就使得传统的绩效管理方法对员工的考核是以目标为导向，KPI只反映员工完成的具体工作任务，而对于员工在规定的工作任务之外所做的贡献行为，KPI中则没有体现。在传统绩效管理模式中，组织在乎的只是员工是否按时完成工作任务，如帮助同事、积极参加企业组织的各种活动、自主学习新知识或新技能等组织公民行为都不在绩效管理范围之内，因此这些奉献行为往往得不到有效激励，而这很有可能导致员工的组织公民行为减少。

与传统绩效管理模式不同，积分制管理不仅管工作范畴内的事情，还管工作范畴外的事情；不仅管员工做事，还管员工做人。此外，积分制管理能够量化有形和无形的任务和事情，因为在积分制管理下，员工的所有行为都有与之对应的奖扣分数，如工作质量好，可以加分；做好事，可以加分；做得不好，可以相应扣分。总之，员工的所有行为都在积分制管理的掌控之中，所有行为对应的分数都被规定得一清二楚。

例证 9-4　积分制管理衡量价值　促进永续发展

　　法莱利涂料公司创建于2005年，是一家在美国注册、在杭州经营的公司。该公司目前已被认定为杭州市高新技术企业，并连续数年获得多项荣誉。随着公司的发展壮大，公司总经理楼红龙一直在寻找一种最合适企业的现代管理模式。2013年10月，楼红龙首次接触到积分制管理；2013年11月，楼总与人事行政邓总监一起赴湖北群艺集团参加积分制管理培训。2013年12月，积分制管理在法莱利落地推行。

　　楼总说，积分制管理是用积分对员工的能力和综合表现进行全方位的量化考核，以积分来衡量员工的价值。在积分制管理中，积分覆盖员

第九章 积分制管理与组织公民行为

工的所有行为：在工作业绩方面，员工做了多少工作都与积分挂钩；在加班方面，员工每主动加班一小时或一天，都可得到一定积分；在技术创新方面，员工每进行一项技术创新或掌握一项新技术，都可得到积分奖分。

楼总在一篇积分制管理日志中分享了以下内容：（1）公司党支部召开年度总结会，给予王燕静、金义明等人各奖60分，王燕静因组织会议再奖60分；何安华和郭向阳分别请客，各奖800分以示鼓励。（2）上午金巧霞和周飞保分别联系涂装师前往比亚迪专卖店联系室内涂料施工，分别给予60分奖励。（3）吕会计动员小罗经理参加会议，给予20分奖励。

不管是工作本职内，还是工作本职外，只要是有利于企业发展的行为，积分制管理模式都能够覆盖到，管理者都能够通过奖扣分对员工实施全方位的管理。

（资料来源：群艺集团积分制管理心理学课题组调研记录）

（二）积分制管理激励组织公民行为

道格拉斯·麦格雷戈的X理论认为，人都是懒惰的，绝大多数人没有雄心壮志，而且害怕承担责任。为什么企业中有很多人都只关注自己的工作，而对企业里其他的人和事不闻不问？这就是因为大部分人都有"事不关己，高高挂起"的想法。在不涉及自己个人利益的情况下，能够避免出错就尽量避免出错，能够不承担责任和风险就尽量不去承担。总之，在这一类员工的观念里，多做多错、少做少错。因此，像组织公民行为这样自发且有利于企业的行为在实际工作中并不总是存在的。

积分制管理的特点是将员工的行为与奖扣分数挂钩，而积分又与员工的福利、晋升挂钩。间接地，员工的行为就与个人利益挂钩了。而一旦涉及个人利益，员工就会开始重视，因为每多做一件事，分数就多一些，排名可能就靠前一点，月末或年终奖励就能多拿一点。此外，正如我们前面所说的,积分制管理覆盖了员工所有的行为,这意味着工作本职以外的行为也被囊括进来了。如此一来,即便组织公民行为没有在岗位说明书里出现,但只要员工做了,他就能获得额外加分。因此,实施积分制管理后,企业里的组织公民行为就会明显增加。

例证 9-5　积分制管理提高员工的积极性

百尊美业实施积分制管理已有 9 个月的时间,从学习到落地实施,基层员工的感受很深刻。

基层员工 1:实施积分制管理后,同事之间互相帮助和互动更加频繁。有时候场地比较乱,我会主动收拾一下,这样既可以拿到积分又可以帮助别人,同事之间的关系也会更好。另外,没有实施积分制管理之前,我等顾客等了半个小时,领导只会口头表扬一下,而实施积分制管理以后,经理或者店长就会给予加分奖励,那我就会更愿意等待顾客,顾客也会非常开心,会觉得员工重视他们,因此满意度就会提高。另外,我现在参加会议也比以前会更加积极。

基层员工 2:实施积分制管理后公司发生的最大变化是大家都愿意去帮助别人,积极性都得到了提高。大家会把公共的事当成自己的事情去做,自觉地去收拾场地、清洗杯子,卫生状况好了很多。而且,卫生间也有固定的负责人,分配一定的分数奖励后,卫生间的卫生状况也比以前好了很多。

(资料来源:积分制管理心理学课题组调研记录)

二、积分制管理避免组织公民行为的负面效应

讲到组织公民行为,人们的第一反应都是积极的,但学者们对组织公民行为进行深入研究后发现,组织公民行为也可能对员工造成消极的

第九章 积分制管理与组织公民行为

影响（赵燕，2010），而积分制管理的运用正好可以弥补组织公民行为的缺陷。

（一）角色内外行为都清晰

任何事都有一个合适的度，过量的组织公民行为会对员工造成压力，导致员工很难区分角色内和角色外，造成角色模糊。研究表明，同时从事角色内和角色外行为的员工经常会感觉到压力（Perlow，1998）。这种角色模糊会产生不利的影响，不管是对员工，还是对企业。因为领导和员工对组织公民行为的归类往往是不同的，领导通常把组织公民行为归为角色内行为，而员工更倾向于将其归类于角色外行为，而过度的角色外行为会加重员工的负担，甚至增加他们的家庭矛盾。

积分制管理可以有效解决组织公民行为的负面影响。将员工的行为都纳入积分体系后，角色内行为有角色内行为的积分，角色外行为有角色外行为的积分，由此既肯定了组织公民行为对组织的贡献，又能将与行为相对应的积分转化为实质性奖励。领导与员工无须再纠结做出的行为到底是角色内行为还是角色外行为，只要在做好本职工作的基础上，做任何有利于企业的事情都可以获得奖励。此外，积分制管理的部分奖励与员工家庭成员也有关，如组织逢年过节时通过积分奖扣来激励员工给家人买礼物，以增进员工与家人之间的感情；积分排名靠前可能获得全家一起出国旅游的机会，从而获得更多与家庭成员相处的时间。由此可见，积分管理制度能够使员工更好地处理工作与家庭的关系，更好地实现工作与家庭的平衡。

例证 9-6　角色内行为与角色外行为不冲突

江苏麒麟科教设备有限公司是一家集研发、生产、销售于一体的现代化实验室产品专业制造企业。自 1998 年创办以来，该公司已先后成功装配了各类专业实验室22 800余间，年生产能力达到30余万件，在施工及售后服务各方面都得到了用户的广泛赞誉。

该公司从2018年11月11日开始正式引入积分制管理。在引入积分制管理以前，公司内部员工只完成自己工作范围内的任务，其他事情一概不管。例如，公司设备的保养，设备维护、清洗，花草的修剪，办公室卫生和厕所卫生的打扫等。然而，在引入积分制管理后，员工做角色内的任务有角色内积分，办角色外的事情有角色外积分。员工为了多挣积分以赢得奖品，在完成自己的工作任务之余，都抢着做那些原先没人管、没人问的事情，公司情形得到很大改变。

公司总经理孙元成在接受采访时说道："积分制管理使得员工角色内与角色外两种任务不再互相冲突，公司的氛围更加和谐，员工的积极性与主动性得到了很大提升"。

（资料来源：群艺集团积分制管理心理学课题组调研记录）

（二）避免一时的组织公民行为

产生组织公民行为的动机可以划分为三类：利他动机、工具性动机和混合动机。其中，利他动机是指组织成员是基于某种人格倾向或责任感来帮助他人或组织的；工具性动机是指行为人由于某种行为会导致某种特定的结果才展现该行为；混合动机是指以利他动机为主、工具性动机为辅或以工具性动机为主、利他动机为辅的两类混合动机（韩景南，2005）。工具性动机的组织公民行为在企业中并不罕见。比如，有些员工会在晋升之前展现出很多的组织公民行为，而在晋升之后，这些行为就会明显减少；有些员工会在考虑绩效的前提下，为了给领导留下好印象，而只在领导面前展现组织公民行为；有些员工为弥补以前犯过的错而展现组织公民行为；有些员工是对本职工作不满意或不感兴趣而展现组织公民行为。总而言之，出于工具性动机的组织公民行为都是员工在某个

第九章　积分制管理与组织公民行为

时间点为了满足自己的某种需求而展现出来的一时的行为，这体现了组织管理中存在的问题，长此以往将不利于组织的有效运行。

积分制管理恰恰解决了这种暂时性的问题。因为积分制管理的积分对于员工来说是终生有效的，使用后不清零、不作废。换句话说，积分对员工的激励作用是持续终生的。即使员工的组织公民行为是基于工具性动机，员工也会因为积分的存在持续做出这种行为，以提高自己的积分名次，换取更多奖励。

（三）简化组织公民行为的考核过程

传统的 KPI 绩效考核方式通常是将岗位关键指标量化，而组织公民行为的出现则使员工的绩效评估过程复杂化。一方面，组织公民行为通常难以量化成具体的指标；另一方面，某些组织公民行为比角色内行为更加突出，更具可见性，因此会影响绩效评估标准的信度和效度。

相比之下，积分制管理将每个员工的行为表现都进行了量化考核，甚至是连员工的思想都进行了量化，对好的行为给予奖分，对违规行为进行扣分，这样的形式使得组织公民行为也能够量化成具体分数，每个员工的行为数据都是清晰明确的，管理者在进行考核的过程中只需要决定奖扣多少积分以及关注积分排名就能够衡量一个员工的综合表现。这在一定程度上简化了组织公民行为的考核过程，减少了人工成本，提高了工作效率。同时，积分制管理应用软件的使用能让员工及时查询自己的积分，循序对积分数据做出反应、进行反馈，改进不好的地方。

例证 9-7　湖北群艺集团积分制管理奖扣分标准（部分）

☆主动帮助同事解决遇到的难题，每人每次奖积分 20 分；
☆主动向同事或上级打招呼问好，每月奖积分 50 分；
☆对待工作任劳任怨、不斤斤计较的员工，每人奖积分 50 分；

☆按时保质地完成工作任务，具有较强交付意识，每人奖积分30分；
☆积极主动地参加公司组织的各类活动，每人每次奖积分20分；
☆员工主动学习新知识和新技能，每人奖积分25分；
☆积极维护组织的利益，保护组织的安全，每人奖积分30分。

（本案例源于网络并经作者加工整理）

三、组织公民行为促进积分制管理的实施

事物之间的关系往往是相互的。积分制管理的实施有助于提高员工工作的积极性，增加员工的组织公民行为。反过来，组织中存在的组织公民行为也会进一步促进积分制管理的落地实施，具体表现在两个方面：一是为积分制管理提供动态分的重要来源，二是扩大和细化与积分制管理挂钩的行为范围。

（一）为积分制管理提供动态分的重要来源

员工的积分由两个部分组成：一是固定积分，它由员工的学历、职称、技术等级、职务等硬件条件所决定；二是动态分，它与员工的做事、做人挂钩。其中，做事部分的分数是由员工的工作效率决定的，而做人则是由员工日常的行为决定的。积分制管理的创新在于它不仅管做事还管做人，而员工做人方面在企业中的体现就是日常的角色内行为与组织公民行为。员工除去角色内行为后，对公司提建议、为公司招揽人才等行为都是积分制管理的动态分加分项。因此，正是由于组织公民行为的存在，才给予了积分制管理实施的可能性，赋予了积分制管理区别于其他管理制度的优越性。

（二）扩大和细化与积分制管理挂钩的行为范围

组织公民行为的定义看似很简单，但实际上，它包含的范围非常广，小到捡烟头，大到帮企业创新，都可以算是组织公民行为。樊景立等人

第九章 积分制管理与组织公民行为

（2006）将帮助同事、积极主动、意见表达、参与集体活动、树立组织形象、人际和谐、保持工作场所整洁、自我学习、参与公益活动以及保护和节约组织资源的行为称作是员工的组织公民行为。可见，组织公民行为涵盖的范围非常广，它涉及个人与同事、个人与集体，甚至是个人与社会之间的关系，并且随着时代的变迁，组织公民行为的内容也在发生变化。

在以前的企业经营过程中，员工能够提出自愿加班，能够自觉遵守组织的规章制度，能够对组织忠诚，这些就是组织公民行为。随着新时代的来临，企业经营越来越复杂，对于员工的管理也有了新变化，员工组织公民行为的内容也越来越丰富，不再仅仅局限于以前的自愿加班等行为。例如，有的企业很重视企业社会责任，因此，员工参与社会公益活动也被认为是组织公民行为的一种；有的企业很重视创新，则员工的自主创新也被视为重要的组织公民行为。总之，组织公民行为的范围是可以无限延伸的，不同时期、不同类型、不同场景下的组织公民行为的具体内容可以是不同的。

处于不同阶段的企业具有不同的特征，同样地，不同阶段的企业，其组织公民行为的内容也存在差异。根据对已有文献的研究，企业生命周期大致可分为四个阶段：初创期、成长期、成熟期和衰退期。初创期的企业面临的最大挑战就是生存危机，此时，企业资本不足，规章管理制度不完善，同时员工数量较少，没有明确的分工，存在员工身兼数职的情况。在这个阶段，员工主动加班以完成超额的工作任务并且对组织忠诚是主要的组织公民行为。而成长期企业的经营现金流相对稳定，员工数量较多，分工不断细化，此时，员工的一些利他行为（如帮助同事解决一些问题）、文明礼貌行为等会被纳入组织公民行为的范畴之内。在成熟期，企业进入发展的"黄金时期"，企业规模扩大，经营状况稳定，员工数量庞大，此时公民美德、组织忠诚和自我发展等行为是主要的组织公民行为。进入衰退期的企业，财务状况变差，现金流不稳定，员工数量减少且流动率增大，管理效率变差。此时，员工积极维护组织的安全并进行自主学习以提升工作水平，寻找机会以发现新的企业转型发展机遇等行为被认为是组织公民行为。

从以上分析可知，组织公民行为的内容是会发生变化的，而积分制管理与员工的行为挂钩，因此当员工组织公民行为的范围扩大时，积分制管理所覆盖的行为范围也会跟着扩大。也就是说，组织公民行为范围的广泛性决定了与积分制管理挂钩的范围也会不断地扩大和细化，这个范围随着组织公民行为具体内容的变化而变化。

第三节　积分制管理下的组织公民行为诱导机制

虽然组织公民行为具有一些负面效应，但企业总体上还是鼓励员工能够表现出更多的组织公民行为的。积分制管理作为一种激励手段，不仅能够避免组织公民行为的部分负面影响，还能够激励员工的组织公民行为。那么，在积分制管理模式下，如何才能更科学地引导员工展现组织公民行为呢？

每个人都是独立的个体，企业如果希望员工对组织有更高的归属感，就不能够忽视员工个人的特征，不能忽视他们的感受。对于员工来说，对工作满意且感受到公平是他们愿意为企业奉献的两个重要的动力。在实施积分制管理的过程中，企业应合理利用积分，提高员工的工作满意度和公平知觉，提高员工的积极性，促使员工展现更多的组织公民行为。

一、员工满意工作，组织公民行为增加

员工对待工作的态度影响员工的行为。员工对工作的满意度是促使其做出组织公民行为的重要因素之一。根据激励理论，只有满足员工的需求，员工的满意度才会提高。在新时代背景下，随着社会经济的快速

第九章 积分制管理与组织公民行为

发展,员工的需求已经不再局限于简单的生理需求、安全需求,他们在意更高层次的需求——尊重需求、自我实现需求。

在积分制管理模式下,企业更加注重员工个人能力的提升和发挥,会为员工提供各种表现的机会与平台,员工能够在完成自身岗位任务以外,发挥所长,获得积分,实现自己的价值。因为积分多了,能力和福利待遇也会得到提升,员工对待工作的态度就更积极了,工作满意度也更高,从而自觉地接受和遵守组织的规章和秩序。因此,积分制管理能够促使员工在工作平台上充分展现自己,激发更多组织公民行为的发生。

二、公平公正公开,组织公民行为增加

员工只有在拥有公平意识时,才会做出与组织目标相符的行为。公平激励理论认为,只有满足员工的公平意识和公平需求,员工才会心甘情愿地为企业奉献自己的力量。在积分制管理模式下,企业内部竞争环境类似于体育竞技,所有奖励按照积分排名分配,因此,只要员工通过自己的努力使自己的积分名次尽量靠前,就有获得奖励的可能。而且,企业为员工提供的挣积分的机会是均等的,且奖扣分和积分排名都遵循公开原则,由此可以形成长期的相对公平的激励环境。即使最后只有少数人能够得到奖励,但由于大家参与的机会是一样的、公平的,没有获奖的员工也不会觉得不满,反而会激发他们的斗志。

领导在使用积分奖扣权限时要注意保持客观,即对相同的组织公民行为赋予相同的分值,如张三做某件事得到三分,李四做同样的事也应得三分,这样能够满足员工的公平心理。此外,针对不同岗位、不同部门应根据实际情况确定分值,有的部门由于本职工作任务比较繁重,没有太多时间去做角色外的事情,因此对于这部分员工的本职工作的积分应适当提高,这样才能保证这类部门的员工与其他部门的员工处在相对公平的竞争环境中,使他们更愿意在企业待下去。

此外，积分奖扣标准从制定到实施是完全公开透明的，不会让员工产生不公平感。企业只有形成公平公开的工作环境，员工的公平需求才能得到最大限度的满足，员工才能够以最高的热情和努力持续地为企业工作，员工的个人主动性得到提高，组织公民行为也会相应增加。

例证 9-8　积分制管理助力社区（村）做好疫情防控工作

1. 讨论并制定疫情防控积分标准

白石坡社区和却集村是荆门市最早启动积分制管理的试点单位，在抗击新型冠状病毒肺炎的"战役"中，中国积分制管理研究院张四海院长，湖北群艺集团董事长李荣，白石坡社区余良红书记、刘琴副书记，却集村匡翠明书记通过电话、短信、微信方式反复讨论，按照市委、市政府布署，结合社区（村）的实际情况，制定出了疫情防控期间的相关积分实施标准。

☆居（村）民出门戴口罩，奖5分（每天限2次）；

☆居（村）民整日在家未出门、不走亲串户的，奖20分（每人每天限1次）；

☆为邻居送口罩，每个奖10分（当前口罩紧张，故奖分不封顶）；

☆为邻居或他人送蔬菜，每次奖20分（每人每天限2次）；

☆献爱心捐款，每100元奖10分（每人200分封顶）；

☆积极主动登记、上报家人回荆信息，奖20分；

☆主动向组织反映、汇报亲朋好友家中回荆人员信息的，奖20分；

☆主动提醒邻居、朋友或行人戴口罩，奖5分（每人每天限20分）；

☆在网络上、微信上转发市委、市政府的文件、通知或防控疫情的相关宣传资料，奖10分；

☆主动报名参加疫情防控志愿者，奖20分；

☆主动参加疫情防控的活动,如巡逻、转送病人等,每天奖100分;

☆在疫情防控工作中积极主动传递正能量的,每次奖10分(每人每天奖20分);

☆主动帮助网格员回访疫情排查情况的,每条(次)奖10分(每人每天限50分);

☆返荆人员不配合登记的,扣20～100分;

☆不佩戴口罩的,每次扣20～100分;

☆主动劝导在外散步的居民、村民回家的,奖10分(每人每天限50分);

☆在网上乱发(转发)负能量帖子、信息或谣言的,扣20～100分;

☆在疫情防控工作中,不与市委、市政府保持一致,不服从管理,不听劝阻的人员,扣20～100分。

2. 积分制管理激发了基层党组织在疫情防控中的"桥头堡"作用

基层党组织是社会治理积分制管理的组织者、执行者,党组织的战斗力、凝聚力是取得抗击疫情胜利的关键。却集村党支部书记匡翠明、支部委员黄顺、刘春萍、村委委员周琴琴身先士卒,带领村干部和党员负责卡口值守、防控、宣传、劝导;接受群众捐赠物资、协调运送物资,让党旗在抗疫一线高高飘扬。

3. 积分制管理激发了党员干部在疫情防控中的"领头雁"作用

每一名党员干部都是积分制管理的直接参与者、践行者。村老党员廖发明一直是积分"大户",在抗疫期间更是如此,他多次主动参与卡口值守、宣传和督导村民做好防护,与村两委共战疫情。2020年1月30日,村里有老人去世,他大清早主动与匡翠明书记前往,帮助该户屋前屋后进行消毒。在积分的激励下,党员干部作为抗疫的"先锋",带动和影响村民黄家虎、李国雄协助村干部主动联系捐菜的农户,挨家挨户上门登记、搬运物资。

4. 积分制管理激发了普通群众在疫情防控中的"生力军"作用

积分制管理最显著的特征就是通过积分记录群众身边的善行善举，弘扬正能量。在抗击疫情关键时期，村委会将27项抗击疫情正能量行为纳入积分事项予以倡导，发挥了积分制管理在社会治理中"风向标"作用。例如，村民居家不出可积分，外出戴口罩同样也可以积分。当了解到荆门白石坡社区养老院、市一医、市二医后勤物资短缺情况后，村民在短短两天时间内捐赠各种蔬菜、禽蛋共计两千多斤。他们当中有多次送来物资的，有送来物资悄然离开的，诸如此类的善行善举，折射出积分制管理在乡风文明和基层治理中"润物无声"的功效。

（资料来源：群艺集团积分制管理心理学课题组调研记录）

参 考 文 献

[1] BASS B M. Does the transactional–transformational leadership paradigm transcend organizational and national boundaries?[J]. American psychologist, 1997, 52(2): 130.

[2] BATEMAN T S, ORGAN D W. Job satisfaction and the good soldier: the relationship between affect and employee citizenship[J]. Academy of management journal, 1983, 26(4): 587-595.

[3] BELL S J, MENGUC B. The employee–organization relationship, organizational citizenship behaviors and superior service quality[J]. Journal of retailing, 2002, 78: 131-146.

[4] FARH J L, ZHONG C B, ORGAN D W. Organizational citizenship behavior in the People's Republic of China[J]. Organization science, 2004, 15(2): 241-253.

[5] GOODMAN S A, SVYANTEK D J. Person–organization fit and con-

textual performance: do shared values matter[J]. Journal of vocational behavior, 1999, 55: 254-275.

[6] KATZ D. The motivational basis of organizational behaviors[J]. Behavioral science, 1964 (9): 131-146.

[7] NIEHOFF B P, MOOMAN R H. Justice as mediator of the relationship between methods of monitoring and organizational citizenship behavior[J]. Joumal of organizational behavior, 1995, 16(2): 127-142.

[8] ORGAN D W. Organizational citizenship behavior: the good soldier syndrome[M]. Lexington: Lexington Books/DC Heath and Com, 1988.

[9] PERLOW L A. Boundary control: the social ordering of work and family time in a high–tech corporation[J]. Administrative science quarterly, 1998: 328-357.

[10] PODSAKOFF P M, AHEARNE M, MACKENZIE S B. Organizational citizenship behavior and the quantity and quality of work group performance[J]. Journal of applied psychology, 1997, 82(2): 262.

[11] 樊景立，钟晨波，D.W.Organ，等．中国的组织公民行为研究 [J]．中国社会心理学评论，2006（02）：102-124.

[12] 韩景南．组织公民行为动机的研究 [D]．成都：西南交通大学，2005．

[13] 李荣，张广科．积分制管理概论 [M]．北京：清华大学出版社，2017：5．

[14] 石磊．工作满意度与组织公民行为关系研究 [D]．西安：西安理工大学，2008．

[15] 史泉．组织文化对组织公民行为的影响和促进分析 [J]．济宁学院学报，2013，34（02）：97-100．

[16] 汪文娟．组织公民行为研究综述及展望 [J]．社会心理科学，2011

（z2）：122-127.

[17] 吴敏. 论组织公民行为及其在企业管理中的应用 [J]. 软科学，2005（02）：87-89+96.

[18] 夏建华，邓红. 组织公民行为对员工满意度、组织凝聚力的影响 [J]. 中华文化论坛，2008（s1）：281-282.

[19] 解惠. 组织公民行为在酒店服务业管理中的应用——以莱西悦海喜来酒店为例 [D]. 青岛：青岛科技大学，2016.

[20] 熊红霞. 组织公民行为的研究综述 [J]. 经济视角，2011（14）：139-140.

[21] 严文华. 企业的组织公民行为 [J]. 大学生，2012（5）：18-19.

[22] 张爽，乔坤. 交易型与改造型领导行为对员工组织公民行为的影响 [J]. 大连理工大学学报（社会科学版），2006，27（1）：19-24.

[23] 赵燕. 组织公民行为及其在管理中的负面效应 [J]. 兴义民族师范学院学报，2010（5）：79-84.

[24] 邹宇婷. 新生代员工工作满意度对离职倾向的影响研究 [D]. 荆州：长江大学，2019.

第十章 积分制管理与员工身心健康

身心健康是一个人正常学习、工作和生活的必备条件，包括健康的身体和愉快正常的心态。随着经济全球化的发展，企业间的竞争越来越激烈，而企业间竞争的实质是人的竞争，员工才是企业最重要的资源。但随着生活节奏的加快，人与人之间相互竞争压力的增加以及个性张扬心理需求的提升，企业员工的身心健康问题日益突出且已经成为企业管理中所面临的越来越重要的问题。企业只有高度重视员工的健康状况，把员工的身心健康管理纳入企业人力资源管理的范畴，对员工进行全方位的管理与服务，才能获得长久的发展。

第一节 员工身心健康，企业管理之难

身心健康是古往今来人们不断探讨的话题，国内外诸多名人都曾论述过身心健康的重要性。周恩来说过："只有身体好才能学习好、工作好，才能实现均衡地发展"；艾默生提出："健康是人生第一财富"；莎士比亚认为："忧伤足以致命"。可见，员工的身心健康对其工作表现起着举足轻重的作用，因此，保障员工的身心健康对企业发展来说尤为重要。

一、员工身心健康与工作表现

在 2018 年发布的《企业健康管理及公司人心理健康状况大调查》中，"就职现在服务的企业后，个人身体变化"一项显示："容易困倦"比例居调查首位，其次是情绪低落、记忆力下降。生理出现问题占 50.7%，其中，腰背疼痛或个别关节疼痛占比超过 13%；心理及精神出现问题占 49.3%，其中，经常失眠、多梦、眩晕占比超过 18%。那么，员工身心健康包括哪些方面？员工的身心健康问题是如何影响其工作表现的呢？

（一）身体是工作的本钱

身体健康意味着主要脏器无疾病，身体形态发育良好，体形均匀，

第十章 积分制管理与员工身心健康

人体各系统具有良好的生理功能,有较强的身体活动能力和劳动能力。新中国第一任最高人民法院院长沈钧儒曾说过,"只有身体坚强的人,才能担当艰巨的事业。"世界卫生组织(WHO)确定的身体健康十项标志包括:有充沛的精力,能从容不迫地担负日常的繁重工作;处事乐观,态度积极,勇于承担责任,不挑剔所要做的事;善于休息,睡眠良好;身体应变能力强,能适应外界环境变化;能抵抗一般性感冒和传染病;体重适当,身体匀称,站立时头、肩、臂位置协调;眼睛明亮,反应敏捷,眼和眼睑不发炎;牙齿清洁,无龋齿,不疼痛,牙龈颜色正常且无出血现象;头发有光泽,无头屑;肌肉丰满,皮肤富有弹性。

在当今社会如此快节奏的生活和工作状态下,企业员工中能全部符合上述标准的人少之又少。根据全球最大的员工帮助计划服务公司ComPsych 的统计,美国员工健康风险排行第一的是高血压,其次是过敏症、高胆固醇、腰背酸痛等,这些疾病都会对工作产生很大的负面影响。没有健康的身体状态,员工的工作效率必然下降。Edington(2009)指出,大部分企业损失源于员工健康状况不佳而引起的隐性缺勤(即工作绩效差)。无独有偶,Loeppke 和 Taitel 等人(2007)的研究也表明,因员工健康问题而导致员工生产率的损失巨大(缺勤和隐性缺勤),已达到企业医保费用的二到四倍。企业员工的身体健康问题已经成为摆在企业管理者面前的急待解决的问题。

在我国,关于员工健康问题的研究起步较晚,在 2000 年以后才逐渐有学者关注该领域。王兴琼和陈维政(2008)探讨了员工健康与组织健康的关系,说明了员工健康是组织持续发展的基本保障,提出了企业应为员工建立全面的健康管理体系,并采取以预防为主、防治结合的方法持续关注员工的身心健康状况。杨雯晖(2016)认为,健康资本是员工最根本的资本,员工的健康是保证其工作效率及效果的前提和基础。芮凤水等人(2019)以自拟调查表的方式对上海市部分企业员工进行问卷调查后发现，93.7% 的受访人认同健康管理的重要性。在企业员工愿意购买的健康管理服务中，购买意愿最高的是健康体检（占 84.0%），再依次是健康知识讲座（占 46.9%）、心理健康管理（占 37.7%）、健康咨询（占 36.4%）、健康档案（占 34.0%）、慢性病管理（占 22.8%）、生活方式指导与干预（占 19.1%）。

（二）心理健康问题不容忽视

我国国民的心理健康形势不容乐观。《2018 中国城镇居民心理健康白皮书》对全国约 113 万城镇人口的心理健康数据进行分析后发现，处于心理亚健康状态的人高达 73.6%，存在不同程度心理问题的人占 16.1%，而心理健康的人仅占 10.3%。企业员工的心理健康状况令人担忧，烦躁易怒、心情沮丧、疑心重重、挫折感强、悲观失望等负面情绪充斥在工作中，"郁闷""好烦""心累"等甚至成为许多员工的口头禅。总体来说，负面情绪的不断累积可能导致员工出现各种心理问题，严重者甚至患上心理抑郁等心理疾病，在极端情况下还可能危及生命安全。

世界卫生组织（WHO）确定了以下六点为心理健康的标志。

（1）有良好的自我意识，能够做到自知自觉，既对自己的优点和长处感到欣慰，保持自尊、自信，又不因自己的缺点感到沮丧。

（2）坦然面对现实，既有高于现实的理想，又能够正确对待生活中的缺陷和挫折，做到"胜不骄，败不馁"。

（3）保持正常的人际关系，能够承认别人，限制自己；能够接纳别人，包括别人的短处。在与人相处中，尊重多于嫉妒，信任多于怀疑，喜爱多于憎恶。

（4）有较强的情绪控制力，能够保持情绪稳定与心理平衡，对外界的刺激反应适度，行为协调。

（5）处事乐观，满怀希望，始终保持一种积极向上的进取态度。

（6）珍惜生命，热爱生活，有经久一致的人生哲学。健康的成长有一种一致的定向，为一定的目的而生活，有一种主要的愿望。

员工心理健康一旦出现问题，会给企业造成不同程度的负面影响，如缺勤率、离职率、事故率等上升，人际冲突增加，相互合作的难度加大，工作积极性和创造力下降，工作效率和业绩下降，客户服务质量降低，人力资源管理成本上升，等等。企业管理层的心理问题更可能为企业带来决策失误的严重后果，特殊行业员工的心理问题甚至可能给社会和环境造成灾难，从而给企业带来严重的形象损失和经济损失。

二、员工身心健康问题从何而来

员工身心健康问题在企业管理中越来越重要，管理者在提出解决方法之前必须要弄清楚问题出现的原因，只有这样，才能对症下药。

（一）工作压力"hold"不住

不知道从什么时候开始，"鸭梨"一词开始成为人们的生活用语，随之而来的"鸭梨很大""毫无鸭梨""鸭梨山大"也迅速流传开来，甚至成为"2010年十大网络流行语"之一。作为"压力"的谐音词，"鸭梨"让人们可以用诙谐幽默的方式来表达压力很大的处境和情感，这既包含了我国语言谐音的智慧，也蕴含了化解压力的内在能量。同时，"鸭梨"一词在社会上引发的巨大反响也说明，压力确实是当前现代人生活中遭遇的一个普遍问题。

通常情况下，我们所说的"压力"是指在多种因素的相互作用下，个体对于环境的不适应性，由此产生的一种紧张的状态（李燕妮，2017）。工作压力是指在工作环境中，使个人目标受到威胁的压力源长期持续地作用于个体，在个体及应付行为的影响下，形成一系列生理、心理和行为的反应过程（徐长江，1999）。俗话说，"有压力才有动力"，正常承受范围内的压力有利于提高工作效率和工作质量，但当压力超过一定承受限度，则会成为影响工作绩效和职业健康的消极因素。工作压力过大不仅会让人产生心理焦虑、紧张等感觉，也容易引发不良的生活习惯，最终导致身体健康出现问题。例如，压力大的员工更喜欢抽烟、吃高热量的食物以及宅在家里，因此容易引起肥胖、心脑血管等疾病。一般情况下，工作压力源可分为角色模糊、工作负荷过重、缺少有关绩效的反馈和职业倦怠等方面。

1. 角色模糊

角色模糊通常指员工对自己的工作角色缺乏明确的理解和认识。从公司层面来说，就是公司对员工的工作要求不明确，导致员工在工作过程中无所适从而产生各种疑问，如"我的工作职责是什么""我应该达到什么样的工作目标""我应该如何与相关部门配合""我的工作对于实现公司整体目标的意义在哪里"等。员工无法正确认知自己的工作角色，可能会出现对工作的不适应感，员工不确定自己应该怎么去完成上级交代的工作任务，容易产生沮丧感和紧张感，进而降低员工的工作满意程度。角色模糊是员工工作压力的来源之一，会对工作绩效有显著的负面影响（肖素芳，鄢苗，赵君，2018）。

2. 工作负荷过重

工作负荷是指单位时间内人体承受的工作量。工作负荷很高时，工作者的工作能力接近或达到极限水平，这时无论是员工的生理状况还是心理状况，都已经不能适应继续工作的要求，并且由于剩余能力耗尽，工作者无法应付突发事件而容易导致各类事故发生，这种情况称为工作超负荷（李莲，2017）。工作超负荷会增加员工的压力，影响其身心健康。超负荷工作的员工容易出现头昏脑涨、经常想睡觉、记忆力变差、睡眠质量不好以及腰酸背痛等问题，从而导致任务完成方面有数量但无质量。短期内企业貌似风平浪静，实际上员工承压大、积怨颇深；长期则导致员工工作状态的散、慢、差，工作效率和工作质量下降明显。

第十章 积分制管理与员工身心健康

3. 缺少有关绩效的反馈

工作中上司反馈不及时容易引起员工内心焦虑，员工不清楚自己的工作表现与上级预期是否一致。当员工没有及时得到相关反馈信息时，容易对自己的工作产生怀疑，如"我做的事情是否正确""我的工作成果是否符合预期""我还有哪些方面需要改进"等。及时的绩效反馈既有利于肯定员工的专长、优点，达到激励员工的作用，也可以指出员工存在的问题与不足，让其在下一步工作中进行改正。而一旦缺少相关的反馈信息或者反馈不及时，则容易打击员工的积极性。同时，缺乏反馈带来的有效沟通、交流和改进意见等，员工会对工作没有成就感，也会对工作产生焦虑感，认为自己的工作并不重要。

4. 职业倦怠

职业倦怠是一种由工作引起的心理枯竭现象，是职场中较为常见的职业发展问题之一。工作者长期处在同一领域，每天都要接收大量相同的信息，难免会产生感觉以及心理上的疲劳，失去最初的新鲜感，觉得枯燥乏味，提不起精神，引发职业倦怠症。同时，有效激励的缺乏也会使得工作者产生职业倦怠，对工作失去热情，工作态度消极，对工作的意义和价值评价下降，导致工作能偷懒就偷懒，最终个人成就感的降低和自尊心的丧失将引发个体心理的崩溃，个体处在持续的精神压力中，身心都备受煎熬。例如，有些人会失眠，他们会感到紧张、亢奋，不能放松下来，头脑中总是出现那些令他们忧虑的事情；有些人则会睡眠过多，几乎所有的闲暇时间都用来睡觉。

例证 10-1　职业倦怠小测试

1. 晚上很早上床睡觉，但很难入睡，即使睡着了也总是被噩梦惊醒。
2. 即使前一天晚上睡得很好，第二天上班时仍然觉得很疲倦。

3. 从早上睁开眼睛就想着是否可以以生病为借口请假，逃避上班。

4. 总是一边工作一边看表，渴望下班时间的来临。

5. 认为星期一是"黑色"的。

6. 经常迟到。

7. 总是下班后仍然想着工作的事情并且心情烦躁。

8. 经常头疼、感冒、腰膝酸软。

9. 面色苍白，无精打采。

10. 眼圈浮肿。

11. 觉得自己很努力工作，得到的却很少。

12. 认为自己的工作不重要，努力没有得到重视。

13. 喜欢一个人待着，不愿意与同事交流。

14. 在工作遇到问题时，没有可以倾诉的对象。

15. 时常抱怨，对个别同事没有好感。

16. 没有时间去做自己喜欢做的事情。

17. 对工作不感兴趣。

18. 常常觉得压力太大，有种透不过气来的感觉。

19. 靠服用药物、酗酒来麻痹自己。

20. 认为自己一无是处。

计分方法：以上情况，从来没有发生的，得1分；很少发生的，得2分；有时发生的，得3分；经常发生的，得4分；完全吻合，得5分。

将所有得分相加，分值在25～35分，表示处于涅槃期，倦怠度很低；分值在36～60分，表示处于激励期，倦怠度较低；分值在61～90分，表示处于衰退期，倦怠度较高；分值在91分以上，表示处于衰竭期，倦怠度非常高。

（资料来源：王伟华，2008）

第十章 积分制管理与员工身心健康

（二）人际关系："臣妾做不到啊"

"我讨厌社交！"我们总能听到身边有人这样表达对人际交往的不满。很多人都对社交抱有矛盾的心理，一方面，他们清楚地知道社交对事业成功来说非常重要；另一方面，他们又会觉得社交是件累人、虚假甚至肮脏的事情。

亚里士多德说过："人是社会的动物。"每个人在社会上生存，都不可避免地要与其他人交往，但由于每个人的成长经历、性格秉性以及看待事物的角度不同，在交往中总会不可避免地与人发生摩擦，进而可能对身心健康产生影响。

1. 无法避免的职场人际交往

我们时常可以在影视剧中看到这样的场景：某位大臣因开罪皇帝，皇帝龙颜大怒，要将其拖出去斩首，这时通常会有三种情况发生：一是其他大臣纷纷求情，指出其功劳所在，皇帝便往往做个顺水人情，不予追究；二是其他大臣纷纷称好，恨不得马上将其碎尸万段，皇帝即便后悔也没了退路；三是出于各自的利益考虑，大臣们分成杀或留两派，争执不休，这时皇帝为了平衡各方关系，虽然选择不杀，但一定会采取降职或其他惩治办法以示警戒。

以上三种情况折射出了职场中人际关系的复杂性。职场交际是我们日常生活中非常重要的人际关系，职位竞争、工作利益、面子观念等都在职场人际关系中起着重要作用。职场人大约三分之一的时间都在与领导、同事打交道。对一些人来说，应对职场人际关系非常轻松，很快就可以摸清规律并妥善处理；而对另一些人来说，应对职场人际关系却难若登天。

同事关系是职场人际关系中很重要的组成部分。由于绩效考核、晋升是衡量工作表现的重要指标，每个员工都希望能够在激烈的竞争中脱颖而出，但很可能会有意无意地侵害他人的利益而导致冲突产生；又或者，某个员工因表现得太好而遭受其他同事的嫉妒或不配合，出现职场排斥现象。同事之间恶劣的人际关系容易导致员工出现心理健康问题，职场排斥甚至对员工的抑郁程度存在显著影响（程苏，2011）。

上下级关系同样是职场人际关系中不可或缺的一部分。上下级关系的处理，既影响管理层的管理效率，也与普通员工的职业发展息息相关。领导和员工所在的立场不同，看待事物的角度也不同，二者之间若缺乏沟通，很容易引发矛盾。很多公司都缺少一个完整的员工评价体系，处理事件全凭领导好恶，这会让员工感觉上级对自己的工作不支持、不理解、不尊重，会让其员工认为自己在职场中受到了不公平的对待。

2. 难以协调的家庭关系

"刚刚下班回家把车停稳，车窗外的天气不怎么好，下着雨，这种感觉让你不想立马回到家，想在车里待一会儿。自己儿子的成绩不是很理想，马上就要升初中了，可还是那么贪玩。妻子早就不是当初那个亭亭玉立的女人了，还时常会对你唠叨，但是你的心里一直有她的位置，你还是爱她的。另外，自己的老父亲最近身体好像又出了些问题，可能要安排时间去给他做个检查"，网友的这段话曾经引起了广大上班族的共鸣。这段话充分体现了当今时代的上班族，在公司要处理与同事、领导的关系，回到家还要处理与父母、爱人和子女的关系的两难处境。如何在工作与家庭之间取得平衡是个世纪难题。家庭关系的和谐融洽对员工的身心健康有很大影响，父慈子孝、夫妻和睦的家庭关系是员工努力工作的坚强后盾。家庭关系若出现问题，会产生严重后果，不仅会让员工烦闷抑郁，影响正常饮食和睡眠，也容易将不好的情绪带到工作中，影响其与领导和同事的关系，降低工作效率，形成恶性循环。

（三）组织环境：大家好才是真的好

良好的组织环境可以在生理、心理以及认知层面对员工的健康给予支持，使员工处于理想的工作状态中，这对于提高工作效率非常重要。一般情况下，组织环境包括两个方面：工作环境和组织文化氛围。

第十章 积分制管理与员工身心健康

1. 工作环境

窗明几净、干净整洁、井然有序的环境会给人一种秩序感和舒适感，让人心情舒畅；相反，尘土飞扬、杂乱无章、无立足之处的环境会瞬间让人感到不快，想赶快远离。脏、乱、差的环境会使员工头脑混乱，工作热情度降低、工作效率下降（Russell，Belk，et al，2007），即使员工再喜欢这份工作、对公司再忠诚，也会萌生去意。

工作环境的好坏会影响员工的身心健康，空气环境、视觉环境、听觉环境、电磁辐射、空间布局等因素都对员工的行为和心理健康有着重要影响。例如，空气污染可引起员工的消极情绪和侵犯行为，减少员工的互助行为，还会引起抑郁、易怒、焦虑等心理问题；灯光不足会使员工产生视觉疲劳、恶心、头痛、忧郁、郁闷等行为反应；在噪声环境中，个体知觉会感到控制感减弱，以及产生无助感等（张西超，肖松，2006）。因此，营造一个优美和谐的工作环境，既可以愉悦身心，调适情绪，使员工在快乐、健康的氛围中工作，又有助于提高工作效率，实现企业的持续发展。

2. 组织文化氛围

我们在很多公司里都可以看到一面独特的墙——企业文化墙，墙上以文字、图片的方式展示着公司简介、公司价值观、团队建设活动、优秀员工风采、与老板交流互动以及员工心愿等内容。企业文化墙是传递企业文化的一扇窗口，是企业文化建设的一把利刃，时刻吸引着员工的眼球，引导着员工的思考方向，使企业文化渐渐深入员工的内心。

企业文化墙是企业组织文化的一种重要表现形式。组织文化可以满足员工的需要，调动员工的积极性。在优秀的组织文化中，有效的沟通能够创造减少焦虑的氛围，能够激励员工心平气和地为组织工作（倪庆红，张德玲，2005）。相反，当一个企业的组织文化氛围压抑沉闷，整天暮气沉沉，没有一点儿生机的话，员工则容易处在焦虑的状态中，工作效率也会随之下降。

例证 10-2　Google 的留人之道

搜索巨头 Google 令人称美的工作环境和优厚的福利待遇一直是吸引优秀人才加盟的重要因素。在 Google，工作就是生活，自由畅快的企业文化造就了无穷的创造力。

在 Google，员工工作时可以带自己的宠物上班；在 Google 的办公楼，随处安放着健身设施、按摩椅、台球桌、帐篷等有趣的东西。整个办公空间采用了不同的色调搭配，明亮鲜活，这些都让人感到轻松自在；Google 为每个员工提供了"装修经费"，大家可以按自己的创意对办公区域进行装修和装饰；在 Google，人们不必时刻西装革履；每个人可以选择在自己的"时区"里工作，或者清晨 5 点就开始忙碌，或者整晚不睡、白天休息。另外，Google 的单身员工可以在公司吃住一个月不出门，舒适度令其他公司的员工羡慕不已。

顶尖公司之所以受到青睐，除了公司自身的实力外，良好的工作环境与氛围对人才也有着非常大的吸引力。

（本案例源于网络并经作者加工整理）

第二节　积分制管理让员工的身心健康起来

积分制管理以奖扣分的方式对员工的能力和综合表现进行量化考核，力求全方位地调动员工的积极性，这种管理方式有利于规范员工的行为，解决员工的身体和心理问题，让员工的身心都健康起来。

一、跟工作压力说再见

工作压力是影响员工身心健康的重要因素。角色模糊、工作负荷过

第十章 积分制管理与员工身心健康

重、缺少与绩效相关的反馈信息以及职业倦怠都会增加员工的工作压力，导致员工的身心健康状况不佳，而积分制管理则能有效预防和解决工作压力源引发的各种身心健康问题。

（一）定位角色：事无巨细的积分制管理

积分制管理的精细化管理能够很好地解决员工对角色理解的困惑，有效地帮助员工把握自己的工作角色定位。精细化管理意味着与积分挂钩的范围可以不断地被扩大和细化，一切细小的事情都可以通过积分进行考量。在强调导向性管理的同时，积分制管理既规定了要达成什么目标，又注重了如何达成目标，这样就避免了员工出现工作职责和工作目标不明确的情况。

通过实施积分制管理，员工能够清晰明确地知道自己的角色定位，工作时也不会再有焦虑、沮丧和不知所措的心理，对工作的满意度也会大大提高。李荣老师曾举过一个例子：每次讲课前，员工李某需要负责把讲课的设备准备好，如果这件事没做好，就要扣积分200分。另外，在每次上课前，李荣老师会在镜子前面整理仪容，镜子旁边会有小梳子，万一哪天梳子没有准备好，负责的员工李某就要扣分。这个例子说明，积分制管理既管大事，也管小事，而且还规定了做事的细节。这样一来，员工不必再纠结应该做什么事情、达成什么目标，而是直接去做就行。

除了管理员工本职之内的工作，积分制管理对员工职责范围之外的工作内容也进行了相应的规定，如鼓励员工主动发现工作中的问题并想办法解决，这样，员工就可以自发地工作，充分发挥自己的角色作用。

例证 10-3　巴德士：充分发挥员工角色在团队中的作用

广东巴德士化工有限公司创立于1996年，是一家具有权威研发、生产、销售化工涂料的大型民营高科技企业集团，在全国拥有7家一级子公司，年产值达30亿元。2018年3月14日，广东巴德士化工集团有限公司中山总部隆重召开积分制管理落地宣讲大会。巴德士集团的管理层在实施积分制管理的过程中，充分认识到积分制管理可以量化到方方面面，如行政、人力资源、员工的衣食住行、质量、效益、交货周期、安全生产等。

巴德士工厂车间有台废气回收的机器一直不好用。实行积分制管理之前，工厂所有问题都是由管理层负责调查，员工不会主动进行说明。实行积分制管理之后，巴德士规定员工主动发现工作中的问题给予奖分。于是，车间的几个员工自己想办法改进，改进后的效果还不错。另外，其成都工厂外墙的粉刷工作方面原本是由外包公司来处理，这可能要多花两万多块钱。现在采用积分制奖励的方式，员工自发利用加班时间完成这个工作，两星期搞定，不仅大大节省了成本，员工也得到激励并获得成就感。可见，积分制管理的实施，一方面避免了员工角色模糊，规定了员工职责范围之内的事情；另一方面也鼓励员工发现新问题和寻求新的解决方法，充分发挥了员工在团队中的作用。

（资料来源：群艺集团积分制管理心理学课题组调研记录）

（二）化解重负：积分任务的合理化分解

积分制管理可以有效化解员工因为工作负荷过重而影响身心健康的问题。一台机器满负荷工作就会出现温度高、冒黑烟以及工作无力等故障，员工在工作负荷过重时也容易出现反应慢、效率低、工作质量差的情况。如果单人独立完成一项太过复杂的任务，则任务过重，可以利用积分将该任务分为几个部分交由不同的员工负责，若在保证质量的前提下按时、按量完成就奖分，反之则扣分。这样，一方面可以避免因一人多责、超负荷运转导致单个员工工作负担过重；另一方面可以保证员工在积分的驱动下不会对各自的任务敷衍了事，从而确保工作质量和工作效率。积分制管理通过积分将任务合理化分解，减少了单个员工的工作

第十章 积分制管理与员工身心健康

量，对员工来说，减轻了工作压力，降低了身心重负。

例证 10-4　温州华得利：将原来不会做的事情变成了会做

温州华得利鞋业有限公司始建于 1979 年，是专业一条龙生产各类注塑鞋、雪地鞋、劳保鞋、皮鞋、拖鞋的外向型企业。

实行积分制管理后，华得利员工的积极性得到了充分的提高，脏活、累活抢着干，分内、分外事争着做。在一次外贸订单新品研发过程中，技术部门、生产部门、车间工人纷纷开动脑筋，相互讨论，启发思维。经过多次试验，大家最终一起攻克了技术难关，成功找到了解决方案，保证了外贸订单及时交货，获得了良好的口碑和外商的称赞。

（资料来源：群艺集团积分制管理心理学课题组调研记录）

（三）明确反馈：即时的积分奖扣通知

传统激励模式主要以回顾激励为主，即事后针对结果的不同发放奖励。而在积分制管理中，当员工表现出好的方面但又没有产生最终价值时，尽管还达不到物质奖励的标准，企业也能够通过积分进行及时激励，这会让员工产生认同感和荣誉感，工作效果更佳。

即时的奖扣分对员工来说是一种信号。员工帮助了别人，立马可以得到奖分；完成了一项工作，也会立马得到上级的奖分认可，扣分的流程也大体相同。同时，分数一定会在当天给出，及时让员工收到反馈。另外，积分应用软件的出现更是大大提高了积分的反馈速度，员工可以随时随地在手机上查看当天是否有奖扣分事件、由谁申请奖分、奖分审核流程的进度。企业根据周排名、月排名、季度排名、年度排名进行周奖励、月奖励、季度奖励和年度奖励，真正实现了让员工在做事当天、当月或者当年就获得回报。

在积分制管理下，员工再也不用为"不知道今天的工作完成得好不好""不确定这种行为对不对"等问题焦虑,也不会再因为缺乏即时的绩效反馈导致压力过大而影响身心健康。

(四)克服倦怠:把动力建立在积分上

当员工在同一家单位工作了多年,既没有了当初的热情,又没有更大的提升空间时,很容易产生职业倦怠感。传统的管理方式难以实现针对员工的持久激励,所以无法解决该问题,而采用积分制管理可以有效地克服职业倦怠。积分的排名直接关系到员工的奖金与各种福利,这可以促使员工以更积极的态度对待企业分配的工作任务,并且努力提高工作的完成质量。如果员工消极怠工,执行力差,便得不到相应的奖分,甚至有可能被扣分,因此也就失去了相应的福利待遇。员工为了得到更多的积分奖励,必须以积极的态度对待工作,甚至会主动申请额外的工作任务,这样就有效地解决了员工工作动力不足的问题,职业倦怠问题也就迎刃而解了,同时也减少了员工由于缺乏职业热情而造成的心理焦虑,进而有效缓解心理问题引发的失眠或者睡眠过度的状况,对员工的身心健康大有裨益。

例证 10-5 积分制管理鼓励员工积极参加企业健康活动

当湖北群艺集团公司发展到一定规模后,员工人数不断增加,公司就要开始考虑定期和不定期地举行各类员工活动,如员工生日会、乒乓球比赛、登山比赛等。组织员工多参加这类活动,有益于员工的身心健康。可是怎样让员工积极参与公司组织的这类活动呢?

在传统管理模式中,如果员工不参与此类活动,单纯用扣工资或奖金的方法,员工会感到公司很不人性化;实行积分制管理后,用积分进行引导,结果就大不一样了。凡参加了活动的员工,给予10~20分的积分奖励;凡未参加活动的员工,每人给予10~20分的扣分。同时,

第十章 积分制管理与员工身心健康

在活动中展示个人专长的，比如员工中表演节目者，另给予20～30分的奖分；在比赛活动中，获名次的给予30～50分的积分奖励；由于奖扣不直接影响员工的当月待遇，因此积分的奖扣对员工既有引导作用，又不会使员工产生反感情绪。员工自然而然就养成了一种积极、踊跃参与公司健康活动的习惯，对他们的身心健康大有裨益。

（资料来源：群艺集团积分制管理心理学课题组调研记录）

二、和谐的人际关系

良好的职场关系和家庭关系有利于员工以更轻松的姿态投入工作，相反，恶劣的人际关系会给员工带来不良的身心健康问题。积分制管理的应用既有利于促进企业中人际关系的和谐，又能帮助员工处理好工作与家庭之间的关系，可谓一举两得。

（一）公开积分奖扣，建立和谐职场关系

积分制管理的实施能够解决企业上下级关系恶劣给员工造成的心理压力，促使员工之间友好相处，营造和谐的人际氛围。

1. 职场上下级关系

在日常管理工作中，如何对犯错的员工进行处罚是个大难题，稍有不慎，就会引发上下级之间的摩擦。传统管理模式中，管理层对犯错的员工进行扣钱处罚的方式极易引发员工对上级的不满，导致上下级关系出现裂痕。实行积分制管理后，按照管理条例，员工犯错的处罚方式由扣钱改成了扣分，且扣分只与积分排名挂钩，不影响员工的工资，这既使员工接收到了被处罚的信号，又避免出现因惩罚激化上下级之间矛盾的情况。同时，管理层在员工表现得好时给予适当的积分奖励，可以让员工意识到上级一直在关注自己，由此感受到工作的价值，从而对上级心存感激，上下级的关系自然更加和谐。

2. 职场同事关系

除了改善上下级关系外,积分制管理也有助于员工之间友好共处。在职场上,处理好人际关系是每个人立足的基础,如果不能很好地与同事相处,就很难得到其他人的支持和配合。但在很多时候,同部门之间的相互竞争或者不同部门之间的权责不明都会造成争吵情况的发生,影响同事之间的关系,而积分制管理可以从源头上解决该类问题。首先,积分制排名的公开透明制度避免了同事之间因争夺奖励而相互排挤的情况。实施积分制管理之前,员工的额外福利,如年终奖、出国旅游等,往往都由上级拍板决定。采用积分制管理之后,企业根据制定好的准则给员工奖分,且每月公开一次排名情况,这样就解决了员工之间的恶性竞争问题。其次,积分制管理的实施可以让员工更愿意相互帮助,因为帮助其他人做事能够获得积分。因此,积分制管理有利于员工之间的情感维系,形成团结互助的良好氛围。

例证 10-6　中立电子：从个体单干到集体互助

中山市中立电子有限公司成立于 2009 年,占地面积 4 000 平方米,该公司专业生产电磁式、压电式、机械式、贴片式蜂鸣器,产品被广泛应用于通信行业。历经多年的快速发展,该公司现已成为 TCL、威力、美的等多家知名企业及上市公司的战略供应商。

2016 年下半年,中立电子公司开始落地实施积分制管理。之后,员工的意识方面发生了很大变化,从以往的以个体为主转变为以集体为主,同事之间开始互相帮助,人际关系也更加和谐,员工认为"大家在一起工作,很开心,很满足"。以一线工人为例,实施积分制管理之前,由于采取计件工资制,大家都是各顾各的,只关注自己的产量,相互之间交流较少,没有形成以集体为主的意识。实施积分制管理之后,由于员工

第十章 积分制管理与员工身心健康

间相互帮助可以获得积分奖励,这使得很多员工在自己的机器照常运行时会帮忙看看其他同事的机器操作情况,提醒其他同事他没有发现的问题。同时,一些员工如果发现有同事前一天没有填写公司规定的维修报表(每天都要填),也会及时提醒或者帮忙补填。此外,还有的员工会帮助同事维修机器,或者辅导同事进行维修工作等。

(本案例源于网络并经作者加工整理)

(二)提倡关爱亲人,促进家庭关系和谐

积分制管理在促进家庭和谐中发挥的作用不可忽视。一些员工由于过分关注工作而忽视了家庭,对家庭关系问题束手无策,最终问题日积月累,不仅给家庭方面带来了危害,也影响了员工的身心健康,对工作造成负面影响。因此,公司管理者想要员工更加努力地工作,就要引导员工处理好家庭关系。积分制管理为员工提供了一个关爱家人的渠道,如公司可以请积分排名靠前的员工的家属参与公司聚餐,通过这个活动与员工家属进行沟通,以达到令家属理解员工、理解公司的目的;公司规定每个星期给父母打电话的员工可获得奖分,这种做法有效地促进了员工与家庭其他成员的互动交流。家庭关系处理得好,家人会更加支持员工的工作,从而减少来自家庭关系方面的压力,使员工不再烦闷抑郁,能够以更积极的状态投入工作,从而提高工作效率。

例证 10-7　百尊美业:拉近员工与父母之间的关系

百尊美业是一家专业的美容美发机构,"令员工更快乐,令顾客更满意,令行业更和谐"是其核心使命。为了使员工和父母更亲近、关系更和谐,百尊美业利用积分管理制度设立了"父母孝顺奖"。该奖项规定,公司每个月按照积分排名给员工的父母打钱,积分排名第一的员工的父母可以得到 800 元,第二名 600 元,第三名 300 元,第四名 100 元。同时,公司会给员工父母寄送一封公开信，说明这一规则。如果员工的父母当月收到800元，则代表该员工当月表现得很优秀；收到100元，则说明该员工当月的工作表现一般。"父母孝顺奖"的设立不仅提高了员工的工作积极性，同时也让父母有机会了解子女的工作状况，避免父母与子女之间长久不联系而造成的关系疏离。

此外，百尊美业还设立了"孝行天下"旅游奖励。对于积分排名靠前的员工，公司请他们的父母去旅游并负担全部费用等，以增进他们与子女之间的关系。

（资料来源：群艺集团积分制管理心理学课题组调研记录）

三、积分制管理创造美好环境

良好的工作环境是保证员工身心健康的前提条件。给员工创造一个良好的工作环境（包括物理环境和工作氛围），既能缓解员工的精神压力，又能避免工作环境中可能存在的危害员工身体健康的因素。

（一）美好环境，健康身心

积分制管理能够防止职工的健康受脏、乱、差的工作环境影响，保护职工免受不良卫生环境因素的伤害。卫生管理是一个既简单又复杂的事情，一个企业想要把卫生做好并不是一件容易的事情。卫生环境的好坏关系到员工的身体和精神状态，从而关系到企业的经济效益。目前，很多企业为了节省开支，不聘请专职的保洁员，需要靠员工主动自发地去打扫卫生；有些则由于工作器械具有特殊性，需要由掌握相关专业知识的员工进行清理。员工打扫卫生一般是义务性质的，即使卫生打扫得不好，企业也无法对员工进行处罚。

实行积分制管理后，企业可以把公司所有的卫生区通过积分与员工绑定，结合员工的工作范围与性质，让每个员工都分配到一小块卫生责任区，对每天的卫生情况实行专人检查，包干区内卫生做得好的，给予积分奖励，

第十章 积分制管理与员工身心健康

不符合要求的就扣分。积分制管理促使每一位员工认真打扫自己负责的区域,让员工处在一个安全、温馨的环境中工作,从而保障其身心健康。

例证 10-8 金旺包装机械公司:积分制管理解决管理问题

江苏金旺包装机械科技有限公司成立于 2005 年 5 月,是一家专业生产农药、化工包装机械的研发型生产企业,也是国内首家专注于农化包装行业,研发集理瓶、灌装、旋盖、贴标、封口、喷码、开箱、装箱、封箱等设备,组成完整灌装生产线的企业。

2015 年 12 月,该公司总经理房国荣先生参加了湖北群艺第 118 期积分制管理落地实操班的学习,通过学习,房总决定把积分制管理全面引入金旺包装机械科技有限公司。

在实施积分制管理模式后,很多平常员工不愿意做的事情都开始有人抢着做,如企管部王师傅下雨天修水管、展示部尹俊下班后清理草坪等。

积分制管理的推行让金旺员工找到了存在感和价值感。通过推行积分制管理,该公司建立了员工行为银行,将员工行为进行量化,通过奖分肯定和认可员工,充分发扬积极向上、高效率、负责、勤奋、互助、节约、创新、团队协作等优良传统。

卫生管理一直是该公司很难解决的问题,公司将其也纳入积分制管理范围后,把卫生间、楼梯扶手、办公区等区域打扫卫生的任务分配到不同员工的身上,并形成文字,即规定如果员工积极维护卫生环境,每月固定获得多少积分;多长时间检查一次;有不合格的,负责人要扣多少分等。检查结果会在第二天早上的晨会环节进行公布,如昨天某员工得多少奖分,原因是什么;某员工被扣多少积分,原因是什么。实施积分制管理后,该公司的卫生状况在短时间内发生了翻天覆地的变化。

(资料来源:群艺集团积分制管理心理学课题组调研记录)

（二）快乐氛围，放松身心

积分制管理除了可以有效改善工作的物理环境外，对组织氛围的正面影响也是不言而喻的。企业文化决定了企业是否拥有快乐的工作氛围，而积分制管理可以把积极向上的正能量传递到每一位员工身上。

首先，积分制管理为不善言辞者创造了良好的条件。一些员工由于生性内向，不敢说话，一说话就紧张、结巴，所以不敢轻易开口，存在交流障碍，由此整个人的状态很压抑。在挣积分的意念驱使下，他们会慢慢地开始做自己以前不敢做的事情，说以前不敢说的话，甚至可以公开登台表演，与同事也日益相处融洽。

其次，积分制管理将企业文化纳入其中，"家文化"的传递可以让所有员工像家人一般相处，工作中时刻洋溢着快乐的气息。快乐会议的开展也可以让员工感受到物质和精神双方面的满足，员工可以在快乐中生活，在快乐中工作。

最后，积分制管理将积分进行排名，积分排名靠前的员工不仅能享受到更多的福利，还有更多晋升的机会，这使年轻人的成就感与好胜心能够在工作中得到满足，使他们能够在良好的竞争环境中实现个人的价值。

例证 10-9　蓝鲸控股：快乐工作是追求的目标

蓝鲸控股集团有限公司创立于 2004 年 6 月，创建以来，通过不懈的艰苦努力和持续创新，该公司从单一酒店发展为以酒店业为主业，涉及旅游、房地产、金融等行业的现代股份制企业集团。该集团现有 23 家子公司，拥有员工 2 000 多人。

实行积分制管理后，蓝鲸控股集团有限公司每个月都会举办快乐会议，公司也把"让员工快乐地工作"作为追求的目标。在快乐会议上，大家各展绝技、尽情表演，每月的抽奖活动使快乐会议气氛高涨。因为

第十章 积分制管理与员工身心健康

参加快乐会议和表演节目都有加分，所以员工的工作积极性都很高。除此之外，公司还会不定期地开展登山活动、体育比赛等，凡是参加活动获奖的员工，除物质奖励外，还有额外加分。这些活动不仅让员工放松了身心，感受到了快乐，还激发了大家的团队意识和集体观念，极大地增强了企业的凝聚力。

（资料来源：群艺集团积分制管理心理学课题组调研记录）

第三节 巧用积分制管理

在使用过程中，积分制管理不是固定不变的，而是可以根据各个企业和员工在不同时期的不同需求进行调整和创新。

一、巧用奖分，减少不公平待遇

在实际操作过程中，由于每个部门的工作性质不同，领导个性不同，员工的性格也不同，很容易造成奖扣分数的差异。例如，完成同一件事情，一个部门领导奖分多，另一个部门领导奖分则少；领导心情很好时多奖了点分，心情不好时少给了点分；有些员工生性腼腆，自己努力完成了工作而不愿意主动申请奖分，导致排名落后等。分数的差异会导致员工感觉受到了不公平待遇，这时他们就会烦闷、焦虑，甚至可能影响身心健康。

（一）分部门积分比较，减少不公平待遇

领导可以巧妙地利用奖分的灵活性解决不公平问题。当不同部门的领导在奖分分值上有差异时，可以在部门内部设置奖分规则，如行政部门和技术部门的积分排名不能放在一起比较，而应在各部门内部进行比较，避免因为领导奖分的差异性造成不公平现象。领导自身也要注意奖分的均衡性，对于复杂的工作任务或员工积极性不高的任务，可设置一个奖分区间，如最高奖多少分、一般奖多少分，遇到相似难度的工作任务时可大概按照此标准进行奖分,这样就可以避免出现任务相似、完成程度相同,而奖分分值相差很大的情况,从而给员工一种相对公平的感觉。另外,如果出现少奖分的情况,领导也可以选择在下次奖分时补回,反之亦然。若遇到员工太过内敛不愿主动申请奖分的情况,领导应多给予关注,在其出色完成工作任务时及时奖分。

(二)多种奖分申报形式,减少不公平待遇

巧设多种奖分申报形式,如同事申请、客户申请、家人申请等,也可以提高员工的积极性。例如,某员工不仅自身的工作完成得很好,还经常帮助同事做一些工作,那么,作为回报,经常接受该员工帮助的同事就可以向上级申请为该员工奖分,这样有利于形成和谐的人际关系,营造良好的工作环境;当员工工作认真负责,热情接待客户并为客户提供周到、满意的服务,从而赢得客户的称赞时,客户可通过在员工领导面前夸奖员工的方式为该员工赢得积分;员工的家人也可以根据员工在家里的表现向单位领导反映,上级可根据员工的工作成果和平时的工作表现酌情奖分。通过这些方式,即使是不会主动申请奖分的员工,只要工作表现好,同样可以获得高积分,由此减少员工心里的不公平感。

例证 10-10　百尊美业:客户也可以帮忙申请加分

位于广东佛山市的百尊美业作为美容美发行业的代表企业,该公司所有员工的指标都跟客户的满意度挂钩。自从实行积分制管理后,百尊美业的员工工作时更有热情,对客户的服务态度也越来越好。在对客户进行服务时,员工会跟顾客分享积分制管理给公司带来的好处,客户熟悉了加分政策之后,每次遇到服务得特别好的员工,都会为其向公司争取加分。公司允许员工请客户帮忙申请加分的原因有两个:一是顾客作为第三方,不存在申请加分不公平的问题;二是能够促使员工更加用心

第十章　积分制管理与员工身心健康

地服务客户。这样就容易形成一个良性循环,从而实现"令员工更快乐,令顾客更满意,令行业更和谐"的企业目标。

（资料来源：群艺集团积分制管理心理学课题组调研记录）

二、巧用扣分，身心都健康

尽管积分制管理体系以奖分为主,但是扣分的用法也是不可忽视的。巧用扣分不仅有助于督促员工主动参与活动,还有利于维护员工与其家庭成员的关系,实现家庭和谐。

（一）扣分惩罚，督促员工参与健康活动

巧用扣分可以对员工的身心健康进行直接把控。公司举办健身活动意在让员工锻炼身体,促进同事间交流,但是很多员工对于这种活动并不感兴趣,经常不参与。在传统的管理模式下,企业对于不参加活动的员工毫无办法,既不能强制要求每一个员工都必须参加活动,也不能对不参与的员工扣减工资,因为这会导致员工的极大不满和抱怨。在积分制管理体系下,企业既可以对不参加活动的员工给予扣分处罚,还可以在此基础上进行创新,如可以选择单次加重扣分,也可以选择对不参加活动的员工进行多次扣分,即第一次不参加活动时扣多少分、第二次又不参加时扣多少分,且每次扣除的分数随着缺席次数的增加而增长。由于积分排名直接关系到员工的各种福利,由此员工会更加积极地参与公司的各种健康活动,起到锻炼员工身体的作用。

例证 10-11　湖北群艺：巧扣积分，助力员工健康

在湖北群艺集团,员工活动非常多,包括登山比赛、拔河比赛、乒乓球比赛、羽毛球比赛等,这些活动能够帮助员工锻炼身体,保持心理健康。但是,有些员工不愿意参加这些活动,就算实施了扣分制度,还

是有员工缺席。在某一次登山比赛中,公司总经理发现参加活动的员工变多了,便向负责人刘经理询问原因。刘经理表示,之前,公司规定不参加登山比赛的人,扣20分,但人还是来不齐;后来调整了一下标准,改为不参加活动的员工,扣200分,结果所有员工都去了。针对不同的情况灵活使用扣分制度可以让员工积极参与健身活动,这不仅有益于员工的身体健康,也促进了同事之间的交流互动,形成了良好的组织氛围。

(资料来源:李荣,聂志柏,2014)

(二)扣分信号,提醒员工关心家人

虽然积分制管理对提高员工的工作热情具有积极作用,但有时也会导致员工超负荷工作。有些员工为了多挣积分,天天加班,将所有时间和精力都投入了工作,因此与家人相处的时间变少,导致家庭关系出现问题,从而影响员工的心理健康。这种结果并不符合积分制管理追求的希望员工"快乐生活,快乐工作"的初衷。在这种情况下,管理者可以通过巧用积分制管理的扣分制度来解决问题,即采用扣分的办法来控制员工的加班时长。当员工的加班时间超过一定数额时,管理者可采用扣分的方式给员工一个信号,提醒他不能一心扑在工作上,应该注意休息、多关心家人。在必要时,企业也可设置一些任务让员工保持与家人的互动,如要求所有的员工在每年腊月三十之前给父母买一件礼物,无论价值大小,如果员工没有买,公司就扣除其500积分。在严厉的扣分制度管理下,员工不会再因为工作而减少自己对家人的关爱。

三、巧设奖品,"懒觉""假期"全都有

奖品设置也是积分制管理实施过程中的一个重要环节。企业管理者只有真正了解了员工的需求,并给出相应的奖励,才能成功地激起员工的兴趣。不管是快乐会议的抽奖活动,还是平时举办的奖票兑换活动,奖品都是员工最为关心的。而一般企业设置奖品时往往涵盖了方方面面,

第十章 积分制管理与员工身心健康

不仅有现金,还有各类生活用品,包括洗衣粉、电风扇等物质奖励。

（一）心仪奖品,满足员工新需求

由于"90 后"群体生活时代和家庭教育背景的特殊性,该类新生代员工已经成为当前我国人力资源管理的一个重要研究对象（岑慧澜,普勇兵,2016）。这类群体参加工作的目的已不再仅仅是为了满足物质需求,他们喜欢新鲜事物,喜欢睡懒觉,喜欢休假,更加注重生活的品质。为了能够更好地满足这类员工的需求,激发他们对工作的热情,有些实行积分制管理的企业在奖品设置上进行了创新。例如,有些公司专门设置了"睡懒觉两小时"奖,员工若抽中了这个奖励,就可以晚上班两个小时而不被扣钱;此外,还有"休假半天"奖,即可以任选半天不上班。奖品设置的创新既迎合了年轻员工对于新鲜事物的需求,又可以让埋头工作的员工偶尔放慢脚步、放松身心,给身体和心灵一点休息的时间。

（二）花样奖品,创新激励方式

企业没有引入积分制管理之前,一般都是采用现金等物质形式来奖励员工良好的工作表现。虽然金钱确实具有一定的激励作用,但如果仅仅采用这一种奖励方式,将无法满足员工多样化的需求。因为处于不同需求层次的员工想要的奖励方式不一样,金钱奖励或许可以满足员工在生理和安全方面的需求,却无法满足其社交和自我实现的需求。而通过积分制管理,企业可以通过为获得高积分的员工提供多样化的奖品来满足员工不同层次的需求。例如,给积分排名靠前的员工一次免费出国旅游的机会、一个免费的技能培训班报名名额、一次 2~3 天的小假期、上下班不用打卡的特权等,这些不一样的激励方式能够给员工带来不一样的满足感和荣誉感,从而更好地激励员工。

例证 10-12　中立电子:以员工福利为导向,完善奖品设置

中山市中立电子自实施积分制管理以来,取得了很大的成效,不仅车间生产效率得到很大提高，员工流失率也显著降低。在设置积分奖品的过程中，公司管理者不断思索，不断改进优化，以求尽量满足员工的需求。

在最开始引入积分制管理时，员工并不积极。为了激发大家对奖品的渴望，该公司总经理买了三个月的奖品，主要是一些金银饰品，并且将其放入玻璃柜台进行展示，让员工更加直观地感受到近在眼前的奖励，鼓励员工多挣积分。员工逐渐接受积分制管理之后，现金、生活用品等物质奖励也逐渐加入奖品名单。在第19期的快乐会议中，该公司增加了"睡懒觉"奖项，也考虑加入请假一天算作正常的出勤、累计使用奖项票等措施。同时，中立电子也正在借鉴其他企业的经验，并结合公司内部实际情况，不断完善奖品设置，打算将所有奖品整理成一本小手册，对每项奖品进行详细描述，供员工们翻阅，以激励他们为了奖品而努力。

（资料来源：群艺集团积分制管理心理学课题组调研记录）

参 考 文 献

[1] DEE W EDINGTON. Zero trends: health as a serious economic strategy[M]. Michigan: Health Management Research Center, University of Michigan, 2009.

[2] HELLERSTEDT W L, JEFFERY R W. The association of job strain and health behaviours in men and women[J]. International journal of epidemiology, 1997, 26(26): 575-583.

[3] LOEPPKE R, TAITEL M, HAUFLE V. Health and productivity as a business strategy: a multiemployer study[J]. Journal of occupational & environmental medicine, 2007, 49(7): 712-721.

[4] RUSSELL W BELK, JOON YONG SEO, ERIC LI. Dirty little secret:

home chaos and professional organizers[J]. Consumption markets & culture, 2007, 10(2): 133-140.

[5] 岑慧澜，普勇兵，徐前前，等. 基于90后新生代员工特性的企业人才管理探析[J]. 现代商业，2016（10）：36-37.

[6] 苌凤水，励晓红，张晓丹. 上海市企业员工健康管理认知状况分析[J]. 医学与社会，2019，32（01）：47-51.

[7] 程苏. 职场排斥与抑郁：自我概念清晰性的中介作用[J]. 中国健康心理学杂志，2011，19（4）：423-425.

[8] 李莲. 高绩效工作系统、工作超负荷与员工健康关系的跨层研究[D]. 深圳：深圳大学，2017.

[9] 李荣，聂志柏. 中国积分制管理[M]. 武汉：长江出版社，2014: 288.

[10] 倪庆红，张德玲. 论组织文化在人力资源管理中的作用[J]. 理论观察，2005（1）：54-55.

[11] 王兴琼，陈维政. 员工健康与组织健康关系探讨[J]. 商业研究，2008（10）：79-83.

[12] 王伟华. 天津市公务员职业倦怠问题与对策研究[D]. 天津：天津大学，2008.

[13] 肖素芳，鄢苗，赵君. 角色模糊与反生产行为：一个被中介的调节作用模型[J]. 珞珈管理评论，2018（03）：35-52.

[14] 徐长江. 工作压力系统研究：机制、应付与管理[J]. 浙江师大学报，1999（5）：29-35.

[15] 杨雯晖. 论企业员工健康管理和企业发展[J]. 现代商业，2016（11）：128-129.

[16] 张西超，肖松. 办公环境与心理健康[J]. 生态经济（中文版），2006（2）：90-92.

第十一章 基于积分制管理的大数据应用

随着网络信息技术的发展以及云时代的到来，人类社会将迎来"第三次工业革命"时代（杰里米·里夫金，2012）。大数据的出现更新了企业决策的手段，企业开始使用一些常见的数据分析工具，包括描述性数据分析、诊断性数据分析、预测性数据分析；同时，企业也建立了数据驱动的决策思维，如从普通分析转变到系统性分析。在此背景下，企业管理者在做战略决策时，逐渐从依靠经验与直觉转向依靠数据的分析结果。

同样地，大数据也给积分制管理注入了新的活力，对积分数据的有效储存、分析与利用可以帮助管理者更有针对性地管理和培养合适的人才，实现人力资源价值最大化。

第一节　大数据与人力资源管理

人力资源管理中的大数据主要来源于人力资源管理工作中的"人"与"事"，而这些数据在一定程度上都直接或间接地影响着整个组织的效能。大数据在人力资源管理中的应用将传统人力资源管理系统的六大模块更加紧密地结合在一起，有利于提高人力资源环境预判的准确性以及人力资源战略决策的科学性。

一、大数据与"人力资源大数据"

人力资源管理过程会产生大量的数据，大数据技术的发展为人力资源数据的分析与应用带来了巨大的革命，使得人力资源数据更好地为人力资源环境预判以及战略决策提供强有力的数据支持。

（一）大数据

2011年5月，麦肯锡全球研究所（McKinsey Global Institute）发表了一篇题为《大数据：创新、竞争和生产力的下一个新领域》的报告。该

第十一章　基于积分制管理的大数据应用

报告给大数据下的定义是："大小超出了典型数据库软件的采集、存储、管理和分析等能力的数据集。"而大数据研究机构的 Gartner 则认为，大数据指的是需要新处理模式才能具有的更强的决策力、洞察力和流程优化能力的海量、高增长率和多样化的信息资产（张欣瑞，2015）。

尽管对于大数据，现在还尚未有一个统一的定义，但是总的来说，大数据具有以下四个特点（景浩，2018）。

第一，数据体量巨大。随着近几年科学技术的迅速发展，大数据分析手段变得愈加成熟，加之云计算技术的普及，存储的数据量越来越庞大。大数据收集和分析的数据量已能达到 PB 级别，而且成为常态，有些大型企业的数据量甚至已经超过了 EB 级别（PB、EB 都是数据存储容量的单位，PB 等于 2 的 50 次方个字节，EB 等于 2 的 60 次方个字节）。

第二，处理速度快。只有高速的处理才能揭示大数据运动和发展的规律，否则，大数据就会因囤积"过多"而导致信息失效，难以发挥大数据的作用，而云计算的出现加快了对大数据的分类处理。

第三，数据种类多。技术的进一步发展和人类活动的进一步拓宽使数据的来源变得更加多样化，从各类社交媒体平台、交易平台和定位信息中得到信息源的内容越来越丰富。同时，信息技术的进步也直接导致数据在产生过程中的类型、格式、大小等具有多样性。

第四，结构化的价值。由于大数据产生的主体主要是人类本身所进行的一系列存储和传播，所以要对大数据的处理过程进行价值"提纯"，即通过分析海量、多样的数据，挖掘出有效信息，从而发现数据背后的隐藏价值和财富。

（二）人力资源大数据

随着电子化人力资源管理（E-HRM）、网络职业招聘平台、社交网络应用、在线劳动力市场等技术在组织人力资源管理中应用程度的不断加深，以及大数据技术的日臻成熟，组织收集、存储和使用与人力资源管理相关的海量数据将变得更加便捷和系统化（Stone，Deadrick，et al，2015）。在此背景下，可用于宏、微观人力资源管理研究的人力资源大数据应运而生。所谓的人力资源大数据，是指在信息技术和互联网技术快速发展的背景中产生的，可反映组织及其个体的行为、关系或状态，并能够用于宏、微观层面人力资源管理研究的海量数据集（刘善仕等，2018）。人力资源大数据具备样本量大，实时性、动态性、价值性强等特征（McAbee，Samuel，et al，2017）。通常情况下，企业人力资源管理中的大数据内容主要有基础数据、能力数据、效率数据和潜力数据（王欢，2017）。

第一，基础数据。基础数据是员工基本信息的数据化，这些数据记录了员工各方面的原始情况，是员工的成长记录，它能够反映员工的个人素质情况，为人力资源部门招聘提供参考依据。

第二，能力数据。能力数据能够在人力资源部门进行员工岗前培训效果考核时发挥重要作用，它能够反映员工在入职前的能力情况，包括员工的培训经历、接受培训的时长、培训考核情况、解决问题的能力和参与竞赛的成绩等。

第三，效率数据。效率数据是人力资源部门准确了解员工的工作效率，科学制订人力资源招聘和培训计划的重要依据，包括工作完成效率、单项工作任务完成时间等相关数据。

第四，潜力数据。企业在人力资源管理过程中，不仅要注重员工现有的真实能力，还应重视员工未来的发展潜力。潜力数据是指能够比较客观地反映企业员工劳动力持续增长状态的数据，能够为今后制订企业人员培养计划和员工职业生涯规划等提供相关参考，包括员工工作效率提升率和收入涨幅水平等。

二、大数据在人力资源管理领域的应用

随着信息技术的飞速发展，大数据技术在社会各领域的应用也受到广泛关注，其对于信息的整合、挖掘、分析功能为企业经营的各个领域提供了科学决策支持。越来越多的企业选择将大数据技术应用于本企业的人力资源管理，为企业发展决策、人力资源管理提供科学支撑，从而推动企业经营变革与创新发展。

（一）大数据与人才画像

随着互联网和大数据的快速发展，为了解决产品运营中用户定位不精准、用户个性化服务不足等问题，企业开始将用户画像引入用户行为分析，通过对用户贴标签、建立数据模型的方法对总样本个体行为的分析逐渐成为产品设计与运营的新趋势。用户画像（Persona）这一概念最早是由交互设计之父 Alan Cooper（美国著名软件设计师）提出的，他指出用户画像是基于真实用户，以真实数据为基础，根据需求方的目标、行为及观点的差异所构建的目标用户模型，将该模型区分为不同的类型，每种类型抽取出典型、共性的特征，赋予名字、图像以及人口统计学的要素、场景等加以描述，用户画像由此产生。

随着用户画像及其应用方法受到追捧，人才画像也逐渐进入企业和相关学者的视野。用户画像结合人力资源管理实践中所利用的"静态数据"和"动态数据"，通过定性与定量相结合的方法，描绘出某类工作群体或某种工作岗位人才的共性和能力的特征，以此形成的人物原型就称为人才画像（茶利强等，2019）。还有学者认为，人才画像指的是人才管理者根据某个岗位上的某类人才可量化的特征数据，借助相关软件系统，运用抽象化的标签或者是图像来为某类型的人才下定义。在具体的人力资源管理实践中，人才画像的绘制主要从两个角度切入：一是根据人才的理想化表现，预先描绘出人才标准画像；二是根据人才的现实情况，描绘出人才现实画像（雍志娟，2018）。其中，人才标准画像是根据岗位所需人才的理想化表现，预先勾勒出的人才画像，具有较强的通用性、理论性和概念性，可以帮助人力资源管理者明确需要怎样的人才。假设某企业内部提供给每个员工ABC三个等级标准画像，设头部为人才的知识，四肢为人才的技能，躯干为人才的业绩，则A类人才标准画像为知识储备丰富（A级）、技能高超（A级）、业绩优秀（A级）；B类人才标准画像为知识储备良好（B级）、技能良好（B级）、业绩良好（B级）；C类人才标准画像为知识储备一般（C级）、技能一般（C级）、业绩一般（C级）。人才现实画像是人才数据中心根据数据信息描绘出初步的现实画像之后，再加上员工在知识、技能和业绩的自我评判和部门主管领导或同事对其知识、技能和业绩的主观评价。它可以帮助人力资源管理者清楚知道目前拥有什么类型的人才，进而为后续人力资源管理工作的开展提供明确的方向。但是，在主观评判中，要注意参考人才标准画像中的知识、技能和业绩要求。例如，若员工认为自己的知识水平已经达到人才标准画像中的良好（B级），就可以自我评判为B级。

不管是人才标准画像还是人才现实画像，被描绘出来之后，都是一面镜子。拿员工现实画像和人才标准画像进行比较，就相当于是照镜子，能够找出二者之间的差距。参照人才标准画像，员工与企业可以反思自身还存在哪些不足和需要改进的地方，对员工的个人发展和组织的人才管理提出发展的方向。

（二）大数据与人才招聘

传统的招聘方式主要是通过简历筛选以及面试来考核候选人，在此过程中，主要依靠的是招聘人员或者是面试官的经验和主观判断。大数据技术的引入能够使人才招聘更加客观、科学、高效。首先，在人才需求预测方面，通过利用大数据挖掘技术，结合组织内部人员信息以及外部环境数据进行多维度分析，从而形成一份详细的人才分析报告，为组织管理者提供有力的决策支持；其次，大数据算法能够将求职信息与招聘岗位信息进行智能评估与匹配，帮助人力资源管理者快速地筛选出有效简历，提高招聘效率（王爱敏，2017）。而且，在简历筛选环节，大数

第十一章　基于积分制管理的大数据应用

据技术可以快速地整合简历，同时绘制出候选人的画像，再将此画像与相关岗位的人才标准画像进行比较，这样就能够快速地筛选出合适的候选人。此外，还可以结合候选人在社交平台上的行为数据，来对候选人进行多维度的考核和评估。

例证 11-1　大数据助力腾讯人才招聘

腾讯在 2012 年通过 People Soft 搭建起了 HR 的统一结果库，2014 年年初在共享交付中心（Shared Delivery Center，SDC）内部成立了 HR 大数据团队。腾讯的 HR 大数据平台主要由应用层、功能层以及团队三个部分组成。其中，应用层主要是对大数据应用场景、需求及落地做出阐述，体现 HR 大数据支撑 HR 业务；功能层主要是保障数据的质量及价值，科学地管理和使用数据，核心模块有元数据管理、数据质量管理和逻辑建模规划三个部分，展示 HR 大数据的后台运作；HR 大数据团队大多由具有人力资源、HR 信息化、数据库、HR 咨询复合工作经验和背景的员工组成，保证团队质量及工作效果。

首先，在识别候选人稳定性方面，腾讯按照稳定程度将历史上所有的员工分成多个样本，通过数据挖掘找到关于员工稳定性的典型特征并建立相应的数学模型，根据候选人特征与模型的匹配程度判断候选人的稳定性。这样就可以在招聘时通过简历自动对候选人的稳定性给出评估建议，为后续的面试及其他环节提供参考。其次，在具体的招聘环节，腾讯 HR 为业务部门的面试官提供互联网招聘工具。首先在公司内部选择三个以上优质员工样本，然后针对这些样本进行数据采集、清洗、建模、分析等，从而找到这些员工优于其他员工的原因，再由这些原因倒推优质员工应具备的行为，最后根据这些行为制定面试问题，从而在众多应聘者中快速筛选出优质面试者，进行"人"与"岗"的进一步匹配。这

331

样在节省时间与精力的同时，也保证了人才的准确性及质量问题。

（资料来源：张欣瑞，范正芳，陶晓波，2015）

（三）大数据与人才测评

人才测评就是通过运用一系列科学的技术和方法，对被测评对象的行为进行观察和分析，全面客观地评价被测评对象的能力的活动，从而帮助企业更好地使用人才（李育辉、唐子玉等，2019）。传统的人才测评大多采用单一的笔试和专家评估，这样就不可避免地会产生主观性等问题。但是，将大数据技术与人才测评结合起来，就能够突破单一的专家评估模式。企业管理者能够充分利用大数据，将人才各方面的信息（包括知识水平、工作能力等）数据化，从而对人才测评指标进行量化分析，定量与定性相结合，发现各隐藏信息之间的关联，进而帮助人力资源管理者更加有效地对人才进行全面客观的测评，促进人力资源的优化配置。

（四）大数据与员工激励

在员工绩效层面，在大数据时代，人力资源部门可以通过建立以数据为依托的人员考核和胜任力分析方式，其不仅可以客观地考查员工过去的工作情况，还能对员工未来的工作绩效进行有效预测。同时，人力资源部门可以通过对海量数据的收集、整理、分析，从数据间的相关性探究高绩效员工与不合格员工之间产生差距的原因，有针对性地为员工设计对应的解决方案，增强员工对企业的认同感和归属感。在员工薪酬层面，在大数据的帮助下，人力资源管理者可以对员工每天的工作内容及完成情况进行记录，并运用大数据技能进行分析，自动计算出员工的薪酬，提高薪酬管理的效率和准确性。此外，管理者可以通过企业的历史纵向数据进行对比分析，也可以横向与其他平行企业进行对照参考，知己知彼，从而随时调整薪酬结构，使薪酬对内具有激励性、对外具有竞争性。

第十一章　基于积分制管理的大数据应用

(五) 大数据与培训管理

员工培训是企业进行人力资源开发的重要内容，是企业有目的地对人才进行训练和培养的管理活动，对企业可持续发展具有重大意义。在大数据背景下，员工的培训管理工作有了明显的创新和改革。一方面，人力资源管理者可以充分利用数据资源了解每个员工的特点，因材施教，找出最适合员工的培训方式和内容，制订出特有的培训计划，这样可以大大提高培训效率，同时员工的积极性也能被调动起来，最终实现培训内容与岗位要求的匹配，帮助员工快速胜任岗位。另一方面，随着大数据时代的到来，大量的培训机构和培训软件应运而生，企业可以根据自身的特点选择购买甚至定制这些软件，这些软件不仅提供了大量的培训内容和信息，也能够对受训者的学习过程进行记录、分析和考核，并将这些数据归入员工个人培训档案，生成个人成长图。

(六) 大数据与离职管理

在员工离职管理方面，提前预警比亡羊补牢更加重要。而大数据技术不仅可以起到提前预警的效果，还能帮助企业人力资源管理者找出员工离职的原因，从而为员工留任提供个性化解决方案。具体来说，首先是利用大数据挖掘技术对员工的离职数据（主要是基于员工的非结构化数据，如研究员工离职前会有何异常表现，总结规律）进行建模分析，帮助企业成功地预测哪些员工很有可能会离职。当有员工出现异常表现时，系统会自动向管理者预警。然后，进一步地，人力资源管理者通过对相关数据集（主要包括员工是否已经离职的对应记录和影响员工离职的各种因素，如工资、绩效、工作满意度、参加项目数、工作时长、是否升职等）进行分析来找出员工的离职原因，并在最坏结果出现之前对造成员工离职的因素加以改进，从而有效降低员工的离职率，主动留住优秀的员工。

例证 11-2 大数据助力谷歌实现人才保留

在谷歌的人力资源分析队伍中,有一个由来自统计、金融、组织心理学等领域的博士们构成的多元化背景团队,他们的具体工作主要是使用心理学和数据分析的方式分析哪些员工在谷歌能够成功发展、哪些员工最可能中途离职等问题并建模,帮助企业做出最优薪酬奖励决策以最长时间地留住顶尖人才等。在人才保留的具体实践中,谷歌利用大数据技术开发了一套数学算法,该算法能够成功预测公司内哪些员工很可能会离职,并为员工留任提供个性化的解决方案。而且,谷歌也开发出一些算法模型用于分析、预测并进一步改善未来人员管理会出现的问题,并制订员工工作计划,从而更好地留住人才。此外,谷歌还通过对相关数据进行统计分析,得出了优秀技术专家与普通技术专员之间的差异特征,用来为公司培育、聘请或留下优秀人才。

(资料来源:张欣瑞,范正芳,陶晓波,2015)

三、大数据在应用中面临的难题及其解决策略

大数据的挖掘与应用给人力资源管理带来了全新的体验,但这并不意味着大数据是万能的。就目前而言,运用大数据技术有效开展人力资源管理活动不可避免地面临着企业现实条件的约束与挑战,正视挑战并据此提出应对策略才能真正发挥大数据的价值。

(一)人力资源管理人员缺乏大数据思维

长期以来,人才招聘、培训、考核等人力资源管理活动多是倾向于凭借职业直觉、经验进行。不可否认,这样传统的非数据驱动的管理方式和经验也给企业带来了不少成功的经验,因此,尽管许多管理者对大数据充满了好奇,但在面对大数据的引入可能对传统人力资源管理带来

第十一章　基于积分制管理的大数据应用

的变革时还存在着较大的心理障碍，认为传统管理方式和经验更为可靠。同时，人力资源管理的固有工作方式容易导致人力资源管理工作者的思维固化，对大数据形成的定量分析结果持怀疑态度。因此，在大数据时代背景下，企业要想与时俱进，需要企业管理者具备更先进的管理理念和思维。

首先，人力资源管理工作者需要树立大数据管理意识，不断加强学习，收集新思想，充分理解大数据的特征和内容，将大数据作为重要的战略资源，有意识地进行大数据基础设施的建设及规划，使大数据与人力资源管理能更好地结合，为企业发展起到切实的推动作用。此外，企业也需要增强大数据思维，有意识、积极地收集、整理员工工作过程中产生的静态、动态信息数据，用远瞻的视角对人力资源管理可能出现的问题进行预测分析。随着大数据理念和思维的深入，让企业自上而下形成"用数据说话、用数据决策、用数据管理、用数据创新"的思维和理念，将大数据分析作为管理决策的重要抓手和依据。

（二）获取高质量、有价值的数据的难度大

数据的质量决定了数据的价值，只有高质量的数据才能确保数字化的人力资源管理实践的科学性与精准性。大多数企业都拥有大量的人力资源数据，而这些数据多数不能直接拿来使用。进行数据化人力资源管理面临的一个难题是如何从庞大的数据库中筛选有价值的数据并有效利用。因此，企业要想展开数据分析，对数据进行筛选、去伪存真、挖掘有价值的信息，就需要企业拥有专业的数据分析人才。

由于大数据研究横跨多个学科，这就对数据分析人才提出了极高的要求。专业的数据分析人才不仅要精通信息科学和技术，同时也要对统计学、心理学、生产运营等领域有深入研究。而据全球知名咨询公司麦肯锡在《大数据：创新、竞争和生产力的下一个前沿领域》中的统计，2018年，美国专业数据分析人才缺口达到14～19万人；熟悉大数据应用技术且了解组织需求的管理者需要补充约 150 万人。由此可见，专业的数据分析人才已供不应求。在这种状况下，企业一方面可以根据实际需求着力引进相关数据分析人才，另一方面可以借助校企合作的方式，重视对现有的数据技术人才及有潜力的在职技术人员和管理人员的培养，以满足企业对相应人才的需求。

（三）大数据带来的收支问题

企业要建立一个信息系统，不仅需要在前期投入大量资金，后期的维护成本对企业来说也是一大负担。目前，多数企业并不能完全理解大数据的真正含义，仅仅是简单地收集低价值的数据，并且花费了大量的成本用于建立和维护数据管理系统。这种行为完全忽略了收入与成本的关系，造成入不敷出的问题，同时也给人力资源管理工作带来了极大的困扰。

对此，在未来发展中，企业必须综合考虑大数据与人力资源管理系统的结合，谨慎权衡利弊，不能盲目为运用大数据而得不偿失，失去企业竞争力。更重要的是，不同的企业对于信息系统的需求不同，不能一味地追求系统功能的全面和高级，要根据企业的实际使用情况决定。特别是对于中小企业，要谨慎比较信息系统的建立和维护成本与其带来的收益。信息系统是为了助力人力资源的管理，若造成了利润的减损则得不偿失。

（四）员工个人和商业数据的安全性存在威胁

互联网时代的发展以及大数据技术的广泛应用，使得很多个人和商业数据处于透明状态下，对个人隐私和商业机密的安全造成了一定的威胁。通常情况下，大部分数据在采集时都包含了个人信息，个人信息共享于企业的 ERP 系统、人力资源信息系统、财务系统等数据库中。另外，企业通过网络招聘也获得了应聘者大量与工作相关或者与个人生活相关的隐私数据。如何保护、如何合理运用这些个人数据是企业需要解决的

第十一章 基于积分制管理的大数据应用

难题，如果使用不当就会造成个人隐私泄露，甚至对企业发展也造成一定的挑战和威胁。因此，企业在使用大数据时，应当建立规范的数据收集渠道和严格的数据保护制度。在具体操作时要注意以下几点：一是在数据收集、运用过程中，利用大数据认证技术确认用户身份，通过准入制度防止攻击者的侵入；二是企业需要不断完善数据匿名保护制度，以有效保护员工隐私；三是企业有责任和义务把收集到的员工数据进行安全存储和运输，加大对大数据活动的事前、事中和事后控制，如出现侵权现象，应严格追责；四是建立和完善相应的赔偿机制，当出现员工隐私受到侵害时，应给予一定的补偿。

例证 11-3　亚马逊前员工被控盗取 Capital One 一亿多客户的数据

2019 年 8 月 2 日，据国外媒体报道，西雅图一名女程序员佩齐·汤普森（Paige Thompson）被控从美国一家大型商业银行 Capital One 盗取了一亿多客户的数据。

汤普森的简历显示，2015 年 5 月至 2016 年 9 月，她曾是亚马逊云服务（AWS）的系统工程师，能够访问 Capital One 存储在 AWS 上的数据。

2019 年 8 月 5 日，汤普森因涉嫌电脑欺诈和滥用职权在美国西雅图被捕。

同日，Capital One 承认，黑客利用他们基础设施中的一个特定配置漏洞，获得了约 1 亿美国人以及 600 万加拿大人的个人信息。该公司补充称，他们会立即采取行动解决这个问题。同时，Capital One 表示，这些信息涵盖了 2005 年至 2019 年年初的个人信息，其中包括大约 14 万个社会安全号码和 8 万个关联银行账号。

该公司在其网站上发布的一份声明中表示："重要的是，没有信用卡账号或登录凭证受到攻击，99% 以上的社会安全号码没有受到攻击。"

尽管美国联邦调查局（FBI）和 Capital One 似乎认为，汤普森没有与任何人分享这些信息，也没有将其用于欺诈，但如果这些信息存在，它可能被用来冒充受影响的人，或制造有针对性的网络钓鱼攻击。

（资料来源：亚马逊前员工被控盗取 Capital One 1 亿多客户数据 AWS 安全性遭质疑 [EB/OL].（2019-08-02）. http://www.techweb.com.cn/world/2019-08-02/2747438.shtml.）

目前，大数据是时代发展的潮流，是大势所趋。但是，大数据只是帮助管理者做出更加科学的战略决策的工具，主动权还是掌握在管理者的手中。因此，人力资源管理者需要把握大数据时代的机遇，应对好随之而来的挑战与困难，理性地运用大数据技术和思维，促进人力资源管理模式的高效创新。

第二节　基于积分制管理的人力资源大数据

近年来，湖北群艺集团开发了一套积分制管理软件，日常管理中所产生的固定分和行为分都可以直接录入系统，软件后台会自动将每个员工的分数汇总，生成排名。软件的使用既减轻了积分制管理人员的工作量，也提高了数据统计的准确性、使用的便利性以及展示的直观性。由于奖扣分行为随时随地都会发生，因而积分制管理每天都会产生大量的数据。只有对积分制管理所产生的数据进行储存、整理汇总、有效分析和应用，才能真正地将积分制管理用活，使积分制管理切实地为组织的经营管理决策服务。

一、积分制大数据的特性

积分制管理每天都在产生大量的数据，主要来源于员工基础的固定分以及每天的奖扣分。积分数据具有全面性、导向性、客观灵活性、及时性、持续性和结果不确定性的特点。

（一）积分数据的全面性

积分数据的全面性主要体现在对员工的能力和综合表现的认可。积分数据不仅包括员工学历、职务职称、技能、特长、荣誉等素质层面的固定分，还包括员工在做人做事方面的行为分。这既激励员工不断地提高个人素质和技能，也有助于员工塑造积极的职业价值观。此外，获得积分的途径是多元的，有上级利用个人权限自上而下地对下属进行奖分，有员工自下而上地主动向上级领导申请奖分，还可通过平行挣积分平台，参与专项任务或者是为他人提供帮助等获得积分。获取积分的多渠道性体现了积分制管理对员工的 360 度认可，同时，积分数据囊括了对员工素质与能力的认可，实现了积分数据覆盖的全面性。

（二）积分数据的导向性

积分数据的导向性主要体现在积分对员工行为的引导作用，也就是"应知应会，公序良俗"。由本书前面几个章节可知，应知应会主要是指做事方面，包括岗位职责、岗位胜任力等；公序良俗则是指做人方面，包括职业道德、社会道德、遵纪守法等。与传统管理模式不同的是，积分制管理是以"表达管理者心愿"为动机来设计积分的通用奖扣标准以及管理者个人奖扣分权限的。通过奖扣分行为，员工便会逐渐领会管理者的心愿，有意识地调整自己的行为并最终形成习惯。因此，积分数据在行为的导向方面具有很强的引导作用。同时，"做事为主，做人为辅"以及"目标任务奖分高，日常琐事奖分低"的积分使用原则，也引导着员工学会选择做更重要的事情。

例证 11-4　积分制管理在湖北省荆门市技师学院教学管理工作中的应用效果

湖北省荆门市技师学院是国家级高技能人才培训基地、国家一体化

积分制管理理论与实践

课程教学改革试点院校,是荆门市公共实训基地、荆门市"金蓝领计划"培训基地、荆门市退役士兵职业教育和技能培训基地、荆门市公关礼仪培训基地、荆门市残疾人职业教育培训基地。

为提高教学质量,该学校完善了教学管理体系,修订了教学职责制度,加大了资金投入,加强了师资培养及教学过程管理,教学工作虽取得了一定的成效,但也仍然存在一些问题,如部分教师不注重自身教学水平的提高和教学方法的学习,理论和操作水平停滞不前,习惯于被动完成教学工作等,严重影响学校教学质量的提高。在这些问题中,教师的教学积极性不高是最根本的问题,所以探寻一种将教学工作与教师个人利益挂钩的方法,建立起完整的激励机制,从而提高教师的教学积极性是提高教学质量的关键。

基于此,荆门市技师学院决定引入积分制管理来引导学校的教学管理工作。学校每月对各科室带教老师进行教学积分考核,考核的具体内容及方式如下:教师考核由教学工作量统计、学生满意度调查、奖分项目三部分组成。学校实施积分制管理后,详细的积分计分数据引导着教师们积极完成相应的教学任务,提高了教师教学工作的积极性,最终推动了学校整体教学质量的提高。

(资料来源:群艺集团积分制管理心理学课题组调研记录)

(三)积分数据的客观灵活性

积分制管理的奖扣分标准中,既有固定的奖扣分值,也有可以供管理者灵活调整的区间奖扣分值。例如,在员工迟到这件事上,积分制管理用的就是区间的扣分分值,而不是固定的扣分分值,这是因为考虑到造成迟到的因素有主观因素,也有客观因素。因此,管理者可以根据不同的情况在区间范围内决定给予员工多少扣分。这种灵活性使得积分制管理更具人性化,也更能让员工从心理上接受。此外,在员工加班

第十一章 基于积分制管理的大数据应用

方面,奖扣分标准也只是设置了奖分分值的区间,管理者可以根据实际情况对员工进行奖分。例如,下班后公司有急事需要员工赶回来加班,那么离公司较远的员工还赶回来加班的就应该得到相对较高的奖分,带病加班的也应该得到相对较高的奖分。积分数据的客观灵活性体现在管理者可以根据不同的场景,在区间范围内灵活地决定奖扣分值。

(四)积分数据的及时性

及时激励是实现员工激励效果最大化的重要保证。要做到这一点,除了需要企业管理者本身掌握良好的激励技巧和激励方法外,还需要其拥有充分的激励资源支配权。积分制管理模式在员工激励实施方面赋予了管理者极大的权力,主要表现在有固定的积分标准的,管理者只需按照奖扣分标准实施奖扣分行为即可;而在标准之外的,就可按照组织给予个人的权限分值标准执行,省去了很多审批流程,做到了及时奖励。同时,管理者奖扣分通过积分软件进行公示,一天一考核、一天一汇总、一天一排名,这也保证了及时激励的落实。

(五)积分数据的持续性

在积分制管理中,积分的积累是持续的,这也是积分制管理有别于其他绩效管理方式的地方。积分制管理的积分不清零,也不作废,只要员工不离职,积分便永远有效。这也体现了积分制管理的一大原则,即"让优秀的员工不吃亏"。积分的这种持续性使得员工学会着眼于个人的长远发展,对将来的职业发展充满了希望与憧憬。同时,员工积分排名的变化也从侧面反映出了个人的成长轨迹,为组织进行人才测评提供了客观依据。

(六)积分数据的结果不确定性

积分是动态变化的,而且积分排名与个人的荣誉、福利、奖励等相关。因此,积分数据的结果具有很大的不确定性。这主要体现在如下两个方面：(1) 积分名次的不确定性；(2) 积分名次对应不同分配机制的不确定性。激励资源的分配是与积分排名挂钩的，所以就可能会有这样的情况出现：虽然两个人的积分只相差 1～2 分，两个人所分配到的资源却有可能相差很多，而这也提高了员工挣积分的积极性。此外，由于积分是持续累积、永远有效的，因此积分名次是动态变化的。积分数据的结果不确定性可以促使员工常存危机意识，同时也有不断前进的动力，在良性竞争中不断进步，提高员工的工作积极性。

二、MPM 积分制管理软件

MPM 积分制管理系统是湖北群艺集团专门为积分制管理的落地实施而开发的一套积分制管理软件。这套系统是一套云端系统，不需要配备专门的服务器，只要有网络便可登录。MPM 积分制管理系统采用企业级的开发语言 Java 开发而成，系统底层架构使用了多级分层 Dubbo 技术，数据库架构采用的是阿里巴巴 Jstorm 分布式集群。该系统具有高效快捷、简单方便的特点，能够极大地帮助组织节省管理成本，提高管理效率。

（一）MPM 积分制管理软件功能介绍

首先，每个员工刚进入系统时，需要先给员工配置固定积分，包括学历分、职称分、技能分、工龄分、启动分等，这些都只需要提前将相关的档次和分值录入系统，后面只要录入员工的相关信息，系统便会自动形成分值。其次，还可以在 MPM 软件上对组织内各个角色的相关奖扣权限进行设置，以及进行员工考勤配置和报表设置，以便于系统能够自动统计积分，生成排名。此外，积分管理主要包括"事件库管理""积分奖扣""我的审核""固定积分""我的积分""积分查询"。积分奖扣的执行者可以在软件的事件分类模块中快速记录奖扣分事件，录入积分奖扣数据、执行奖扣分行为；拥有奖扣分审核权限的管理人员在收到审核任务后，便可登录系统进行奖扣分审核。同时，借助于 MPM 积分制管理软件，员工可以及时收到自己每天的奖扣分情况，也可以随时登录系统查询自己的积分和排名情况。MPM 积分制管理软件的所有功能均可以在微信上使用。

（二）MPM 积分制管理软件的优点

MPM 积分制管理软件的使用可以极大地提高企业管理的工作效率，主要表现在以下四个方面：（1）提高了管理者日常积分的奖扣分效率。借助于 MPM 积分制管理软件，所有的奖扣分行为都可以直接在系统上操作，极大地减少了积分制管理工作人员的工作量，减少了人工成本，也使得奖扣分行为的实施更加便捷、简单、及时，保证了及时激励的实现，提高了积分制管理的效率。（2）借助于该软件，员工可以随时查询自己的积分情况。（3）管理层可以通过此积分管理软件直接进行奖扣任务的分配，并及时跟踪奖扣任务的完成进度和完成情况。（4）员工的奖扣任务申请和不在岗申请都能直接通过 MPM 积分管理软件来进行，最大化地提高了工作效率。

MPM 积分制管理软件是配合积分制管理实施的工具，其主要目的是提升企业的执行效率，降低管理成本，同时减少执行部的日常工作量。此外，该软件还能进一步完善管理层的任务考核监督机制，让员工更方便快捷地查询个人积分明细及排名，从而更好地体现积分制管理的核心理念。

第三节 基于积分制管理的人力资源大数据运用

积分奖扣行为每天都在进行，因此积分制管理每天都在积累大量的数据。员工的积分来源于由员工的学历、工龄、技能、岗位等组成的固定分，根据员工的日常行为和表现形成的行为分以及根据员工的工作绩效形成的产值分。积分制大数据包括了组织所有员工的个人基本情况、日常行为表现以及工作绩效等数据，因此，积分制大数据的分析与运用能够帮助组织管理者更好地掌握组织内的"人"和"事"的情况,从而提高组织的管理效率。

积分制大数据能够应用于人力资源以及人才管理的方方面面。对积分制大数据的有效分析与应用,有利于提高人才招聘的效率、实现员工与岗位配置的精准化、提升人员培训的质量和效果,同时还有助于组织管理者更好地留住优秀人才。

一、积分制大数据辅助管理者更合理、更高效地"选"人

"选"人阶段包括"人力资源规划"和"招聘与配置"两大模块。这两大模块息息相关,人力资源规划是充分了解组织内外环境和发展状况,分析组织对拥有何种能力的人才需求最大而制定出来的;人才的招聘与配置是按照人力资源规划进行的。如此,才能在"选"人阶段保证人才的质量。

在"选"人阶段,积分制管理通过收集组织内部员工的个人基本情况、日常行为表现以及工作绩效等数据,建立人力资源管理数据库,从而辅助人力资源规划人员对员工的工作能力进行全面评估,使人力资源规划人员能够客观地分析企业内部员工的质量、数量、结构情况以及预测未来几年各部门人员的流动情况,在复杂多变的组织内外部环境中做到实时把控、精准分析和合理规划。在招聘人员时,积分制管理在通过传统的招聘渠道获得员工基础信息的基础上,通过人力资源大数据库的建立,还可以对应聘者的专业技能掌握情况、工作态度、工作业绩等方面进行全面的了解,使组织招聘人员能够在短时间内按照人力资源规划招聘到最合适的人才。这样,不仅提高了招聘质量、节约了招聘成本,也提高了招聘效率、减少了资源浪费。在配置人员时,一方面是应聘者提供的简历信息,另一方面是人力资源大数据库的数据支持,这使得组织可以更加合理地安排新进人员的工作,精确地做到"人岗匹配"。总之,积分制大数据能够将海量的数据分析与客观事实相结合,使人力资源规

第十一章 基于积分制管理的大数据应用

划更加符合组织需求,使招聘引进的人才更有利于组织适应未来的发展。

二、积分制大数据辅助组织培育和挖掘出员工的最大潜能

这个阶段属于人力资源管理中的"育"人阶段和"用"人阶段,所涉及的是"培训与开发"和"绩效管理"两大模块。"育"人是为"选"人阶段所引进的人才制定符合其特点的职业生涯规划,使其与组织文化相契合,帮助其强化所在职位所需要的全部技能,使其快速适应工作环境,尽快成为组织运作不可或缺的部分,推动组织的发展。总的来说,"育"人是为了能更好地"用"人。

积分制大数据的理念使组织在"育"人阶段对员工的职业规划是基于其工作相关的全部数据。在此基础上建立起来的人力资源管理数据库,收集的也是员工所在职位、晋升意愿等相关数据,已经剔除了一些不必要的数据。然后,根据人力资源数据库形成了员工的职业规划和职业培育,这样才更具针对性和说服力。由此以来,企业既可以全面地了解和掌握员工工作能力的动态情况,提供"量身定做"的培训服务,又可以帮助员工高质量地完成工作并激发员工的最大潜能。在"用"人阶段,将积分制大数据引入绩效考核与管理中,在以往的绩效考核指标体系中,加入以积分数据为依托的人员考核和胜任力分析,进而形成了一套全面的绩效管理、考核和评价工具。这样,不仅能够客观公正地评价每一个员工对组织的贡献度,还可以给员工在以后工作中的改进方向提供具体的指导。总之,积分制大数据的应用不仅能使组织内部的人才资源得到更加有效的开发和运用,最大程度地达到人尽其才、才尽其用、人事相宜的状态,还可以提升员工的工作效率,增强员工对企业的忠诚度,从而提高其工作积极性,减少离职率。

三、积分制大数据促使激励更加多元化,保证良性的竞争

这一阶段属于人力资源管理的"留"人阶段,涉及"薪酬激励"与

"员工关系"两大模块。根据本书第四章中的马斯洛需求层次理论,组织需要给予员工有效的激励,肯定其对于组织的价值,让员工从工作中体会到成就感,从而满足其相应层次的需求,这样员工才愿意留下来继续为组织做贡献。同时,组织内部也需要竞争,良性的竞争是推动企业不断进步的有效途径。如何保证薪酬激励下组织内部合理的竞争也是组织不断发展的重要条件。

就目前来说,激励措施主要包括两种:物质利益激励和情感激励。物质利益激励主要包括薪酬激励和福利激励,如维持员工基本生活保障的基本工资、绩效奖金津贴和五险一金等。在积分制管理下,为保证人才队伍的稳定性,需要以积分数据为基础,结合客观事实来制定客观公正的薪酬体系,使员工感受到"付出与收获"的平衡性。对那些在日常表现和工作绩效方面都获得高积分的员工,企业不仅应给予其丰厚的物质激励,还应采取更具有针对性和更多元化的激励手段,如提高薪酬、升职、公开表彰等方式,满足其自我实现的需求。通过情感激励培养员工与组织、员工与员工之间的相互信任与支持,使员工的爱和归属感需求以及尊重需求得到满足,使员工与组织、员工与员工之间互相信任,从而打造一支稳定的工作团队。总之,将积分制大数据引入薪酬激励模块,可以使员工建立共同的工作目标,并促使员工为了实现目标而不断提高自身素质。激励的多元化和针对性保证了员工之间在和谐的关系中进行良性竞争。

例证 11-5　晋城银行基于积分制管理的人力资源大数据应用

晋城银行的前身是晋城市城市信用社,它是中国银监会山西监管局于 2005 年 12 月 27 日核准设立的,2011 年 4 月 8 日更为现名。晋城银行总行设在山西省晋城市,下设晋城分行、太原分行、朔州分行、运城分行、

第十一章 基于积分制管理的大数据应用

吕梁分行、忻州分行、晋中分行、长治分行、大同分行，截至 2018 年年末，资产总额为 875 亿元，各项存款余额为 511 亿元，各项贷款余额为 375 亿元。

晋城银行于 2019 年 5 月开始实行积分制管理，并应用大数据进行人力资源管理。该公司在积分制大数据下的主要激励手段包括：一是制定适合所有员工的公共奖分数据，包括德、能、勤、绩等充满正能量的自我奖分数据及领导特殊奖分数据；二是机关各部门及所有营业网点于每日班前对所有员工公布前一天的奖分情况，并对积分较高者现场提出口头表扬；三是定期召开员工积分大会，进行积分数据的汇总排名、公布，对优秀员工进行物质奖励和精神奖励，并现场表彰；四是制定各部门岗位加分数据，即根据本部门实际情况，制定岗位奖分项，对具体工作进行奖分，这在很大程度上激励了一线员工的工作热情。

自银行实施基于积分制管理的人力资源大数据管理以来，员工的工作积极性获得了极大的提高，服务意识也有了很大的提升，精神面貌焕然一新。

（资料来源：群艺集团积分制管理心理学课题组调研记录）

毋庸置疑，互联网技术的普及，尤其是大数据的应用，为企业积分制管理的实施提供了技术保障，但积分制管理的人力资源大数据在实际应用中，特别要注意量化信息的收集与量化信息的分析，这是积分制大数据实施的重点。

在量化信息的收集上，由于积分的有效性在于可比性，而可比性的前提在于数据要足够多。因此，在具体实施过程中，需要将积分系统无缝嵌入企业的工作平台中，让全体员工每天的工作都能够体现积分。

参 考 文 献

[1] BOLLOJU N, KHALIFA M, TURBAN E. Integrating knowledge

management into enterprise environments for the next generation decision support[J]. Decision support systems, 2002, 33(2): 163-176.

[2] MARTIN H, PRISCILA L. The world's technological capacity to store, communicate and compute information[J]. Science, 2011, 332(6025): 60-65.

[3] MCABEE SAMUEL T, LANDIS RONALD S, BURKE MAURA I. Inductive reasoning: the promise of big data[J]. Human resource management review, 2017, 27(2): 277-290.

[4] STONE D L, DEADRICK D L, LUKASZEWSKI K M,et al. The influence of technology on the future of human resource management[J]. Human resource management review, 2015, 25(2): 216-231.

[5] 茶利强，余添李，施菌，等. 用户画像在企业人才标准构建中的应用 [J]. 管理观察，2019（06）：39-40.

[6] 唱新，胡素萍，蔡金玲，等. 大数据在人力资源管理体系中的应用 [J]. 人力资源管理，2014（11）：30-31.

[7] 郭三强，郭燕锦. 大数据环境下的数据安全研究 [J]. 科技广场，2013（2）：28-31.

[8] 郭远琼，赵刚，王厚明，等. 积分制在医院教学管理工作中的应用效果初探 [J]. 中国农村卫生，2018（13）：27-29.

[9] 黄诗龙，项杰. 大数据点亮人力资源管理系统的"大智慧"——结合新华社人力资源大数据实践探析 [J]. 中国传媒科技，2013（12）：76-78.

[10] 杰里米·里夫金. 第三次工业革命 [M]. 张体伟，孙豫宁，译. 北京：中信出版社，2012.

[11] 景浩. 大数据时代思维方式的变革 [D]. 南京：南京理工大学，2018.

[12] 李育辉，唐子玉，金盼婷，等. 淘汰还是进阶？大数据背景下传

统人才测评技术的突破之路 [J]. 中国人力资源开发，2019，36（08）：6-17.

[13] 刘善仕，孙博，葛淳棉，等. 组织人力资源大数据研究框架与文献述评 [J]. 管理学报，2018，15（07）：1098-1106.

[14] 王爱敏，王崇良，黄秋钧. 人力资源大数据应用实践——模型、技术、应用场景 [M]. 北京：清华大学出版社，2017.

[15] 王欢. 大数据背景下人力资源管理应用创新与挑战 [J]. 中国管理信息化，2017，20（4）：89-90.

[16] 王群，朱小英. 大数据时代企业人力资源管理创新思考 [J]. 沈阳工业大学学报（社会科学版），2015（3）：255-259.

[17] 王雯. 人力资源管理大数据应用探讨 [J]. 石油化工管理干部学院学报，2015（12）：24-27.

[18] 王学男. 从大数据中提升学校教育的获得感 [J]. 教学与管理，2018（36）：31-34.

[19] 维克托·迈尔–舍恩伯格. 大数据时代：生活、工作与思维的大变革 [M]. 周涛，译. 杭州：浙江人民出版社，2013.

[20] 熊怡."大数据"时代的人力资源管理创新 [J]. 中国电力教育，2014（13）：24-27.

[21] 雍志娟."人才画像"的描绘探索及开发应用 [J]. 中国培训，2018（5）：45-46.

[22] 赵力杰. 积分制管理在酒店的运用与实践 [J]. 产业与科技论坛，2016，15（16）：197-198.